基于主题意义探究的
小学英语单元教学设计与实施

殷克清　著

上海大学出版社
·上海·

图书在版编目(CIP)数据

基于主题意义探究的小学英语单元教学设计与实施 / 殷克清著. -- 上海：上海大学出版社，2025. 5.
ISBN 978-7-5671-5231-1

Ⅰ. G623.312

中国国家版本馆 CIP 数据核字第 2025LF2302 号

责任编辑　徐雁华
封面设计　缪炎栩
技术编辑　金　鑫　钱宇坤

基于主题意义探究的小学英语单元教学设计与实施
殷克清　著
上海大学出版社出版发行
(上海市上大路99号　邮政编码200444)
(https://www.shupress.cn　发行热线 021-66135112)
出版人　余　洋
*
南京展望文化发展有限公司排版
上海毕业装潢印刷厂有限公司印刷　各地新华书店经销
开本 787mm×1092mm　1/16　印张 18　字数 415千
2025年5月第1版　2025年5月第1次印刷
ISBN 978-7-5671-5231-1/G·3689　定价　78.00元

版权所有　侵权必究
如发现本书有印装质量问题请与印刷厂质量科联系
联系电话：021-56475919

目录 | CONTENTS

第一章　基于主题意义探究的小学英语单元教学设计概述　　1
　　一、基本概念　　1
　　二、理论依据　　3
　　三、实际意义　　3

第二章　基于主题意义探究的小学英语单元教学设计原则　　7
　　一、坚持目标导向　　7
　　二、坚持学生主体　　7
　　三、坚持规范设计　　8
　　四、坚持创新发展　　8

第三章　基于主题意义探究的小学英语单元教学设计策略　　9
　　一、各教学要素相融合　　9
　　二、主题与功能相融合　　9
　　三、课内与课外相融合　　9

第四章　基于主题意义探究的小学英语单元教学设计路径　　11
　　一、明确教材单元内容及要求　　11
　　二、研读语篇内容及分析学情　　17
　　三、构建单元主题内容框架图　　25
　　四、制定单元及单课学习目标　　29
　　五、设计单元学习内容及过程　　34
　　六、设计单元教学板书及作业　　41

第五章　基于主题意义探究的小学英语单元教学实施要点　　53
　　一、创设真实语境，提升学生学习兴趣　　53
　　二、运用多元资源，丰富学生学习体验　　56
　　三、优化作业设计，发展学生语言能力　　64

附录　小学英语单元教学设计案例与解析 ························· 69
　案例1：沪教版《英语》一年级上册 Unit 2 New friends ············· 69
　案例2：沪教版《英语》一年级上册 Unit 3 My schoolbag ············ 87
　案例3：沪教版《英语》一年级上册 Unit 7 Animals in our lives ······· 105
　案例4：沪教版《英语》一年级上册 Unit 8 Have a go! ·············· 125
　案例5：《英语（牛津上海版）》2B Module 2 Unit 3 Animals I like ····· 144
　案例6：《英语（牛津上海版）》2B Module 3 Unit 3 My clothes ······· 165
　案例7：《英语（牛津上海版）》3A Module 4 The natural world Unit 3 Plants ········ 187
　案例8：《英语（牛津上海版）》4B Module 4 Unit 1 A Music class ····· 214
　案例9：《英语（牛津上海版）》5A Module 2 Unit 1 Grandparents ····· 246

参考文献 ··· 280

后记 ·· 281

第一章

基于主题意义探究的小学英语单元教学设计概述

一、基本概念

(一) 主题与主题意义

1. 主题

《义务教育英语课程标准(2022年版)》(以下简称"新课标")提出,英语课程内容包含六个要素:主题、语篇、语言知识、文化知识、语言技能和学习策略。六要素相互关联,是实现英语课程目标的基础。其中主题起着联结和统领其他内容要素的作用,为语言学习和课程育人提供语境范畴。

主题包括人与自我、人与社会和人与自然三大范畴,对课程内容起着重要的作用。英语课程内容的选取遵循培根铸魂、启智增慧的原则,紧密联系现实生活,体现时代特征,反映社会新发展、科技新成果,聚焦人与自我、人与社会和人与自然这三大主题范畴。英语课程内容的组织必须以主题为引领,以不同类型的语篇为依托,融入语言知识、文化知识、语言技能和学习策略等学习要求,以单元的形式呈现。

小学阶段的英语学习,主要围绕这三大主题语境展开学习,主题语境不仅规约着语言知识和文化知识的学习范畴,还为语言学习提供有意义的话题和语境,并渗透情感、态度和价值观。

2. 主题意义

主题意义是指主题能呈现的核心思想或深层含义,是关于主题的陈述性表达,往往与文化内涵以及情感、态度、价值观相关。主题意义即通过语篇所传递的文化内涵,学生的语言学习就是学习有主题意义的语篇,基于不同生活经验和已有认知结构,生成对主题的多元认知。对主题意义的探究应是学生学习语言的最重要内容,这直接影响学生语篇理解的程度、思维发展的水平和语言学习的成效。

学生学习英语的最终目的就是具有用英语进行语言交际、表达交际的功能意念的能力。功能意念是基于一定的主题,对语言含义的扩充,反映人的行为和思想,具有重要的交际价值。小学阶段的英语学习,主要围绕交往、感情和态度三个方面,通过语音、词汇、词法、句法和语篇的学习,体验与理解语言所表达的功能意念。

在英语单元教学中,必然要以主题为引领,帮助学生在学习和运用语言技能与学习策略的同时,理解语言背后的文化内涵,形成正确的价值观。探究主题意义不仅是为了启迪学生的心智,培养其学习能力和语言能力,还应联系生活,运用主题意义的引领作用,在实践中培养学生自主解决问题的能力,做到知行合一,达到育人效果。

(二)基于主题意义探究的教学

新课标明确指出:学生对主题意义的探究应是学生学习语言的最重要内容,直接影响其语篇理解的程度、思维发展的水平和语言学习的成效。英语课程应将主题意义的探究视为教与学的核心任务,并以此整合学习内容,引领学生语言能力、文化意识、思维品质和学习能力的融合发展。

基于主题意义的教学是指教师在一定的主题语境下,以语篇为基本载体,创设与主题密切相关的语境去表达主题,通过一系列的具有关联性和综合性的语言学习与思维活动,达成语言教学目标与具体教学要求,以教学目标的达成来满足学生思维与情感发展的需求。这是一种以主题意义为核心,将语言知识和学习能力有机结合起来的语言教学。

(三)教材中的主题

教材是实现学习目标的重要材料和手段,为语言学习提供了主题和语境。以《英语(牛津上海版)》为例,教材主题编排彰显出以学习者为中心,一至五年级每学年有八个模块的学习主题,每个模块主题下包括三个单元主题和相应的单元学习内容。在同一模块主题下,不同年级相同或不同单元主题的语言知识和语言技能存在复现性与循序递进的要求。表1-1是一至五年级牛津上海版教材所提供的模块主题。

表1-1 一至五年级模块主题

	一年级	二年级	三年级	四年级	五年级
第一学期			Module 1 Getting to know you		
			Module 2 Me, my family and friends		
			Module 3 Places and activities		
			Module 4 The natural world		

	一年级	二年级	三年级	四年级	五年级
第二学期			Module 1 Using my five senses		
			Module 2 My favourite things		
			Module 3 Things around me		
			Module 4 More things to learn		

基于主题意义的小学英语教学,应立足单元,纵向关注同一模块主题下不同年级语言知识和语言技能的增长点;横向关注从单元到单课的目标、教学、评价的结构性关联,从而达到学科育人的目标。

2024年9月,上海教育出版社沪教版《英语》一年级上册正式启用,新教材将育人目标与预期核心素养表现融入单元、课时目标,将教育主题融入教材,引导学生形成积极、健康、正确的情感态度和价值观。一年级上册教材包括1个准备单元(Starter)和10个主体单元(Unit),每一个单元也都有一个相应的单元主题。

教师根据课程目标、单元主题和学习内容等,从学生的生活经验和认知特点出发,设计单元学习任务与活动;学生在教师的引导下,通过小组合作与自主学习来探究主题意义,完成学习任务。基于主题意义的英语教学设计以学生为中心,学生完成学习任务的过程即是语言习得和运用的过程。学生在一个具体的主题语境中,通过学习理解、实践体验,内化吸收,在探索创新中获得较为完整而具体的语言知识,形成专门的语言技能并获得能力的发展。

二、理论依据

单元整体教学设计是一种教学设计模式,是建立在"整体教学"的理论基础上的,其心理学基础是1912年始创于德国的格式塔心理学,又叫"完形主义"。格式塔心理学认为:从培养创造性思维的立场出发,不仅学生应将学习情境视为一个整体来感知,教师更应努力把学习情境作为一个整体呈现给学生。

2007年开始,上海小学英语教师在上海市教委教研室英语教研员朱浦老师的指导下,把单元整体教学设计作为课堂教学研究的主要方向,各区英语教研都围绕单元整体教学设计展开。

早在《义务教育英语课程标准(2011版)》中就已经提出"结合实际教学要求,创造性地使用教材"的教学实施建议,要求教师在教学中要善于根据教学的需要,对教材加以适当地取舍与整合。近年来,小学单元整体教学设计在中小学教学中受到广泛重视,许多专家和教研员认为,学校的课程开发和课堂转型必须从单元教学设计做起,倡导基于核心素养的单元整体教学设计。2022年版新课标更是明确指出:必须要推动实施单元整体教学。

小学英语学科聚焦教材的自然单元,将目标、内容、活动、作业、评价、资源等方面的内容,按照规范和需求组织起来,形成一个有机的整体,将学生的学习置于真实的问题情境中,为学生创设必要的活动,提供必要的学习经历,培养学生"用英语做事情,解决问题"的能力。教师在开展教学设计时,把握课程标准指出的小学英语学科的目标要求,制定单元教学目标,组织教学内容,设计教学方法,安排教学时间,设计单元评价和单元作业等。教师围绕教材的单元主题,通过整合单元中的教材板块、活动内容、练习内容与丰富的课外资源,开展基于单元整体考虑的课时教学设计与实施。各课时之间有紧密的逻辑关系,各课时任务的完成正好达成了一个单元任务,每一课时任务是单元任务的一个部分或一个环节。通过开展单元整体设计,统整整个单元的学习内容,将单词、句型、语篇融合在一起,设计个性化的教学方案,有效地促进教师对课程、教材、教学之间的整体理解,提高教师的课程执行力,在改变课貌、课质和课效的教学过程中提高学生的学科素养,实现学科的育人价值。

新目标召唤新教学,新教学需要新设计,基于主题意义的单元教学设计改变了学科知识点的碎片化教学,真正实现教学设计与素养目标的有效对接。

三、实际意义

基于主题意义的英语学习过程是学生语言知识和语言技能整合、发展的过程,也是学生思维品质不断提升、文化意识不断增强、学习能力不断提高的过程,对促进学生核心素养的形成有着积极的作用。教师进行基于主题意义的教学设计时,需要深入挖掘主题承载的文化信息,以及学习内容中情感、态度和价值观的体现,理解和把握英语整体知识体系和英语教学方法,这个认识和思考的过程无疑会促使教师不断地进行学习和研究,从而提升自身的教学素养。

(一)促进学生学科核心素养的养成

1. 促进学生学习目标的落实

随着英语课程改革的不断深化,英语学科的总目标已经从"培养学生的综合运用能力"转向"培育学生的英语学科核心素养"。英语学科核心素养包括语言能力、学习能力、思维品质和文化意识。其中,语言能力是显性目标,而学习能力、思维品质和文化意识是隐性目标。当学生通过英语课程的学习具备了学科素养,学科的育人价值也就得以实现。英语课程标准承载了很多,但由于各种客观条件的限制,单一课时有时难以兼顾学科核心素养所涉及的每一个方面。因此,基于主题意义,开展单元整体教学设计与实施可以视为实现英语课程目标的手段之一。

教师要提升教学设计的站位,即从关注单一的知识点、课时,转变为关注单元整体性的设计。只有这样,才能改变学科知识点的碎片化教学,才能真正实现教学设计与素养目标的有效衔接。基于主题意义探究的单元整体教学设计,是以主题意义的探究为核心,更好地把握教材要求,强调整体性和系统性,建立课与课之间、旧知与新知之间的联系,在保证达成新课标基本要求的情况下,提升学生的学习能力,丰富学生的思维方式,帮助学生树立正确的世界观、人生观和价值观,实现课程标准提出的"培育学生学科核心素养",实现学科育人价值的课程目标。

2. 助力学生语言能力的提高

语言能力是构成英语学科核心素养的基础要素,英语语言能力的提高包括文化意识、思维品质和学习能力的提升,发展语言能力是培养学生英语学科素养极其重要的内容。提升学生的语言能力的关键在于语言的积累和应用。语言积累主要指的是对于词汇、句型、语法等语言知识的记忆和累积,但是如果纯粹靠机械式的背诵和练习,会使学生丧失交流的欲望和兴趣;而基于主题意义的英语教学,能够激发学生的参与感和兴趣,学生在听说读写等实践活动中积累知识、操练语言。语言应用是让学生在生活化的场景中体验语言、运用语言、发展语言,基于主题意义的学习能让学生在完成单元学习任务的过程中,通过用英语做事,解决"真实"的问题,并创造性地使用语言,增强其对于世界的了解。英语语言能力的提升还能促进学生对不同文化的理解和对优秀文化的认同,学生的英语语言能力提高了,就能获得更多的知识,理解不同文化的内涵,比较中外文化的异同,汲取优秀文化的精髓,树立正确的价值观。

3. 帮助学生思维品质的提升

思维品质的发展有助于提升学生分析和解决问题的能力。基于主题意义的英语教学设计强调学习内容的统整性,突出学习过程的系统性,彰显评价过程的整体性。在教学过程中要发挥学生的主观能动性,将其认知结构中已有的学习方法加以提取、运用、迁移,并用符合学生认知特点的学习活动激发其求知欲,为问题的探究和解决播下思维的种子,同时提高其英语思维能力。学生在整个单元学习的过程中积极思考,做出判断,有助于形成良好的思维品质。

4. 促进学生学习能力的发展

学习能力是构成英语学科核心素养的发展条件。学习能力的培养有助于学生做好英语学习的自我管理,养成良好的学习习惯,增强合作意识,提高学习效率。基于主题意义的单元整体教学更加强调学习内容的整体性,突出单元中各个课时之间的内在关联,这符合学生的认知规律,需要学生用所学知识加以认真思考,并分析和解决问题。学习过程中既要有个人独立进行的部分,也要有协同合作的部分,人人都是学习的主人,个个都是学习的参与者,这就促使学生在学习活动中既要严格要求自己,又要积极与同伴合作。在合作中,学生既能学会如何与同伴有效地互动交流,又能从同伴那里得到知识上的补充,培养与他人合作的意识和能力。

(二)加速教师专业能力的提升

1. 研究课程校本化的实施,助力教师课程执行能力的提升

只关注单课时的教学,会局限教师的思维和认识发展,导致教师专业发展和学科教育发展出现瓶颈。这样,在后继的课改进程中,学科的学习功能、育人价值便难有突破性的发展与提高。开展单元整体教学设计,可促进教师对课程、教材、教学之间的整体理解,提高教师的课程执行力,在改变课貌、课质和课效的教学过程中,提高学生的学科素养,实现学科的育人价值。

2. 研究学材创造性的使用,助力教师学材使用能力的提升

基于主题意义的教学是紧紧围绕着提高学生语用能力、学习能力和解决问题的能力而进行的。基于主题意义探究而制定的学习目标和学习任务都是为了将学生的主观能动性发挥到最佳,让学生在一定的主题语境里合作交流,感受文化,实现语用。基于主题意义,教师对单元各语篇内容的研读,对学习内容进行调整、增补或删除,整合学材内和学材外的语言材料,丰富和完善英语课程的学习内容,在创造性地使用学材过程中提升对学材的理解和使用能力。

3. 研究教学有效性的落实,助力教师教学设计能力的提升

语言学习不仅要关注学习结果,更要关注学习过程。语言学习具有很强的实践性和应用性特点,这两个特点决定了语言学习不只是对英语语言知识体系的学习,不只是靠单纯的讲解和记忆进行的学习,更应该根据学生的学习规律,体现从"不知"到"略知"再到"熟知",从"不能"到"略能"再到"熟能"的学习过程。基于这一理念,牛津上海版英语教材每个单元中呈现的栏目对学生的学习要求也是不同的。虽然在小学阶段,每一节课中都会对学生有听说读写的技能训练,但每节课仍会有所侧重,这就要求教师在进行单元整体教学设计时,要研究不同的栏目要求,设计不同的教学方法,科学地体现出学生的学习过程。教师在进行单元整体教学设计时,必须要考虑到:知识新授和知识运用、单一技能训练和综合语用能力的设计是迥然不同的。所以,从这个角度而言,研究单元整体教学设计能促使教师研究教材中不同栏目的不同教学方式,从而提升其教学设计能力。

(三) 探索小学英语课程的校本化实施途径

1. 结合学校办学理念,对标学科核心素养与标准

培养和发展学生的学科核心素养是素质教育和立德树人在学校办学目标中的具体表现。近年来,围绕如何让核心素养在学科教学中真正实现落地,很多学校在国家课程体系的引领下,结合学校自身的教育理念和办学特色,探索校本化的实施途径,以此来弥补国家课程在育人方面的缺失,更好地落实素质教育的根本任务。

对于英语学科来说,应开展基于主题意义的英语教学,从单元整体教学设计入手,探索、研究年级、单元、课时的学习过程和学习评价,形成英语基础型课程的校本化实施途径,实现课程标准提出的"培育学生学科核心素养",实现学科育人价值的目标。

2. 基于学科标准落地,融入学校课程目标与分级要求

学科课程标准提出了面向全体学生的基本要求,是教师开展教学时必须遵循的指导性文件。随着二期课改的推进,"基于课程标准的教学与评价,关注目标、教学与评价的一致性",成为深化基础教育领域各学科课程实施的重点。如何将高位的学科课程标准落实到每一节课堂教学中,规范教师的教学行为,在课堂教学中提能增效,是课堂教学亟待解决的关键问题。

基于主题意义的英语教学以单元为学习单位,将课程标准层层细化,帮助教师整体把握各年级的教学目标定位和学习增长点,通过"模块—单元—课时"这一系统的教学设计,在课堂教学中落实基于课程标准的教学与评价,体现目标、教学、评价的一致性。

3. 依据学生学习需求,做好学科课堂教学设计与实施

现代教育教学思想认为:教学要从学生的需求出发,而学生的需求包括认知上的需求和情感上的需求。教师在开展教学设计时,要基于学生的认知特点和规律,合理整合知识、技能、思维、情感等方面的需求,创造性地开展课堂教学,引导学生主动建构语言知识。

基于主题意义的课堂教学设计,往往基于学生学情和发展需求,通过实施一系列关联性强、具有实践性的综合性英语学习活动,使学生在分析问题和解决问题的过程中,习得语言知识,发展语言技能,提升思维品质,增强文化意识,落实学科核心素养目标。

总之,指向学科核心素养的基于主题意义的英语教学,将对学科价值和课程功能的宏观认识,转化、落实到课堂教学中,在教学过程中体现英语学习的有效性。

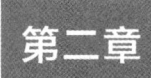

基于主题意义探究的小学英语单元教学设计原则

一、坚持目标导向

英语课程以习近平新时代中国特色社会主义思想为指导,落实立德树人的根本任务。小学英语单元整体教学设计必须以科学的教学思想和理论为导向,在新课程理念的指导和引领下,围绕英语学科核心素养,坚持学科育人。教师应运用有效的教学方法培养学生的语言能力,并从教材的"忠实执行者"转变为课程教学的"创新设计者"。

从课程标准出发,精准锚定方向,教师应深度剖析课标对相应学段学生在语言知识、技能、文化意识、学习策略及思维品质上的要求,立足教材,深度挖掘;以主题为引领,以语篇为依托,打破单课局限,以单元为组织形式,梳理单元内各板块的关联性,确保单元目标不偏离。

二、坚持学生主体

学生是教学的主体,坚持以学生为主体是现代教育理念的核心要求,有着关键意义。小学英语单元整体教学设计应始终以学生为中心,聚焦学生成长,重视核心素养的培育。

(一)以学生的认知水平与学习目标为出发点

小学英语教学中基于主题意义的教学设计是以教师制定学习任务、学生完成学习任务来实施的。学习任务类型和内容是多样化的,可以是教材内容,也可以是教材内容的拓展延伸;可以是纯思辨性的,也可以是实践操作类的;可以是已经证明的结论,也可以是未知的知识领域。但无论是哪一种类型的学习任务,都要以学生的认知水平为出发点,目标和任务的设计必须以学生的年龄、知识储备、语言能力、期望与需求为基础,过于简单的内容激发不起学生的求知欲,过难的则会使学生的自信心受挫。教师设计的学习任务要使学生跳一跳能够得着"苹果",这样才能调动学生参与活动、解决问题的积极性。

目标是教学活动实施的方向和预期达成的结果,是一切教学活动的最终归宿。因此,在基于主题设计单元学习任务时,应该以学生学习水平、单元学习目标为依据,按照实际的语用能力需求,整合单元中与主题相关的语言知识和语用技能,这样的设计既符合本年段的学习要求,又融合相关单元的话题、语境、学习内容和语用要求。

(二)以学生的生活实际与兴趣激发为立足点

教师应该让学生像体验真实生活一样体验在校时间,而不是把学校和生活作为两个毫不相关的领域。在基于主题意义的教学设计时,教师应该尽量贴近学生的生活,寻找学生熟悉的话题,要分析学生的优势、不足和成长背景,从学生的学习生活和社会生活中选择并确定他们感兴趣的内容。同时,教师还要注意启发学生去主动发现身边的素材,合理利用生活中的信息与素材来完成学习任务。

"兴趣是最好的老师",基于主题意义的教学设计必须以学生的兴趣为立足点。要激发学生参与活动的兴趣,调动学生已有的经验,帮助学生建构和完善新的知识结构,深化对单元主题的理解和认识。同时,教师还要设计丰富的教学呈现方式,使能力不同的学生都有机会展示自己的才能。

三、坚持规范设计

单元整体教学设计要遵循一定的标准,关注英语课程内容六要素,将单元作为有机整体进行系统设计。

教师要关注"教—学—评"一体化,教学目标、教学内容和教学评价既相互独立,又相互制约。要注意各个分课时的目标、内容、评价应相互联系,且层层递进。

教师首先要进行教材分析,对主题意义进行探究,对各语篇进行深入的研读;对于学生的学情也要做必要的分析;合理地整合教材各板块的内容,制定课时目标与课时任务;践行学习活动观,通过学习理解、应用实践、迁移创新等活动,推动学生素养发展。同时,单元整体教学设计也要遵循规范化的设计路径。

四、坚持创新发展

单元整体教学设计坚持创新发展意义重大,它能让教学紧跟时代步伐,契合学生不断变化的需求,为教学注入新活力。

教师要更新理念,打破传统孤立的单课设计思维定式,通过项目式学习,融合跨学科理念,拓宽学生的知识边界,让学生有机会全程参与,提升综合素养,改变以往重知识轻运用的旧观念。

教师可以不局限于教材既定的编排,基于单元、单课主题,挖掘多元资源来重组内容,使学习内容更加丰富鲜活;针对不同层次学生设计分层学习任务,满足个性化学习需求,避免"一刀切"的教学内容。

在教学手段上,善用新兴技术,借助人工智能来创设沉浸式的英语教学情境,增添学习趣味性;在评价方式上,构建数字化成长档案,动态记录学生单元学习全程表现,综合线上线下的数据,给出全面多元的反馈,激励学生持续探索创新,推动单元整体教学持续升级。

遵循单元整体教学设计的原则,可以帮助教师准确理解单元整体教学设计的核心理念,助推教师科学、规范地开展单元整体教学设计,并最终在课堂中有效实施。

基于主题意义探究的小学英语单元教学设计策略

基于主题意义的单元整体教学设计对于提高学生学习英语的兴趣和能力有很大的帮助,同时也能对学生的学习过程进行有效的评价。

在具体开展设计时可以运用以下策略:

一、各教学要素相融合

随着"培育学生学科核心素养"的教学目标的提出,英语课程的育人功能被提到了一个新高度。语言能力、学习能力、思维品质和文化意识这四个核心素养是一个相互影响、互相促进的整体。其中,语言能力是基础要素,文化品格是价值取向,思维品质是心智保障,学习能力是发展条件。因此,在开展基于主题意义的教学设计时,教师要基于主题语境,通过学习理解、实践应用、迁移创新等一系列融语言、能力、思维和文化为一体的学习活动,培养学生语言理解和表达的能力,丰富思维方式,树立正确的世界观、人生观和价值观,从而达到学科育人的目的。

教师在开展整体教学设计时,首先要考虑的是围绕探究主题的育人意义,主题模块下的各单元、各课时的教学目标、教学内容、教学方法等应相互匹配、相互融合,同时,语言要素、文化要素和思维要素要形成互动和衔接。

二、主题与功能相融合

小学英语教材编写的总体思路是以主题为纲,以交际功能和语言结构为主线,逐步引导学生运用英语完成具有实际意义的语言任务。语言的交际功能是在一定的语境下实现的,因此,英语教学提倡的是情境化教学。教师要充分运用语境进行英语教学,帮助学生理解所学内容。

在以主题意义为引领的课堂中,教师要创设与主题密切相关的语境,充分挖掘项目主题所承载的语言能力、文化信息和学生思维品质发展的关键点,以解决问题、完成项目为目的,整合语言知识和语言技能,把教学内容设计成一个个生动的、具体的,蕴含着语言内容的情境,以此鼓励学生学习和运用语言,开展对主题意义、文化内涵和语言运用的探究。

三、课内与课外相融合

英语课外活动与课堂教学有着密切的联系,是课堂教学的延伸,对学生的英语学习有很大的促进作用。英语课外活动能为学生的语言实践和自主学习提供更多的机会和更大的平台，为学生创造更多用英语做事情、进行交际的环境。基于主题意义的教学不仅可以通过课堂教学来实现，还可以通过课外活动来实施。教师要合理规划学习任务，将课内的语言学习体验和课后的真实交际应用相结合，重视课外活动对课内学习的延伸作用，以此激发学生的兴趣，帮助学生有计划、有条理地完成主题项目，在过程中提高语言的应用能力和交际能力。

随着多媒体、互联网的迅速发展，英语教学资源已不仅仅局限于教科书，渠道多样、获取便捷的素材库让一线教师应接不暇。为了拓宽学生的知识面，在设计主题探究活动时，教师可以根据主题，创造性地利用、开发、整合课外的英语学习资源，组织和开展一些线上线下的混合式教学活动。

总之，教师在设计基于主题意义的学习活动时，应该把对主题的探究视为教与学的核心任务，整合语言知识和语言技能，避免教学内容结构的无序和凌乱，避免缺乏系统整体的思考，以此引领学生语言能力、学习能力、思维品质、文化意识的融合发展，培养学生的学科核心素养。

第四章

基于主题意义探究的小学英语单元教学设计路径

一、明确教材单元内容及要求

新课标已经明确指出，教师要加强单元教学的整体性，推动实施单元整体教学。教师要从课程标准要求出发，从教材内容出发，围绕单元主题，充分挖掘育人价值，确立单元育人目标和教学主线，深入解读和分析单元内各语篇及相关教学资源，结合学生的认知逻辑和生活经验，对单元内容进行必要的整合或重组，建立单元内各语篇之间育人功能的关联性，形成具有整合性、关联性、发展性的单元育人蓝图，引导学生基于对各语篇内容的学习和主题意义的探究，形成深层的认知态度和价值判断，促进其核心素养的形成。

梳理教材单元内容要求，就是对主题、语篇、语言知识、文化知识、语言技能、学习策略的理解与分析。教师可以对照课标的一级、二级要求表和单元的核心内容来填写单元内容要求分析表(表4-1)。

表4-1 单元内容要求分析表

主 题	范 畴	□人与自我　□人与社会　□人与自然 单元主题＿＿＿＿＿＿＿
	主题群	
	子主题内容	
语 篇	类 型	□连续性文本　□非连续性文本
语言知识	语 音	
	词 汇	
	语 法	
	语 篇	
	语 用	

续　表

语言技能	理解性技能	
	表达性技能	
文化知识		
学习策略	□ 元认知策略　　□ 认知策略　　□ 交际策略　　□ 情感管理策略	

（一）主题

主题是指围绕与人们的生活、工作和学习而展开的话题类别，为语言学习提供内容范围。从课标当中我们可以了解到，主题是课程内容六要素之一，起到统领和联结其他要素的作用。

有了主题，教师对教材的解读和对课程资源的运用就不会游离。围绕主题的教学内容，不仅有利于语言表达能力的培养，更有利于加深文化意识和主题情感。课标指出，教师需要围绕单元主题进行教学设计。

教师首先要选定两级主题，即单元主题和课时主题。主题范畴包括人与自我、人与社会和人与自然。按不同学段划分，这些主题范畴涉及的主题群和子主题内容有所不同。

人与自我范畴的一级和二级的主题群和子主题内容涉及"生活与学习、做人与做事"。人与社会范畴的一级主题群涉及"社会服务与人际沟通、文学艺术与体育、历史、社会与文化"，二级课程内容多了"科学与技术"。人与自然范畴的一级主题群涉及"自然生态与环境保护"，二级课程内容多了"灾害防范和宇宙探索"。根据新课标当中这三个主题范畴，教师可以结合教材的单元主题加以配对。

这里举两个案例，第一个案例是《英语（牛津上海版）》4B Module 4 Unit 1 A Music class 这个单元。单元主题是关于一节音乐课，对应"人与社会"的二级课程内容"文学、艺术与体育"，指向的是运动、文艺等社团活动。这体现了主题范畴定位，主题群和子主题内容的确定与梳理。因此可以填写单元内容要求表的第一栏（表 4-2）。

表 4-2　4B Module 4 Unit 1 A Music class 单元内容要求（主题）

主题	范　畴	□ 人与自我　　☑ 人与社会　　□ 人与自然 单元主题 A Music class
	主题群	文学、艺术与体育
	子主题内容	运动、文艺等社团活动，潜能发掘

第二个案例是沪教版《英语》一年级上册 Unit 6 My family 这个单元。单元主题是关于家庭，对应"人与自我"主题范畴的一级课程内容"做人与做事"，指向的是家庭与家庭生活。这体现了主题范畴定位，主题群和子主题内容的确定与梳理。因此可以填写单元内容要求表的第一栏（表 4-3）。

表 4-3　1A Unit 6 My family 单元内容要求(主题)

主题	范畴	☑人与自我　　□人与社会　　□人与自然　单元主题 My family
	主题群	做人与做事
	子主题内容	家庭与家庭生活

当然我们也可以把这些内容统整起来,这样填写(表 4-4)。

表 4-4　1A Unit 6 My family 单元内容要求(主题)

主题	本单元聚焦"人与自我"主题下"做人与做事"主题群,围绕"家庭与家庭生活"子主题内容,通过任务"Showing my family photo",引导、帮助学生认识、介绍主要家庭成员,并借助肢体语言,简单表达对家庭成员的爱

各地区的教材不同,单元主题也不同,但是根据新课标来定位主题范畴,梳理出主题内容,方便教师准确把握育人的线索,更好地确定育人方向,都是十分重要的。

(二) 语篇

教师首先要依据新课标的要求来确定语篇类型,语篇文本是连续性文本还是非连续性文本;语篇形式是口语形式还是书面形式;语篇模态是文字、音频、视频或是数码。

仍以 A Music class 这个单元为例,语篇属于连续性文本,语篇形式为口语形式,语篇模态有文字、音频、视频。而 My family 这个单元,语篇属于连续性文本,三个语篇的分析如表 4-5 所示。

表 4-5　1A Unit 6 My family 单元内容要求(语篇)

语篇	Song time	歌曲	对家庭成员的介绍
	Talking time	诗歌	家人之间的关爱
	Mini-project	独白	对家庭的介绍

(三) 核心内容

教师应梳理教材单元各板块的核心内容,包括语言知识、语言技能、文化知识和学习策略。

1. 语言知识

语言为语篇的构成和意义的表达提供要素。语言知识包括语音知识、词汇知识、语法知识、语篇知识、语用知识。按一级、二级学段来看,语言知识内容要求逐步递增。根据语言知识的这五个要素,教师需要梳理出单元中具体的语音、词汇、语法、语篇的学习内容及要求等。

（1）语音知识。

语音包括元音、辅音、重音、意群、语调与节奏等，说话者通过语音的变化表达意义和观点，反映态度、意图、情感等。从新课标语言知识内容要求表中，我们可以看到，一级内容相较于二级内容多了字母学习，需要能识别并读出26个大小写字母，感知字母在单词中的发音。关于拼读，从一级的感知简单的拼读规则，尝试借助拼读规则拼读单词，发展到二级的借助拼读规则拼读单词；语音语调上，从一级的感知并模仿说英语，体会单词的重音和句子的升调和降调，发展到二级的借助句子中单词的重读表达自己的态度和情感，要求学生感知并模仿说英语，体会意群、语调与节奏，在口头表达中做到语音基本正确，语调自然流畅。

（2）词汇知识。

词汇是指语言中所有单词和固定短语的总和。词汇学习包含记忆单词的音、形、义，了解一定的构词法知识，重点是在语篇中通过听、说、读、看、写等活动，理解和表达与各种主题相关的信息和观点。新课标词汇知识内容要求表中，一级要求是：借助图片、实物理解词汇，根据单词的音、形、义学习词汇，体会词汇在语境中表达的意思；二级要求是：在语境中理解词汇的意义。从根据视觉或听觉提示如图片、动作、动画、声音等说出单词和短语，发展到在特定语境中运用词汇描述事物、行为、过程和特征，表达与主题相关的主要信息和观点，要求学生能初步运用500个左右的单词就规定的主题进行交流与表达。

（3）语法知识。

语法知识包括词法知识和句法知识。词法关注词的形态变化，如名词的数、格，动词的时、态（体）等。句法关注句子结构，如句子的种类、成分、语序等。语法知识是"形式—意义—使用"的统一体，直接影响语言理解与表达的准确性、得体性。从在语境中感知、体会常见简单句的表意功能，发展到在语篇中理解其基本结构和表意功能，从能理解一般现在时和现在进行时的形式意义、用法，发展到能理解一般过去时和一般将来时，对学生的句法要求不断提高。一级要求是：学生能围绕相关主题，在语境中运用所学语法知识描述人和物，进行简单交流。二级要求是：学生在语境中运用所学语法知识描述、比较人和物，描述具体事件的发生、发展和结局，描述时间、地点和方位等。

（4）语篇知识。

语篇知识是指有关语篇如何构成、如何表达意义，以及人们如何使用语篇达到交际目的的知识。语篇知识在语言理解和表达过程中具有重要的作用。一级要求是：学生能识别对话的话轮转换，知道语篇的类型，体会语篇中文字和图片的关系。二级要求是：学生能判断故事类语篇的开头、中间和结尾，辨识时间、地点、人物以及事件的发生、发展和结局等，还需要知道语篇中段落主题句与段落内容的关系，利用语篇的主题图片信息理解语篇。

（5）语用知识。

语用知识是指在特定语境中准确理解他人和得体表达自己的知识。学习和掌握一定的语用知识，有助于学生根据交际目的及场合等，选择正式或非正式、直接或委婉、口语或书面语等语言形式得体地与他人沟通和交流。一级要求是：学生能使用简单的称谓语、问候语和告别语与他人进行得体的交流；在语境中使用基本的礼貌用语与他人交流；对他人的赞扬、道歉、致谢等做出恰当的回应。二级要求是：学生根据具体语境的要求，初步运用所学语言得体表达自己的情感、态度和观点；在具体语境中，如购物、就医等，与他人进行得体的交流；对他人的邀请、祝愿、请求与帮助等做出恰当的回应。

再来看 A Music class 这个单元，教师参照新课标中的二级要求，结合本单元的学习内容，梳理出语言知识要求表（表 4-6）。

表 4-6　4B Module 4 Unit 1 A Music class 单元内容要求（语言知识）

语言知识	语音	使用正确的语调朗读对话； 感知并模仿说英语，体会意群、语调与节奏，在口头表达中做到语音基本正确，语调自然、流畅。
	词汇	在语境中，理解核心词汇 piano、violin、triangle、drum 的含义，在运用中逐步积累词汇。
	语法	在语境中理解核心句型"What can you play?""Whose . . . is it?""Where's . . . ?"的表意功能； 在语境中运用所学语法知识描述具体事件的发生、发展和结局。
	语篇	辨识故事类语篇的时间、地点、人物，以及事件的发生、发展和结局； 利用语篇的标题、图片等信息辅助语篇理解。
	语用	在 A Music class 的语境中，初步运用所学语言，得体地表达自己的情感、态度和观点。

对于 My family 这个单元，教师依据新课标中一级学段的要求，结合这个单元的学习内容，梳理出语言知识要求表（表 4-7）。

表 4-7　1A Unit 6 My family 单元内容要求（语言知识）

语言知识	语音	感知并模仿说英语，体会句子的升调与降调。
	词汇	在语境中借助图片理解关于家庭的主题词汇； 根据单词的音、形、义学习词汇，体会词汇在语境中表达的意思。
	语法	在语境中感知、体会核心句型"This is . . ."的表意功能； 围绕"My family"主题，在语境中运用形容词描述对家庭的感受，进行简单交流。
	语篇	识别对话中的话轮转换； 体会语篇中图片与文字的关系。
	语用	在语境中，介绍家庭成员，表达对家人的爱。

2. 语言技能

语言技能为学生获取信息、建构知识、表达思想、交流情感提供途径，包括理解性技能和表达性技能。理解性技能包括听、读、看等，主要是指学生能理解一些指令，理解语篇的主题、语境、信息，推理、梳理、归纳信息，比较和提炼出信息的相同之处和不同之处等；表达性技能主要包括演、写，比如学生能朗读语篇，扮演角色，仿写句子，介绍日常生活，借助语言支架复述语篇,简单交流、表达个人的观点等。

在 A Music class 这个案例当中,教师对照理解性技能和表达性技能表格中的二级要求,确定本单元语言技能要求表(表4-8)。

表4-8　4B Module 4 Unit 1 A Music class 单元内容要求(语言技能)

语言技能	理解性技能	借助图片、图像等,理解有关 A Music class 的语篇,提取、梳理、归纳主要信息; 在听和读的过程中,根据上下文线索猜测语篇中词汇的意思; 归纳故事类语篇中主要情节的发生、发展与结局; 比较乐器的相似性和差异性,尝试从不同视角认识乐器。
	表达性技能	完整、连贯地朗读所学语篇,借助语言支架,简单复述语篇大意; 围绕 A Music class 进行简单交流,表达个人的情感、态度和观点; 简单描述事件或讲述简单的小故事; 模仿范文的结构和内容写几句意思连贯的话,并尝试使用描述性词语添加细节,使内容丰富、生动。

在 My family 这个单元案例当中,教师参照理解性技能和表达性技能表格中的一级要求,确定本单元语言技能要求表(表4-9)。

表4-9　1A Unit 6 My family 单元内容要求(语言技能)

语言技能	理解性技能	理解课堂中的简单指令并做出反应; 在听、读、看的过程中有目的地提取、梳理有关家庭的信息; 借助语气、语调、手势和表情等推断说话者的情绪、情感和态度; 推断模态语篇中的画面、图像、声音、色彩等传达的意义。
	表达性技能	演唱所学的简单英语歌曲; 大声跟读音视频材料,正确朗读学过的对话; 交流简单的家庭信息; 在教师指导下进行简单的角色扮演。

3. 文化知识

文化知识包括物质文化知识和非物质文化知识,饮食、服饰、建筑、交通及发明与创造等都属于物质文化知识,而哲学、科学、历史、语言文学、艺术教育及价值观、道德修养、审美情趣、劳动意识、社会规约和风俗习惯等都属于非物质文化知识。文化知识能奠定人文底蕴,培养科学精神,为学生形成良好品格和正确价值观提供内容资源。

在 A Music class 这个单元中,文化知识包括:① 简单的童话故事及其蕴含的价值观;② 中外音乐领域有造诣的人物及其作品。在 My family 这个单元中,文化知识主要为人际交往中英语与汉语在家庭成员称谓表达上的异同。

4. 学习策略

学习策略是指教师为了提高学生学习效率、提升学习效果所采用的具体教学方法,包括元认知策略、认知策略、交际策略、情感管理策略。新课标指出,元认知策略是指学生能计划、实施、评价、反思和调整学习过程,提升自主学习能力;认知策略是指学生能采用适宜的学习方式、方法和技术加工语言信息,提高学习效率;交际策略是指使学生能发起并维持交际,提高交际效果;情绪管理策略是指学生能调控学习情绪,保持积极的学习态度。一般情况下,在学习素养培育的过程,离不开对学习能力、学习效率、交际效果、学习态度的关注,要有所侧重地引导学生运用这些策略或者在活动中形成这些策略。所以,教师要特别关注这四种策略。

二、研读语篇内容及分析学情

(一)语篇研读

1. 什么是语篇研读

语篇承载着表达主题的语言知识和文化知识,为学生提供多样化的文本素材,作者在具体主题情境中通过综合运用语言知识、文化知识来表达和传递主题意义。新课标将语篇纳入课程内容,重在突出语言的整体性特征和语篇所具有的传递意义的重要功能。

语篇有不同的类型,以口语、书面语,或音频、视频、数码等多模态形式呈现出来。语篇类型既包括如对话、访谈、记叙文、说明文、应用文等连续性文本,也包括如图表、图示、图页等非连续性文本。语篇研读就是要对语篇的主题、内容、问题结构、语言特点、作者观点等进行深入的解读。

新课标明确指出:一级的语篇类型常见的有图文并茂的日常简短对话、歌曲、配图故事、韵文等,与小学中低年级学生年龄特点和学习基础相匹配;二级的语篇类型以记叙文、说明文、应用文等为主,符合小学中高年级学生的学习风格和学习能力。

2. 为什么要开展语篇研读

新课标指出,语篇是教学设计和课堂实施的逻辑起点与重要载体,语篇在传递文化意涵、引领价值取向、促进思维发展、服务语言学习和提升语言表达等方面起着重要的作用。

图4-1显示,课程内容六要素中的语篇和主题上下呼应,统领和承载中间位置的四要

图4-1 义务教育英语课程内容结构示意图

素;同时也与这四要素有机地融为一体,不仅承载语言知识和文化知识,还与语言技能和学习策略形成了紧密的互动互促关系①。

单元主题是通过具体的语篇呈现出来的,语篇通过在具体主题情境中综合运用语言知识、文化知识来表达、传递主题意义。探究单元、单课的主题意义要建立在语篇研读的基础上,教师只有认真分析语篇,把握语篇所蕴含的文化内涵和价值取向,才能准确确定教学目标、选定教学内容,开展有效的单元教学设计,引领学生探究主题意义。

3. 怎样进行语篇研读

教师首先要依据新课标要求确定语篇类型,语篇文本是属于连续性文本还是非连续性文本;语篇形式是口语还是书面形式;语篇模态是文字、音频、视频或是数码。其次,教师还要解读语篇的主题意义和交际目的,明确语篇的内容结构和语言特点。

在研读语篇时要重点回答三个基本问题:第一,语篇的主题和内容是什么?即 What 的问题。第二,语篇传递的意义是什么?即 Why 的问题。不论口语语篇还是书面语篇,都有其特定的交际目的或主题意义,也就是作者或说话人的意图、情感态度或价值取向等。第三,语篇具有什么样的文体特征、内容结构和语言特点?如果语篇配有图片或表格,其传递何种意义或具有何种功能?即 How 的问题。

那么教师该如何分析单元当中的各个语篇呢?先看表 4-10,语篇分析包括语篇的类型、内容和内涵,即回答三个问题:What——语篇的主题及内容;Why——语篇传递的育人价值;How——语篇的文体特征等。

表 4-10 语篇分析表

语篇类型	What	Why	How

如何来填写这个表格呢?在语篇类型一栏,要求填写语篇属于教材的哪个板块,并写明它属于对话、故事、海报或邮件等某种类型;语篇内容主要描述语篇围绕哪一主题,文本讲述了什么故事,写出一个大致的语篇内容;语篇的内涵即需要从语言当中或者配图当中挖掘育人价值。

以沪教版《英语》一年级上册 Unit 6 为例,教材内容如图 4-2 所示。

---

① 王蔷:《新版课程标准解析与教学指导(小学英语)》,北京师范大学出版社 2022 年版,第 32 页。

图 4-2　1A Unit 6 教材内容

在分析语篇之前,首先要梳理好单元主题,本单元的主题是"My family",该主题属于"人与自我"范畴,主题意义为家庭与家庭生活。本单元主要包括歌曲和诗歌两个语篇。在确定了单元主题后,教师需进一步分析教材:Song time 语篇为歌曲,内容围绕小浦介绍他的家庭成员展开,描述了他对家庭的感受。通过小浦的介绍,引导学生认识家庭成员的组成,感受家庭温馨快乐的气氛;Talking time 语篇为一首诗歌,通过申申朗诵的诗歌,分享家庭成员共处时相互关爱的美好时刻,引导学生珍惜家庭美好时光。教师填写语篇分析表格(表 4 - 11)。

表 4 - 11 1A Unit 6 My family 语篇分析表

语篇类型	What	Why	How
Song time 歌曲	本语篇为一首歌曲,内容围绕小浦介绍他的家庭成员展开,描述了他对家庭的感受。	通过小浦的介绍,引导学生认识家是由家庭成员组成的,感受家庭的温馨快乐,感悟家庭的意义。	本语篇以歌曲的方式呈现,涉及本单元主题词汇,如 dad、mum、brother、sister、me;表达对家庭感受的主题词汇,如 love、warm、happy;介绍家庭成员的核心句型,如"This is ..." "I love my ..."。歌曲韵律易于模仿,帮助学生在轻松的氛围中快速记忆和传唱。
Talking time 配图对话	本语篇为一首诗歌,内容是申申描述成长过程中与爸爸、妈妈、妹妹相处的美好时光。	通过申申朗诵的诗歌,分享家庭成员共处时相互关爱的美好时刻,引导学生珍惜家庭美好时光。	本语篇是一首诗歌,涉及介绍家庭成员、表达对家庭感受的主题词汇。结构清晰且具有重复性,易于学生理解与模仿。

又以《英语(牛津上海版)》3B Module 3 Unit 3 Seasons 为例,教材内容如图 4 - 3 所示。

第四章 基于主题意义探究的小学英语单元教学设计路径

图 4-3 3B Module 3 Unit 3 教材内容

本单元的主题为"Seasons",属于"人与自然"的范畴,主题群为自然生态,子主题内容为天气与日常生活、季节的特征与变化、季节与生活。教师从语篇的内容、语篇的意义和语篇的特征这三个层面深入研读本单元所涉及的三个语篇:

Look and say 为小学生的日常对话,对话内容为 Alice 和 Peter 猜测季节的过程。Peter 描述了春天的天气特征和适合开展的活动,Alice 描述了秋天的天气特征、景物特征及适合开展的活动。通过 Alice 和 Peter 的讨论,学生能了解春季、秋季的气候、景色和常见活动,从而感受四季之美。本语篇内容贴近学生日常生活,以对话的方式呈现,涉及本单元核心句型 "What season is it? Is it . . . ?"交流季节名称时,对话使用了一般现在时,情节较为简单,易于理解。

Look and read 为配图短文,语篇描述了四季的天气特征及适合开展的有趣的活动,如植树、野餐、游泳、堆沙堡、放风筝、骑自行车、滑冰等,传递出参与趣味活动的快乐。通过阅读语篇使学生感受四季的气候特点,让学生体会不同季节有不同的乐趣,品味四季之妙。语篇涉及本单元核心词汇 plant a tree、have a picnic、ice-skate、ski,对话使用一般现在时,情节较为简单,易于理解,内容贴近学生实际生活。

Listen and enjoy 为韵文,语篇内容描述了四季的气候特征和景物变化。通过朗读儿歌,学生体会韵文的节奏与韵律美,并通过对四季景色的描述,感受四季的美。

教师深入研读语篇后填写语篇分析表(表 4-12)。

表 4-12　3B Module 3 Unit 3 Seasons 语篇分析表

语篇类型	What	Why	How
Look and say 对话	本语篇为对话,内容为 Alice 和 Peter 猜测季节的过程。Peter 描述了春天的天气特征和适合开展的活动,Alice 描述了秋天的天气特征、景物特征及适合开展的活动。	通过 Alice 和 Peter 的讨论,学生了解春季、秋季的气候、景色和常见活动,从而感受四季之美。	本语篇以对话的方式呈现,内容贴近学生日常生活,涉及本单元核心句型"What season is it?""Is it ...?"交流季节名称时,对话使用了一般现在时,情节较为简单,易于理解。
Look and read 配图短文	本语篇为配图短文,文本描述了四季的天气特征及适合开展的有趣的活动,如植树、野餐、游泳、堆沙堡、放风筝、骑自行车、滑冰等,传递出参与趣味活动的快乐。	通过阅读语篇感受四季的气候特点,学生体会不同季节有不同的乐趣,品味四季之妙。	本语篇以配图短文的方式呈现,涉及本单元核心词汇 plant a tree、have a picnic、ice-skate、ski,对话使用一般现在时,情节较为简单,易于理解,内容贴近学生实际生活。
Listen and enjoy 韵文	本语篇为韵文,内容描述了四季的气候特征和景物变化。	学生通过朗读儿歌,体会韵文的节奏与韵律美,并通过对四季景色的描述,感受四季的美。	本语篇是韵文,涉及一般现在时,内容简单,尾韵清晰且有韵律感,帮助学生感受四季景物的美妙。

(二) 学情分析

学情分析就是对所教授班级学生情况的分析,分析学生的实际需要、能力水平和认知特点,是教与学目标设定的基础。学生现有的知识结构、思维情况、认知特点、生理心理状况、个性特点、学习方式、学习风格等都是进行学情分析的切入点。在开展教学设计之前,教师要基于主题、内容等,对本班学生做相关的、有重点的分析。根据小学英语学科特点,对于学生情况的分析,主要从学生学习风格、学生语言能力、学生学习能力和相关主题背景知识等方面进行分析。

1. 学生学习风格分析

学习的过程就是一个认知的过程,学习风格就是认知风格。认知风格是指一个人常用的处理信息的方式,也就是在记忆、思考、解决问题时常用的思维方式。因此,当教师在分析学生的学习风格时,实际上就是在分析学生偏爱的、独特的学习方式。

小学阶段,随着学生年龄的增长和认知特点的变化,其学习风格也在逐渐养成。学生由于成长背景、教育背景不同,个体存在较大差异,学习方式也不尽相同。有的学生是视觉型的,在记忆的过程中需要一遍遍抄写和默写;有的学生是听觉型的,在记忆过程中需要大声念出来,反复诵读;有的学生则是动作型的,在实际操作中记忆和学习。除了个体差异以外,由于一个班级的学生长期在一起生活学习,久而久之,会形成班级的学习风格。有的班级思维活跃、反应迅速,但是思维深度不够,准确性欠佳;有的班级较为沉闷,但是思维较有深度。

分析并了解学生的学习风格,有利于教师认识学生的能力结构,找出出现学习问题的根本原因,更好地选择与学生的学习风格相匹配的学习方式和学习策略。

2. 学生语言能力分析

新课标指出,语言能力是指运用语言和非语言知识以及各种策略,参与特定情境下相关主题的语言活动时表现出来的语言理解和表达能力。语言能力是英语学科核心素养的核心,语言知识和语言技能是构成语言能力的两大要素。

语言能力是英语课堂教学内容设计的基础。在开展教学设计之前,教师要基于纵向的同一主题,梳理出学生已经掌握的语言知识;再根据单元主题、课时话题和语境,横向分析出可以整合的语言知识。通过横向和纵向的梳理,教师能明确学生已经具有的语言知识和技能,并有效整合相关内容,形成话题、内容和语境的一致性。

3. 学生学习能力分析

学习能力就是学习的方法与技巧。有了方法与技巧,学习到知识后,就形成了专业知识;学习到如何执行的方法与技巧,就形成了执行能力。新课标将学习能力定义为:学生积极运用和主动调适英语学习策略,拓宽英语学习渠道,努力提升英语学习效率的意识和能力。学习能力是构成英语学科核心素养的发展条件。

就小学阶段而言,学生的学习能力主要体现在学习方法与策略的运用上,学习方法如课外自主阅读的方法、运用知识迁移的学习方法、自我学习管理的方法等。策略包括思维策略的运用,如信息提取、加工、处理的方法,运用思维导图或问题链的辅助进行逻辑表达的方法等;再如交际策略的运用,如注意倾听别人说话,运用手势、脸部表情、声音模仿等手段来表达意义等。分析学生的学习能力有助于教师明确教学目标,整合教学资源,设计英语教学。

4. 学生主题知识分析

学生主题知识分析主要是对学生对于单元主题所具备的相关知识背景和学习经历展开分析,分析学生对于这个话题的学习基础和教学的递进要求。这样教师才能准确把握每一单元以及每一节课的目标预设,以及对于目标达成度的预期评价。

5. 学情分析案例

以《英语(牛津上海版)》3A Module 4 Unit 1 Insects 为例,本单元主题是"Insects",属于"人与自然"的主题语境,具体讨论昆虫的共性和个性特征,介绍昆虫的神奇之处。语篇类型有对话、说明文、故事等。本单元包含三个课时教学,其中第一课时 Insects or not? 介绍昆虫的共性特征;第二课时 Features of insects 介绍昆虫的个性特征;第三课时 Amazing insects 介绍昆虫的多样性及其神奇的外形特征和行为特征。教师对学生情况分析如下:

(1) 学生学习风格分析。

三年级学生的思维由具体形象思维开始向抽象逻辑思维过渡,逐步形成个性化的认知方式和解决问题的能力,对自然世界充满好奇;能积极参加课内外英语学习活动,尝试用英语解决问题的能力也在逐步提高。

大部分学生正在逐步形成个性化的认知方式和处理问题的方式,积极参加课内外英语学习活动,在教师的引导下开始尝试用英语解读问题并解决问题。就本单元内容 insects 而言,学生热爱大自然,对昆虫有着浓厚的探索兴趣。做本单元教学设计时,教师应通过活动,帮助学生提升逻辑思维能力,促进学生有逻辑性地表达。通过拓展阅读,整合课外资源,丰富学生语言,使学生有言有语,可言可语,从而促使学生更加自信地表达。

(2) 学生语言能力分析。

学生通过一、二年级的学习,拥有了用行为动词描述自己或他人的能力,能用 can 的句型询问他人并做出正确应答。

学生通过三年级第一学期 Module 3 Unit 1 My school 的学习,能用句型"What is this/that?"和"It's..."询问近处和远处物体的名称,并做出正确应答;通过三年级第一学期 Module 3 Unit 3 In the park 的学习,能用句型"What colour is it?"和"It's..."询问物体的颜色,并做出正确应答。围绕本单元的主题和内容,学生已经掌握的和将要掌握的 5 个板块的知识内容具体如表 4-13 所示。

表 4-13   3A Module 3 Unit 1 My school 学生语言能力分析表

	已 知	应 知	预 知
语音	能判断单个辅音字母在单词中的发音。	根据元音字母"u"开闭音节的发音规则,判断元音字母"u"在不同单词中的发音。	根据辅音字母组合的发音规则,判断字母组合在不同单词中的发音。
词汇	能理解和运用 bee 进行口头表述。	能理解和运用 bee、ant、butterfly、ladybird 进行口头和书面表述。	能理解和运用 ant、grasshopper、wasp、worm、moth 等单词进行口头和书面表述。
词法	能根据语境,正确运用名词的单复数进行口头表述。	能根据语境,正确运用形容词进行口头和书面表述。	能根据语境,正确运用副词进行口头和书面表述。
句法	能根据语境,用核心句型"What's this/that?""It's a... It's..."进行口头表述。	能根据语境,用核心句型"What is this/that/it?"进行口头和书面表述。	能根据语境,用核心句型"What are these/those?""They are..."进行口头和书面表述。
语篇	能理解语篇内容,根据图片信息口头介绍一种小动物。	能理解语篇内容,提取语篇关键信息对昆虫进行口头和书面表述。	能理解语篇内容,口头和书面介绍自然界的生物(动物、植物)。

本班学生具有良好的口语基础,语音标准、语调优美,口语表达能力强。学生能有序完成学习任务,能在合作学习中进行语用输出。

(3) 学生学习能力分析。

在一、二年级学生具有的听力、朗读、口语交流、阅读、书面表达等学习习惯和学习能力的基础上,三年级学生要能围绕主题,进行 5—6 句口语表达,同时还要有读写技能的培养。在阅读能力方面,学生要能从录音、图片、视频等材料中抓住关键信息,通过阅读理解词句、获取信息;在学习方式方面,学生能在互补式阅读等同伴合作学习中,通过协商和讨论完成学习任务。

(4) 学生主题知识分析。

本单元的主题为"Insects",属于科普类知识,学生热爱大自然,对昆虫有着浓厚的兴趣。

一、二年级 Module 4 The natural world 的模块主题虽没有系统呈现过 insects 的内容,但学生已积累了一些与本单元主题相关的背景知识及学习经历,在 1B Module 1 Unit 1 Look and say, 2A Module 4 Unit 3 In the park, 2B Module 1 Unit 1 What can you see? 和 2B Module 2 Unit 1 Things I like doing 等单元中,都有 insects 相关内容的呈现,同时通过其他学科的学习,大部分学生能辨认昆虫,只是缺乏英语语言的支撑。教师应整合课内外资源,通过语篇阅读,丰富学生语言,使学生有言有语,可言可语,使学生能更自信地表达。

三、构建单元主题内容框架图

(一) 什么是单元主题内容框架图

单元主题内容框架图也就是单元育人蓝图,搭建单元主题内容框架图是教师进行单元整体设计时非常重要的一步,它能凸显单元主题的育人内涵,明晰单元设计要点,同时帮助教师优化学习目标内容,强化学科育人任务。新课标指出:"依据单元育人蓝图实施教学,要构建由单元教学目标、语篇教学目标和课时教学目标组成的目标体系,使学生逐步建构起对单元主题的完整认知,促进正确态度和价值观的形成。各层级目标要把预期的核心素养综合表现融入其中,体现层级间逻辑关联,做到可操作、可观测、可评价。实现语篇教学目标和课时教学目标是达成单元教学目标的前提。"

单元主题内容框架图包括单元育人目标+单元任务、语篇目标+课时子任务,如图 4-4 所示。

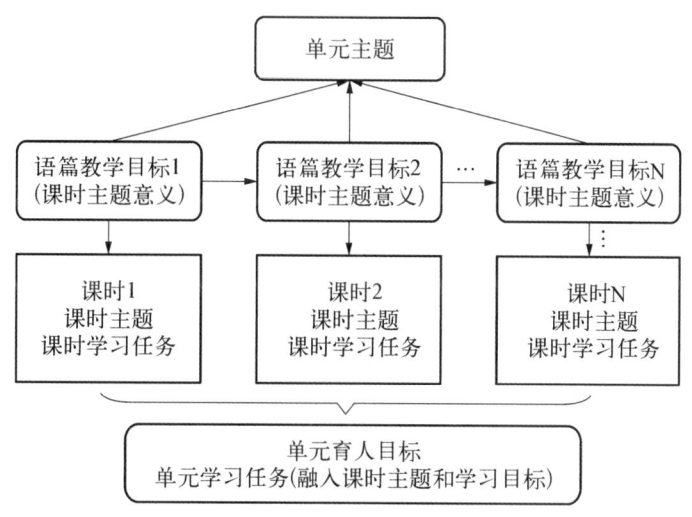

图 4-4　单元主题内容框架图

第一层是单元主题;第二层是单元中各个课时的语篇教学目标,也就是在这个课时中所要探究的主题意义;第三层是单元中各个课时的语篇主题和学习任务;第四层则是单元育人目标,既总括单元的主题意义,也总括单元预设的学习任务。

教师在做单元整体设计、确定单元主题时,都需要先确定主题范畴、主题群和子主题的内容,确保主题意义不偏离,保证学生能理解学习内容、构建知识体系,同时也能确保教师聚焦教学情境、内容与形式的一致性。

教师在构建单元主题内容框架图时,要特别注意每一层各箭头所指的方向,单元整体设计最终指向的是围绕单元主题的语篇学习,所以由第二层指向第一层的箭头是向上的;再从第二层横向来看,课时主题意义从左至右的箭头意味着各课时主题意义的叠加、递进关系。

(二) 如何构建单元主题内容框架图

下面我们来看一些案例。以《英语(牛津上海版)》3B Module 3 Unit 3 Seasons 为例,教材内容如前文图 4-3 所示。

本单元的主题为"Seasons",属于"人与自然"的范畴,主题群为自然生态,子主题内容为天气与日常生活、季节的特征与变化、季节与生活。教师结合教材与语篇研读、学生学情和学习经历的分析,围绕单元主题建立了三个相互关联的子主题,确定课时 1 的语篇目标为欣赏四季景物,感受四季之美;课时 2 的语篇目标为了解四季活动,体验四季之趣;课时 3 的语篇目标为分享四季感悟,品味四季之妙。

基于课时主题,教师设计了三个课时的话题以及学习任务。第一课时主题是 Nice seasons,课时学习任务为描述不同季节的气候和景色;第二课时主题是 Fun activities in four seasons,课时学习任务为介绍四季的有趣活动;第三课时主题是 My favourite season,课时学习任务为介绍自己喜爱的季节。

通过三个课时的学习,学生能用所学语句介绍自己喜欢的季节,更加亲近、热爱自然,最终达成"感受四季之美,体验四季之趣,品味四季之妙"的育人目标。基于主题意义探究,构建如图 4-5 所示主题内容框架图。

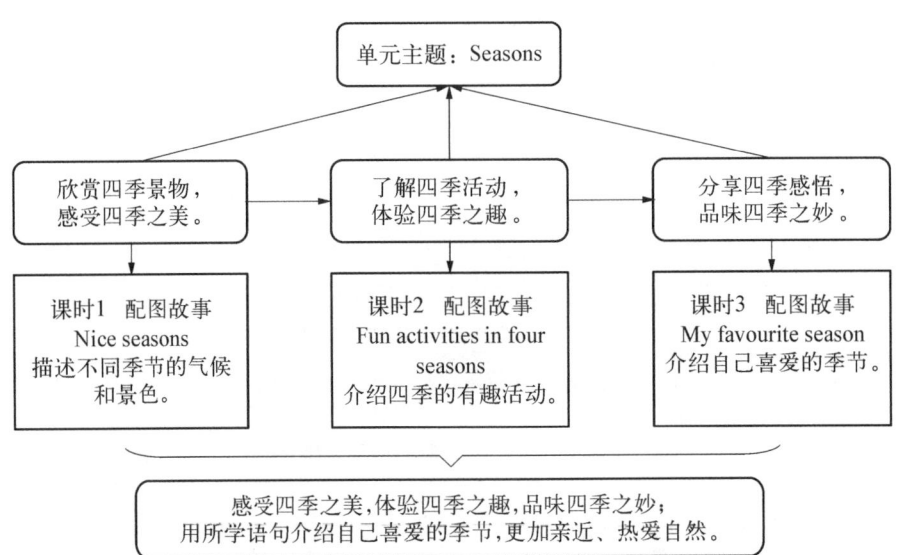

图 4-5 3B Module 3 Unit 3 Seasons 主题内容框架图

再看下面这个案例,选自《英语(牛津上海版)》3A Module 2 Unit 2 My family,教材内容如图 4-6 所示。

图 4-6 3A Module 2 Unit 2 My family 教材内容

本单元的主题为"My family",属于"人与自我"的范畴,主题群为做人与做事,子主题内容为家庭与家庭生活。通过学习任务——介绍家庭成员,帮助学生描述自己的家庭成员,感悟亲情,表达对家人的尊重和爱。

教师结合教材与语篇研读、学生学情和学习经历的分析,围绕单元主题建立了三个相互关联的子主题,确定课时 1 的语篇目标为认识家庭,知晓成员在家中不同的角色;感悟成员之间的亲情。课时 2 的语篇目标为发现家庭成员之间特征、性格和能力的异同;感悟对家人的爱和欣赏。课时 3 的语篇目标为发现家庭成员彼此的爱好和共同活动;感悟彼此的关爱和互助。

基于三个子主题意义,教师确定了三个分课时话题以及学习任务。第一课时主题是 We live in a family,课时学习任务为介绍自己的家庭和成员,并记录他人的家庭成员情况;感受家庭的亲情。第二课时主题是 Family members are different,课时学习任务为从称谓、特征、性格和能力等方面介绍自己的家庭成员;表达对家人的欣赏和爱。第三课时主题是 We love our family,课时学习任务为从家庭成员的组成、成员之间的异同,以及家庭成员的爱好和共同活动等方面介绍自己的家庭;表达对家的爱。

通过三个课时的学习,学生用所学语句介绍和描述自己的家庭及家庭成员的组成、成员之间的异同,以及家庭成员的爱好和共同活动等;感悟亲情,表达对家人的尊重、欣赏和关爱,达成单元育人目标。本单元主题内容框架如图 4-7 所示。

基于主题意义探究的小学英语单元教学设计与实施

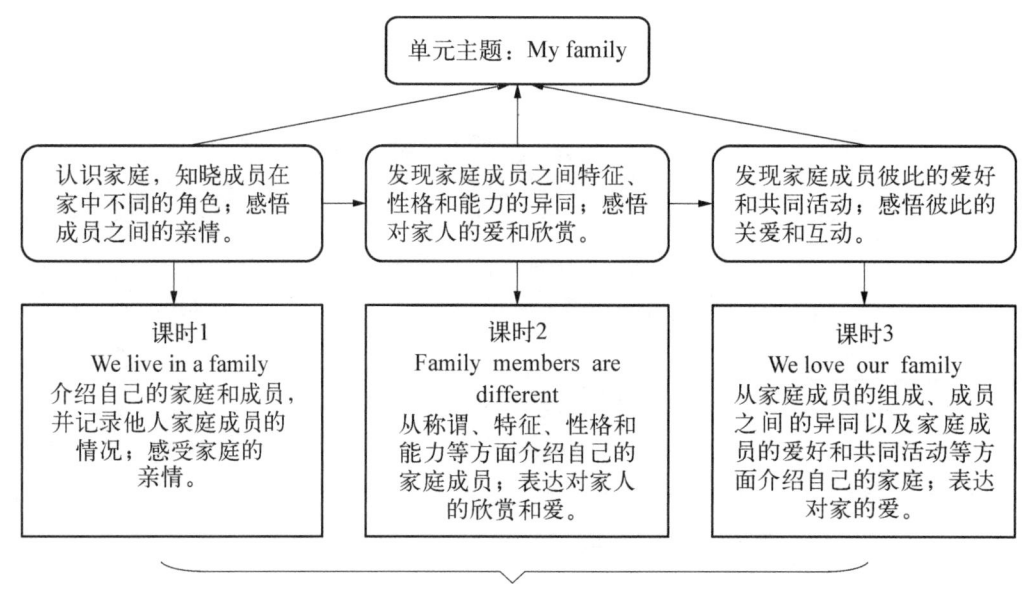

图4-7 3A Module 2 Unit 2 My family 主题内容框架图

再来看一个沪教版《英语》一年级上册 Unit 8 的案例，教材内容如图4-8所示。

图 4-8　1A Unit 8 教材内容

本单元的主题为"Have a go",属于"人与社会"的范畴,主题群为社会服务与人际沟通,子主题内容为同伴交往,相互尊重,友好互助。通过表演故事,帮助学生感知小鸟飞行的快乐,学会克服困难、勇敢尝试,懂得同伴互助的重要性。

本单元有两个主要语篇:语篇一是歌曲,描述了 Mother Blackbird 希望两只小鸟 Jack 和 Jill 能够独立飞翔,因此不断指导两只小鸟尝试飞翔。语篇二是配图故事,讲述了鸟妈妈教会两只小鸟学习飞翔的过程,其中一只顺利学会,而另一只在鼓励下,最终坚定自信,勇敢翱翔天际。

围绕单元主题意义,教师概括语篇,挖掘育人内涵,建立了两个相互关联的子主题:语篇一引导学生了解小鸟习飞的过程,体会飞行不易;语篇二引导学生感受小鸟学习飞翔的情绪变化,体验习得本领的喜悦。从了解小鸟学飞的过程,体会飞行的不易,到感受小鸟学飞的情绪变化,体验习得本领的喜悦,学生懂得同伴之间应相互支持和鼓励。本单元以主题"Have a go"为引领,以演绎故事这一任务为驱动,通过两课时的学习,引导学生感悟不畏困难、勇敢尝试的精神。基于主题意义探究,构建如图 4-9 所示单元育人蓝图。

四、制定单元及单课学习目标

(一)单元学习目标和单课学习目标

在英语教学中,单元学习目标是课程目标在具体教学过程中的体现,一个单元的总目标是课程目标的根本。单元学习目标是学生在整个单元学习后应该达到的要求,决定了教师和学生在单元教学过程中的行为。单元学习目标指向学生语言能力、文化意识、思维品质和学习能力的发展。教师要以单元教学目标为统领,组织各语篇的教学内容,规划系列教学活动,实施单元持续性评价,引导学生在学习过程中逐步建构对单元主题的认知,最终指向核心素养。

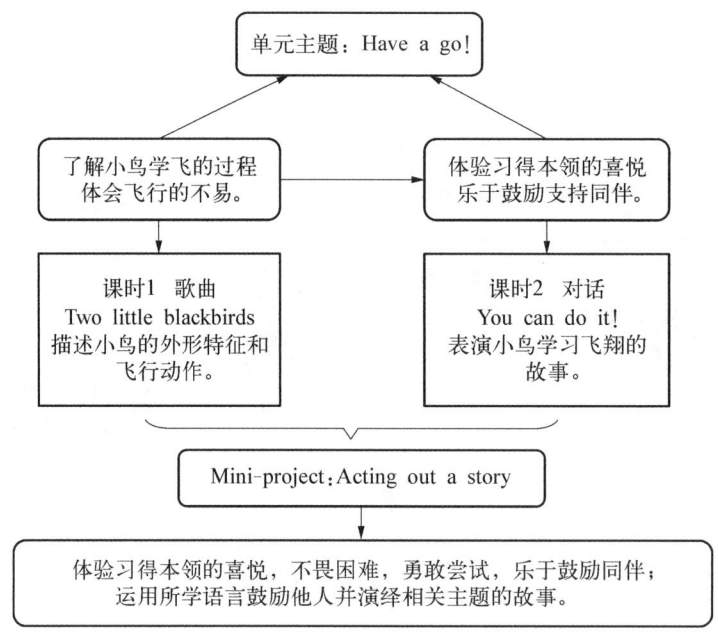

图 4-9　1A Unit 8 Have a go! 主题内容框架图

单课学习目标是围绕单元学习目标而设计的,体现各个课时之间的逻辑关联和递进关系。教师在制定单课学习目标时一定要合理并分解单元学习目标,保证单元学习目标能有效落实,通过各个课时之间的递进,促进单元教学目标逐步提升。

教师要依据单元育人蓝图来开展单元教学设计与实施,构建由单元教学目标、语篇教学目标和课时教学目标组成的目标体系,使学生逐步建构起对单元主题的完整认知,促进正确态度和价值观的形成。

(二) 目标制定的策略

教师在制定单元学习目标时,要根据新课标相应学段的目标要求,明确单元主题,厘清单元教材内容、教学重点和难点,要注意横向和纵向的结合,关注目标设定的整体性。

学习目标不能只强调语言知识和语言技能,同时也要关注文化意识和思维品质的培养;不仅要关注学生的学业成果,更要关注学生的学习习惯和学习兴趣,以此来落实学科育人的总目标。

(三) 确定单元学习目标与任务

单元教学规划是开展基于主题意义的单元整体教学设计的重点环节。教师通过确定单元学习目标、学习任务、学习资源,划分单元各个课时,确定各课时学习目标和评价设计等步骤来规划单元教学。

在教学设计时,教师应依据新课标的学段目标来设计单元单课的学习目标和任务。

1. 确定单元学习目标

单元学习目标的制定要以课程标准、教材和学生学情为依据。课程标准明确规定了英语课程的总目标和不同学段的学习要求,教师要研读新课标,然后根据各自学校的办学目标和学生实际进行层层细化。教材是学生达到课程标准的载体。学生通过对教材内容的不断学习与积累,从而达到课程标准规定的分级要求和阶段学习目标,最终达到课程标准的规定要求。制定单元教学目标就是要将课程标准、教材和学生作为一个有机体来考量。

单元学习目标和学习内容不能独立开来,教师在设计单元目标和课时目标的时候,应从知识与技能、主题与文化、思维与策略三个维度来做计划。单元目标的达成围绕课程六要素,也就是主题、语篇、语言知识、文化知识、语言技能、学习策略,以主题为引领,以语篇为载体,通过学习、理解、应用、实践和创新迁移的活动,始终指向学科核心素养。

知识与技能即语言知识和语言技能,指向语言能力的发展。学生能够在感知、体验、积累和运用等语言实践活动中认识英语与汉语的异同,逐步形成语言意识,积累语言经验,进行有意义的沟通与交流。

主题与文化即主题文化知识,指向文化意识的培育。学生能够了解不同国家的优秀文明成果,比较中外文化的异同,发展跨文化沟通与交流的能力,形成健康向上的审美情趣和正确的价值观,加深对中华优秀传统文化的理解和认同,树立国际视野,坚定文化自信。

思维与策略即语篇学习策略,指向思维品质和学习能力的提升。思维品质的提升表现为学生能够在语言学习中发展思维,在思维发展中推进语言学习,初步以多角度观察和认识世界,看待事物,有理有据、有条理地表达观点,逐步发展逻辑思维、辩证思维和创新思维,使思维体现敏捷性、灵活性、创造性、批判性和深刻性。学习能力的提升表现为学生能够树立正确的英语学习目标,保持兴趣,主动参与语言实践活动,在学习中注意倾听,乐于交流,大胆尝试。学会自主探究、合作互助,学会反思和评价学习进展,调整学习方式,学会自我管理,提高学习效率,做到乐学善学。

以《英语(牛津上海版)》3B Module 3 Unit 3 Seasons 为例,本单元的话题为"Seasons",属于"人与自然"的范畴。主题群为自然生态,子主题内容为天气与日常生活、季节的特征与变化、季节与生活。在研读教材语篇内容、分析三年级学生实际水平的基础上,围绕语音、词汇、词法、句法和语篇五方向的学习内容,依据新课标学段目标要求,确定单元学习目标如下:

(1) 知识与技能:

① 能知晓字母组 bl-、fl-、sl- 在单词中的读音规则,并能正确朗读含有该字母组合的单词和儿歌。

② 能运用核心词汇 plant a tree、have a picnic、ice-skate、ski 描述在四季开展的活动。

③ 能运用核心句型"What season is it?""Is it ...?"询问季节名称。

④ 能理解并朗读关于季节的语篇,获取相关信息,梳理语篇结构,仿说仿写,介绍自己喜爱的季节。

(2) 主题与文化:

感受四季之美,体验四季之趣,品味四季之妙。

(3) 思维与策略:

① 能积极参与课堂学习活动,注意倾听,认真思考,积极表达。

② 能通过图片观察、文本视听、问答交流、提炼复述、角色扮演、小组合作等形式,完成学习任务,逐步形成理解力、观察力、分析力和综合力。

2. 确定单元语用任务

在整体教学设计中,教师要构建一种"评价先行"的教学思路,深化目标意识,强调

"教—学—评"一致性。单元语用任务用于检测和评价单元学习目标的达成情况,是单元学习的成果体现。

教师应该围绕模块主题和单元的主题或话题,经过教材分析、学情分析后,整合学生已知的和将要学习的语言内容,设计一个语用任务。经过学习,学生可用英语来完成这个任务或解决相关问题,体验语言的交际本质。设计语用任务时,应关注学生是在教师依据主题或话题创设的语境中,使用自己所学的目的语交流自己感兴趣的内容,分享自己的思维成果。

仍以《英语(牛津上海版)》3B Module 3 Unit 3 Seasons 为例。

根据话题功能,解读教材内容。本单元的核心板块中,Look and learn 栏目呈现核心词汇和词组 plant a tree、have a picnic、ice-skate 和 ski,要求学生能够借助图片朗读、理解、认读和运用这些核心词汇;Look and say 栏目呈现核心句型——特殊疑问句 What season is it? 以及一般疑问句 Is it ...? 要求学生能够在适当的语境中选择正确的疑问句进行提问并做出回答;Learn the sounds 栏目则是通过朗读含有辅音字母组合 bl-、fl-、sl-的单词,帮助学生了解辅音字母组合的发音,并通过朗读儿歌加深对本单元语音学习的记忆。次核心板块中,Ask and answer 让学生能在语境中将所学疑问句进行替换操练,通过同伴间的相互问答引导学生复习所学的疑问句并进行回答;Look and read 栏目是一个绘本小故事,通过阅读故事加深对主题的理解,通过学习学生能够运用本单元核心词汇和核心句型进行表述;Listen and enjoy 栏目通过学习儿歌引导学生了解儿歌创设的语境,在欣赏中理解主题,感知话题。

三年级学生通过两年多的英语学习已经掌握了表示一年四季的季节名词,以及描述四季不同气候的形容词,也能够运用陈述句"It is ..." "I can ..." "I have ..."和"I like ..."口头介绍四季中的景色、服装、活动和感受。在本单元的学习中,学生将学习更多有关四季活动的词汇,学习使用特殊疑问句 What season is it? 和一般疑问句 Is it ...? 来询问季节并做出正确的回答,见表4-14。

表 4-14　3B Module 3 Unit 3 Seasons 学习内容

内容	知识要点	教材栏目	学生基础	活动选择
语音	辅音字母组合:bl-、fl-、sl-	Learn the sounds	熟知□ 略知□ 新知☑	倾听、模仿、朗读、辨别
词汇	核心词汇:plant a tree、have a picnic、ice-skate、ski	Look and learn	熟知□ 略知□ 新知☑	模仿、朗读、拼读、抄写
词法	情态动词:can	Look and say	熟知☑ 略知□ 新知□	朗读、填空
句法	特殊疑问句和答句:"What season is it?""It's ..." 一般疑问句及答句:"Is it ...?""Yes, it is.""No. It's ..."	Look and say	熟知□ 略知☑ 新知□	倾听、朗读、问答、描述
语篇	阅读语篇:The four seasons	Look and read	熟知□ 略知☑ 新知□	朗读、阅读、问答、复述

在解读了教材的相关内容并分析了学生学情之后,教师确定了本单元的语用任务,即在相关语境中,感受四季的美好和乐趣。学生能借助思维导图,从天气、景物、衣着、活动、感受等方面介绍自己喜欢的季节,品味四季的美妙。要求语音语调正确,内容达意,表达流利,拼写与语法基本正确。这些并不是新的学习内容,但是如何借助思维导图,有条理并清晰地进行介绍是本单元的学习重点。

教师将本单元内容划分为三个课时,基于三个课时的主题意义,设计了三个课时的话题及学习任务。第一课时 Nice seasons,描述不同季节的气候和景色;第二课时 Fun activities in four seasons,介绍四季的有趣活动;第三课时 My favourite season,介绍自己喜爱的季节,感受四季之美,体验四季之趣,品味四季之妙。最后制定分课时学习目标与学习任务表(表4-15)。

表4-15 3B Module 3 Unit 3 分课时学习目标与学习任务

	知 识 与 技 能	主题与文化	思维与策略	学 习 任 务
第一课时	(1) 能知晓字母组合 bl-、fl-、sl-的读音规则并跟读单词和儿歌。 (2) 能用正确的语调朗读特殊疑问句"What season is it?"和一般疑问句"Is it ...?"。 (3) 能初步听懂、读懂核心词汇 plant a tree、have a picnic、ice-skate、ski。 (4) 能尝试运用核心句型"What season is it?""Is it ...?"询问季节名称。 (5) 能理解并朗读对话语篇 Nice seasons,获取信息,梳理结构,仿说季节。	欣赏四季景物,感受四季之美。	(1) 能积极参与课堂学习活动,注意倾听,认真思考,积极表达。 (2) 能通过文本视听、图片观察、文本阅读、阅读思考、问答交流等形式,完成学习任务,逐步形成观察力、理解力和分析力。	在 Miss Fang 带领学生画画的语境中,能借助海报,从天气、景物、感受等方面交流四季,感受四季之美。要求语音语调正确,内容基本达意,表达较流利,语法基本正确。
第二课时	(1) 能正确朗读含有字母组合 bl-、fl-、sl-的单词和儿歌。 (2) 能尝试运用核心词汇 plant a tree、have a picnic、ice-skate、ski,描述在四季开展的活动。 (3) 能正确运用核心句型"What season is it?""Is it ...?"询问季节名称。 (4) 能理解并朗读语篇 Fun in four seasons,获取信息,梳理结构,仿说语段。	了解四季活动,体验四季之趣。	(1) 能积极参与课堂学习活动,注意倾听,认真思考,积极表达。 (2) 通过文本视听、图片观察、问答交流、视频欣赏、角色扮演等形式,完成学习任务,逐步形成观察力、理解力和分析力。	在制作四季相册的语境中,能借助相册,介绍四季有趣的活动,体验四季之趣。要求语音语调正确,内容基本达意,表达较流利,语法基本正确。
第三课时	(1) 能根据字母组合 bl-、fl-、sl-的读音规则准确朗读含该字母组合的单词及儿歌。 (2) 能熟练运用核心词汇 plant a tree、have a picnic、ice-skate、ski 描述在四季开展的活动。	分享四季感悟,品味四季之妙。	(1) 能积极参与课堂学习活动,注意倾听,认真思考,积极表达。 (2) 通过图片观察、文本视听、问答交流、阅读理解、信息提	在分享自己喜爱季节的语境中,能借助思维导图,从天气、景物、衣着、活动、感受等方面介绍自己喜欢的季节,品

续 表

	知 识 与 技 能	主题与文化	思维与策略	学 习 任 务
第三课时	（3）能熟练运用核心句型"What season is it?""Is it ...?"询问季节名称。 （4）能理解并朗读语篇 My favourite season，梳理结构，仿说仿写自己最喜欢的季节。	分享四季感悟，品味四季之妙。	炼、总结归纳等形式，完成学习任务，逐步形成观察力、分析力、理解力和综合力。	味四季之妙。要求语音语调正确，内容达意，表达流利，拼写及语法基本正确。

五、设计单元学习内容及过程

（一）如何设计单元学习内容

教师在深入研究单元主题、明确主题意义的基础上，要创造性地使用教材，整合课内资源，拓展课外资源，使学习内容更加丰富，主题意义的探究更加深入。

1. 整合学习内容，丰富学生对主题意义的感知

基于主题意义的单元学习内容以语篇为主，学生依托语篇开展各项学习活动。前文已提到，语篇包括连续性文本和非连续性文本，小学阶段的语篇类型以记叙文为主，初步涉及应用文，在记叙文中以对话体裁居多，包括口头、书面等多模态形式的语篇，如文字、歌曲、动画视频、图示等。让学生接触和学习不同类型的语篇，熟悉生活中常见的语篇形式，有助于学生加深对语篇意义的理解，也有助于学生使用不同类型的语篇进行表达和交流。

单元学习内容是经过单元整体设计后划分的各个课时的内容。教师对于单元学习内容的设计可以不局限于教材内容，可以有一定的开放性和动态性。在确定单元主题意义、明确教学目标、分析学生学情的基础上，教师应研读教材语篇，厘清单元脉络，合理规划课时知识结构，建立单元知识点之间的关联，同时也要将语言学习内容与学生生活经历关联起来，在主题引领下，丰富教学素材，使学生在主题语境中经过学习，掌握语言知识和语言技能，进一步感知单元、单课的主题意义。

教师应思考：教材中的语篇是否满足学生学习需求？这些学习内容是否支持学习目标的达成？在分析和设计教学语篇时，如果语篇内容无法满足学生的需求，没法达成课时以及单元学习目标，教师就需要调整、整合或者补充不同类型的语篇，以达成学习目标。

2. 解读学习内容，帮助学生语用表达

在设计单元学习内容时，教师应首先研读教材主题与内容，在选择学习内容时，语篇的篇幅和难易程度应符合学生的年龄与学习基础；语篇的类型要丰富，包括多模态语篇；语篇的内容要能够促进学生思维，体现文化差异，帮助学生形成正确的价值观。语篇的选择主要来源于教材。教师可以根据单元主题直接选用教材中的语篇，也可以根据教学需要，将教材中的语篇与课外教学资源进行整合。总之，教师应通过设计、选择合适的学习内容，帮助学

生在学习过程中提高听、说、读、写等语言技能,训练其思维能力,提高其提取信息和解决问题的能力。

3. 挖掘语篇情感,提升学生文化素养

"义务教育英语课程体现工具性和人文性的统一",新课标指出:"学习和运用英语有助于学生了解不同文化,比较文化异同,汲取文化精华,逐步形成跨文化沟通与交流的意识和能力。"因此英语教学不只是提升学生的语言综合能力,还承担着提升学生语言文化素养的任务。教师必须要挖掘单元和单课的主题情感,通过关注语言文字背后的内涵,将学习内容、语言、情感相融合,将语用任务与学习内容相融合,让情感体验渗透在学习过程中,培养学生的语言文化意识。

以《英语(牛津上海版)》2B Module 2 Unit 3 Animals I like 为例,本单元的主题属于"人与自然"的范畴,单元主题为 Animals I like,主题群是自然生态,子主题为常见的动物、动物的特征与生活环境。教师仔细研读,在理解、分析单元语篇时,关联新课标中相应的主题内容,从本单元主题 Animals I like,联想到相应的主题内容及育人价值,从立德树人的角度解读教材语篇的主题意义,并确定了单元主题内容框架(图 4-10)。

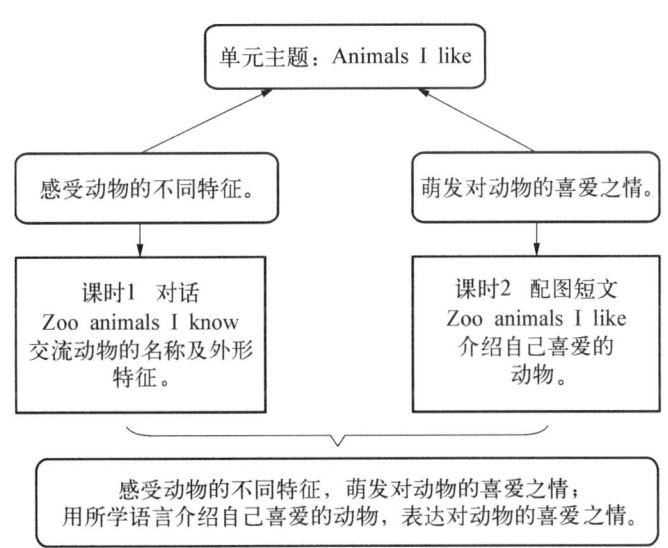

图 4-10 2B Module 2 Unit 3 Animals I like 主题框架图

基于主题,教师分析教材提供的语篇材料类型以及语言功能,对学习内容进行梳理后发现,第二课时的文本缺少对主题意义探究的支撑,只着重于对动物外形特征的描述,未能更好地帮助学生感知动物的其他特点,进而产生对动物的喜爱之情。因此,教师在第一课时内容的基础上,从特征、能力和对动物的感觉三个方面着手,形成了本课时的教学语篇。文本第一句"I like giraffes."就重点突出 Alice 对于动物的喜爱,通过介绍动物引导学生更深入地喜爱动物,达成"I like animals."在情感上的共鸣,培养学生爱的能力。学习内容修改前后的对比如表 4-16 所示。

表 4-16　2B Module 2 Unit 3 Animals I like 学习内容

修改前的学习内容	修改后的学习内容
They are yellow and brown. They are very tall. They have long necks. They like leaves.	I like giraffes. They are yellow and brown. They are very tall. They can run fast. They can eat leaves on tall trees. How super!

通过这样的修改与设计，可以使学生在 Animal Talk Show 的语境中，以介绍自己喜爱的动物为任务驱动，着重从不同动物的外形特征及其与众不同的能力方面去思考为什么喜欢这种动物，从而萌发对动物的喜爱之情，最后才能达到语篇的学习目标，完成学习任务。修改后的语篇内容更加丰富了对主题意义的感知，也更加凸显了德育价值。

在设计单元学习内容时，教师可以以朱浦老师提出的 TCLLU 的原则来检测内容设计是否合理：首先 T，topic 指教材主题的教学话题。教学话题是课时话题，也是课时语篇的主题。C，content 指教材资源，即教育内容、教学内容或者学习内容、语篇内容，这些都要蕴含育人的元素。L，level 指考虑学生语言水平。L，length 指文本长度、语篇长度及难度都要符合学生的需求和水平。U，unit 指基于核心板块的单元统整，也就是说语篇和学习内容的设计需要围绕单元主题和核心内容而展开。

再以《英语（牛津上海版）》3B Module 3 Unit 3 Seasons 为例，本单元的话题为"Seasons"，属于"人与自然"的范畴。主题群为自然生态，子主题内容为天气与日常生活、季节的特征与变化、季节与生活。教师围绕单元主题建立了三个相互关联的子主题，从欣赏四季景物，感受四季之美，到了解四季活动，体验四季之趣，最后分享四季感悟，品味四季之妙。基于三个子主题的意义，设计了三个课时的话题以及学习任务。详见图 4-6。

三年级学生已经具备了一定的听、说、读、看、写的技能：能用英语进行简单的日常交流，具有小组合作学习的经验，初步掌握阅读的基本策略。为了充分挖掘教学内容中蕴藏的育人价值，教师以教材内容为基础，重新设计了第三课时的学习内容。第三课时的教材语篇内容如图 4-11 所示。

图 4-11　第三课时教材内容

教师基于三年级学生的语言知识储备,在原来教材语篇只有气候与活动的描述上,增加了季节景色的描述,以及适合该季节搭配的服饰的词汇,通过思维导图,构建语言框架,让学生能从天气、景色、服饰、活动和感受五个维度介绍自己喜爱的季节。第三课时学习内容调整如下:

My favourite season

Kitty, Peter, Alice and Danny are talking about seasons. They are going to share their own favourite seasons.

Kitty: I love winter best!

It is cloudy and cold.

The wind blows and blows.

The snow dances in the sky.

I have a hat, a scarf and gloves.

I can ice-skate.

How fun!

Peter: I love summer best!

It is sunny and hot.

The sun shines and shines.

I have a T-shirt and a pair of shorts.

I can eat ice-cream and swim.

How fun!

教师通过增加这样的学习内容,帮助学生多角度深入探究主题意义,达成分享四季感悟、品味四季之妙的育人价值目标。

再以《英语(牛津上海版)》3A Module 4 Unit 1 Insects 第三课时为例,教材语篇内容如图 4-12 所示。

本课时的单元主题为"Insects",单元设计为三个课时,本课时是第一课时。基于教材分析,本课时的教学重点是能在语境中理解并初步运用核心单词 ladybird、bee、butterfly、ant 介绍昆虫名称;能在语境中理解并初步运用句型"It's a/an...""It has..."介绍昆虫的名称和身体特征。结合学情分析,本课时的教学难点是如何让学生深入理解主题意义,并触发自己的生活经历和情感,用英语来介绍昆虫的外形特征和本领,分享自己喜爱的昆虫。

在原有教材内容的基础上,教师补充内容如下:昆虫的身体部位,如 It has two feelers. It has

图 4-12 第三课时教材内容

a head and a body. It has six legs. 昆虫的本领,如 It can carry food. 昆虫给人们的感受,如 It's small but very strong! 这些补充内容形成了本课时的教学语篇。这些文本内容丰富了昆虫本身的信息和特点,引导学生认识昆虫的特征,感受昆虫世界的多样与奇妙。第一课时学习内容调整如下：

I know this insect.	I know this insect.
It's an ant.	It's a bee.
It's black.	It's yellow and black.
It has two feelers.	It has two feelers.
It has a head and a body.	It has a head and a body.
It has six legs.	It has six legs and four wings.
It can carry food.	It can make honey.
It's small but very strong!	It's small but very super!

（二）如何设计单元的学习过程

课堂教学是落实教学设计的主要渠道。基于主题意义的"大"单元整体教学,最终是要靠每一节单课教学的实施来落实的。因此,设计单课教学过程是教师引导学生完成学习任务,实现有效教学的前提、基础和保障。在单元整体设计的基础上设计的单课教学,课时之间的话题是有系统性的,内容是有联系性的,语言能力是有递进性的,这样的课堂教学凸显了学生学习的主动性,有助于提高学生的学习效果,从而提高课堂教学效能。在设计单课教学过程时,教师要对学生学什么、怎么学,以及学到什么程度进行系统设计。

1. 以逆向设计的方式,设计课堂教学的流程

小学英语教学主要采用任务型学习模式,强调的是用英语做事情,解决问题。教师需要设计一个综合性的语用任务,学生在理解、记忆、巩固了语言知识之后,在完成任务的过程中内化知识、发展能力,实现语言运用的目的。

基于任务型学习模式的教学特点,在开展单课教学设计时可采用逆向式教学设计,即先确定预期的学习结果,也就是语用任务;然后确定合适的评估依据,检测学生是否完成任务以及完成任务的质量;最后设计学习体验和教学活动。

语用任务用于评价课时目标达成情况,因此根据课时目标设计语用任务,是一种评价先行的教学思路,也是帮助教师深化目标意识、强化"教—学—评"一致性的方式。课时语用任务的设计要符合并体现课时教学目标的达成,要关注学生是在教师依据课时话题创设的语境中,使用所习得的语言,交流自己感兴趣的内容,分享自己的思维成果。教师要依托语用任务,围绕课时话题、功能和语篇,将新授知识与学生已有知识相整合,构建学生完成该语用任务时实际的输出话语。

在《英语(牛津上海版)》3B Module 3 Unit 3 Seasons 的第三课时 My favourite season 的教学中,教师基于本课时语用任务 To make an introduction of one's favourite season,通过分析学生已有的语言知识,预设学生的输出话语。就语言知识和语言技能而言,三年级学生已经积累了很多与季节相关的知识。他们已经掌握了表示季节的单词 spring、summer、autumn 和 winter,能用 warm、hot、cold、cool 来描述天气,能用"I can ..."和"I like (doing) ...

in ..."描述在不同季节做的事情。同时掌握了一些服装类的单词,如 T-shirt、dress、blouse、shorts、trousers、sweater、shirt、coat、hat、scarf、jacket、gloves、socks、shoes 等,能够用"I have ... in ..."表达在不同季节穿搭不同的衣物。本课时是阅读教学,三年级学生的语篇阅读能力尚处于起步阶段,在本课时的学习中,学生通过语篇阅读,针对问题,提取有关天气、景色、活动方面的信息,口头介绍秋季或冬季。在此基础上,学生能进行语言知识的模仿和迁移,能有逻辑、有条理地介绍自己喜欢的季节。基于以上分析,教师预设了本课时语用任务的输出话语,即学生能用 to be、to have、can、like 等句型,从 weather、scenery、clothes、activities 和 feeling 五方面有条理地介绍自己喜欢的季节。

2. 践行学习活动观,设计课堂教学的活动

学习活动包括学习理解、实践体验、构建运用和迁移转换。通过学习理解类活动,学生在活动中获取、梳理语言和文化知识,建立知识间的关联,达到学思结合;通过实践体验和构建应用类活动,学生在活动中内化所学语言和文化知识,加深理解并能初步应用,达到学用结合的目的;通过迁移转换类活动,学生在活动中内化所学语言和文化知识,加深理解并能初步应用,达到学用结合的目的。教师通过这样的活动设计,引导学生在体验中学习、在实践中运用、在迁移中创新,完成学习任务,达成育人目标。

教师在设计课堂活动时,要注意以下三个方面:课堂活动设计必须要围绕主题,基于语境;活动推进要依托多模态语篇;各项活动之间必须相互关联且循环递进。

我们来看两个案例:

在《英语(牛津上海版)》3B Module 3 Unit 3 Seasons 第三课时 My favourite season 的教学中,教师在 Pre-task preparation 阶段,设计了复习话语 A riddle,通过让学生说一说、猜一猜关于季节的谜语等活动,复习前一课时的学习内容;为了检测学生能否回忆和激活与季节相关的已有知识,教师通过 Picture reading 这个活动,让学生提出与该季节相关的问题,调动已有的知识,同时引入本课时话题。

在 While-task procedures 环节,教师通过输入文本 Kitty's favourite season 引导学生阅读并提取信息,而后教师出示关键词形成思维导图(flow map),并介绍 flow map,让学生了解到介绍季节有一定的基本结构和逻辑顺序,运用 flow map 能让表达清晰而有逻辑性。同时让学生根据梳理好的 flow map,与同桌一起介绍 Kitty's favourite season,这样学生能初步理解和感知 flow map 的意义和作用。然后,教师通过练习文本 Danny's favourite season 和 Peter's favourite season,引导学生尝试借助 flow map 进行逻辑表达。为了检测学生是否能按顺序排列句子,构建句与句之间的逻辑关系,教师设计了 Order the sentences 的活动。随后,学生自主完成 Peter's flow map,并根据 flow map 介绍 Peter's favourite season,教师据此检测学生初步运用 flow map 进行表达的能力。

学习理解类活动中,学生首先观察图片,通过 Kitty 所在的场景以及穿着(围巾、靴子、大衣等),推测出她喜欢的是冬季这一信息。而后教师通过问题"What can you do in four seasons?"引导学生借助视频文本了解不同季节可以开展的不同活动,分析与提取信息;让学生阅读语篇,在读的过程中边思考边画重点,寻找、提炼、梳理信息,养成良好的英语学习习惯。学生通过思考 have picnics 是否只是春季开展的活动,推断信息之间的关联性和逻辑关

系。这有助于他们进行独立思考,避免盲目地肯定或否定,学会辩证地看待事物,并对问题做出自己的价值判断。在教材语篇的基础上,教师增设句子"I love winter best!"作为开头,萌发学生对季节的喜爱之情,根据场景,自然而然地通过问题链"How is the weather? What can you do in winter? What do you have for winter?"等有序构建语言框架,引导学生介绍喜爱的季节。教师要调动学生已有经验,通过文本视听、猜谜激趣、互动问答、观察图片、聆听思考、信息寻找等,知晓 Kitty 所分享的季节。学生通过一系列的活动,学习和运用语言知识,建立信息之间的关联性,形成新的知识结构,理解主题意义。

在实践体验类活动中,学生通过文本视听、观看视频、听读文本、角色扮演等活动,知晓 Peter 喜爱的是夏天。学生代入文中角色,通过声情并茂地朗读夏季之歌,感知与注意,引发情感共鸣,在交流中增进体验。

在构建运用类活动中,学生通过图片欣赏、角色扮演等活动,猜测 Kitty 和 Danny 所喜爱的季节,借助板书的语言框架进行表达。学生巩固结构化知识,促进知识向能力的转化,深化对主题意义的理解。

在迁移转化类活动中,联系学生实际生活,先通过采访视频让学生了解师生所喜爱的季节,再迁移到自身。学生通过小组合作展示交流,介绍自己喜爱的季节并进行自评。最后通过视频,帮助学生唤醒记忆,开阔眼界,丰富认知,让学生感受四季循环,地球景观绚丽多彩,这是大自然赋予的珍贵礼物。这里融入自然学科育人理念,培育了学生的文化意识。视频里孩子们灿烂的笑容,引出"We can swim. We can ice-skate. How fun!"体现了四季活动之趣,深化学生亲近自然、热爱生活之感。

以沪教版《英语》一年级上册 Unit 6 My family 为例,教师首先围绕单元主题建立了两个相互关联的子主题,从认识家庭成员组成,感受家庭温馨快乐,到分享家人共处时光,珍惜家庭美好瞬间。基于子主题意义,教师设计两个课时的话题以及学习任务:第一课时 This is my family,介绍自己的家庭成员;第二课时 I love my family,描述家庭幸福时刻。学生认识家庭成员组成,感受与家人共处的温馨与快乐。

在第二课时的活动设计中,教师通过学习理解类活动,让学生首先观察图片,通过 Lily 的全家福,知晓一家三口是小家庭。而后教师通过问题"How can Lily introduce her family?"让学生聆听文本,学习主题词汇 dad, mum 和 me。在教材语篇的基础上,增设句子 I love my family! 萌发学生对家庭的喜爱之情,根据场景,自然而然地通过问题"Can you talk about your family?"构建语言框架,引导学生介绍自己的家庭。教师要调动学生已有经验,通过文本视听、看图选择、互动问答、欣赏照片(Lily 和父母的合照)、聆听思考等,知晓 Lily 的家庭情况。学生通过一系列的活动,学习和运用语言知识,建立信息之间的关联性,形成新的知识结构,理解主题意义。

通过实践体验类活动,学生在文本视听、听读文本、角色扮演等过程中,知晓 Xiaopu 所介绍的 family,通过观察图片感知 Xiaopu has a big family. 并在此过程中学习新单词 brother、sister。学生代入文中角色,感知与注意,引发情感共鸣,在交流中增进体验。

在构建运用类活动中,通过角色扮演活动,学生小组合作选取 Xiaopu 和 Lily 其中的一个家庭,借助板书的语言框架进行介绍。除了课本里的家庭介绍以外,还设置了单亲家庭,为来自不同类型家庭的学生提供语言资料。为加深学生对 family 这一主题的理解,引入了 Xiaoling 这一角色,虽然她来自单亲家庭,和爸爸一起住,但她也能感受到家庭的温馨与快乐。通过问题 What is a family? 引导学生观看视频,巩固结构化知识,促进知识向能力的转化,深化对主题意义的理解。

在迁移转化类活动中,通过播放班级学生与家人的合照,加深情感体验。学生通过小组合作展示交流,指着照片介绍自己的家庭并进行自评,以活动来深化主题意义:虽然家庭有大有小,但我们都很幸福。

依托"学思结合、用创为本"的学习活动观,通过课堂教学,培育了学生的文化意识。视频里孩子们灿烂的笑容,体现了"I love my family! Warm and happy!"。

3. 提升活动有效性,重视教学活动的开展

教师要重视教学活动的有效性和组织方式,开展个体活动,如个人朗读、书写等,培养学生的自主学习能力;组织同伴活动,如对话练习、角色扮演等,促进学生之间的交流与合作;安排小组活动,如小组讨论、项目制作等,培养学生的团队协作能力和创新思维。在开展小组活动时,根据学生的英语水平、性格特点等进行科学合理的分组,例如,在交流讨论时,将英语基础好、表达能力强的学生与基础相对薄弱的学生分在一组,那么,基础好的学生可以带动基础薄弱的学生,帮助他们理解和表达,大家共同进步。

要注重教学活动的互动性。鼓励学生积极参与师生互动和生生互动,教师在课堂上可以通过提问、引导讨论等方式激发学生思考,让学生在互动过程中提高语言技能。活动过程中教师要及时给予反馈,肯定学生的优点,指出改进的方向,帮助学生更好地掌握语言知识和语言技能,提升教学活动的有效性。

基于单元整体设计下的单课教学设计,教师应立足主题意义的探究,通过活动设计让学生依托语篇、深入语篇,最终超越语篇。在学习语言的过程中,让学生有"真实的"学习条件,比如真实的主题语境、真实的教学资源、真实的问题解决、真实的课堂生成等。让学生能实践体验,比如丰富的情感、丰富的人文知识等。

六、设计单元教学板书及作业

(一)设计单元教学板书

1. 板书设计的意义

板书是教学的重要组成部分,凝聚着一堂课的精华,为学生提供必要的学习支架,使课堂具有灵动趣味和文化意蕴。板书能清晰地呈现单元和单课主题,体现课时学习内容的重点和内在逻辑,帮助学生厘清思路、把握核心。相较于其他教学资源,板书在课堂中存留的时间最长,学生在参与课堂学习活动时,随时都可以借助板书的内容及框架进行学习、理解和记忆。

教师精心设计的色彩鲜艳、布局合理的板书,能吸引学生的目光,让他们的注意力更加集中在课堂内容上。直观的板书展示,能促进学生构建知识,拓展思维,升华情感体验。好的板书就像课堂笔记的框架,学生在复习时也可以通过板书回忆起课堂的重点内容。

2. 板书设计的原则

(1) 主题明确,重点突出。

依据教学目标确定主题,板书应呈现单元的主题和课时的主题,重点提炼本课时学习内容中的结构化知识,清晰呈现关键信息,帮助学生迅速把握核心内容,感知主题意义。

(2) 逻辑清晰,搭建支架。

板书要为学生的学习提供支持,就像建筑中的脚手架一样。首先,板书应该能够帮助学生构建知识框架,展现知识的内在逻辑,引导学生的思维过程。比如在学习 Seasons 这一单元时,在黑板上划分出四个区域,分别写上四个季节的单词,然后在每个季节下面列出与之相关的天气、活动、穿着等词汇和短语,这样就为学生搭建起一个关于季节知识的完整框架,凸显最核心、最本质的内容,有利于学生理解、归纳、记忆和运用。

(3) 过程完整,整体呈现。

板书设计应体现过程性原则。板书应当随着教学的展开逐步呈现内容,体现知识的形成过程和学生的学习过程。例如在故事教学中,教师可以通过板书逐步展示阅读故事语篇的步骤,如先看标题预测内容,再通过人物、时间、地点,故事发生的起因、经过、结果来引导学生学会如何有效阅读和提取信息,帮助他们在学习过程中逐步提升思维能力。板书可以记录学生的思维轨迹。

从教学内容来看,板书要呈现单元或课时完整的知识体系,板书中的内容不是孤立的,而是相互关联的,能使学生全面把握主题意义。

就教学设计而言,板书要与教学环节紧密配合,是教学过程的一个完整的缩影,板书应能完整地呈现出这堂课的核心语言知识点,各个环节的内容连贯统一,展现完整的教学过程。

3. 如何提高板书设计的有效性

(1) 整体呈现,凸显主题意义。

在单元整体教学设计中,板书的设计也应体现单元整体的规划和思考。单元中每一个课时的板书都应与前一个或前几个课时的板书呼应,课时之间的主题相互关联且统一,内容上是有逻辑性的,呈递进性的。

板书的设计要能够提炼基于主题的文本内容,使语篇内容走向结构化,主题意义逐渐具象化,促进学生对于主题意义的理解与感受。单元中的核心语言知识点都能以图文等形式呈现在板书上,并且在几个课时中不断复现、巩固。

我们看一个案例,选自《英语(牛津上海版)》4B Module 3 Unit 3 Days of the week。本单元的主题意义是发现生活美好,享受快乐生活,分享快乐活动,合理安排时间。本单元的学习任务是在相关语境中,借助调查问卷,能用所学语言从星期、频率、活动和感受等方面以口头和书面语的形式介绍自己一周最喜爱的一天。在学习任务的驱动下,教师预设学生四个课时最后的语用结果,并在四课时的板书中呈现了主题意义。

第一课时的学习任务是在了解同学一周生活的语境中,能借助调查问卷,交流同学一周的活动。本课时的板书呈现了 Alice 一周的活动信息和语篇框架,有助于学生感受活动的乐趣,发现生活美好,见图 4-13。

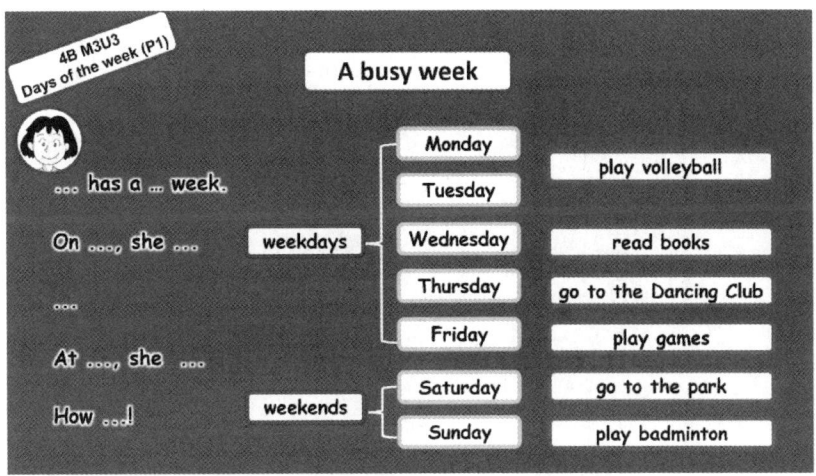

图 4-13　4B Module 3 Unit 3 Days of the week 第一课时板书

第二课时的学习任务是在 Miss Fang 和学生讨论一周活动的语境中,能借助调查问卷,介绍同学一周的活动及频率。本课时板书呈现了 Peter 一周活动的频率和时间,学生能够借助板书介绍 Peter 一周的活动,并在学习中感受到虽然有时生活非常忙碌,但也要享受快乐生活,见图 4-14。

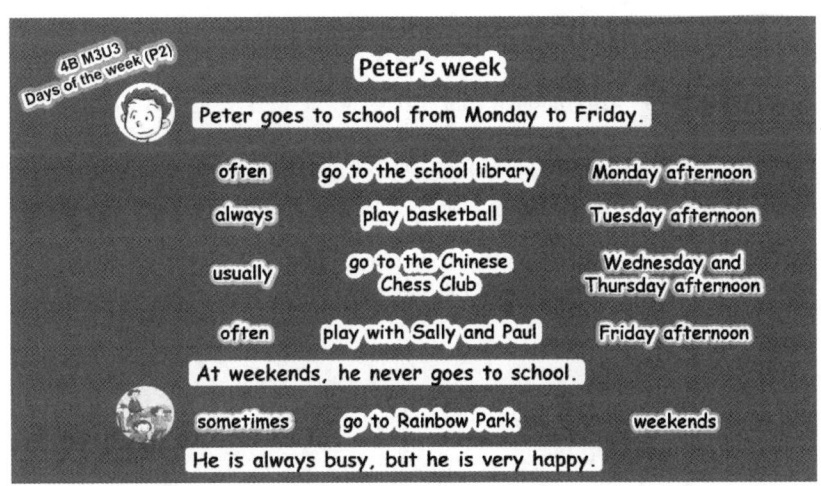

图 4-14　4B Module 3 Unit 3 Days of the week 第二课时板书

第三课时的学习任务是在 Kitty 采访学生的语境中,能借助时间安排表,从时间、地点、内容等方面介绍自己在社团的快乐时光。本课时板书呈现了 Jill 和 Alice 各自参加 Music Club 和 Art Club 的相关信息及语篇框架,学生在分享快乐活动的过程中,体验在学校社团的缤纷生活,见图 4-15。

43

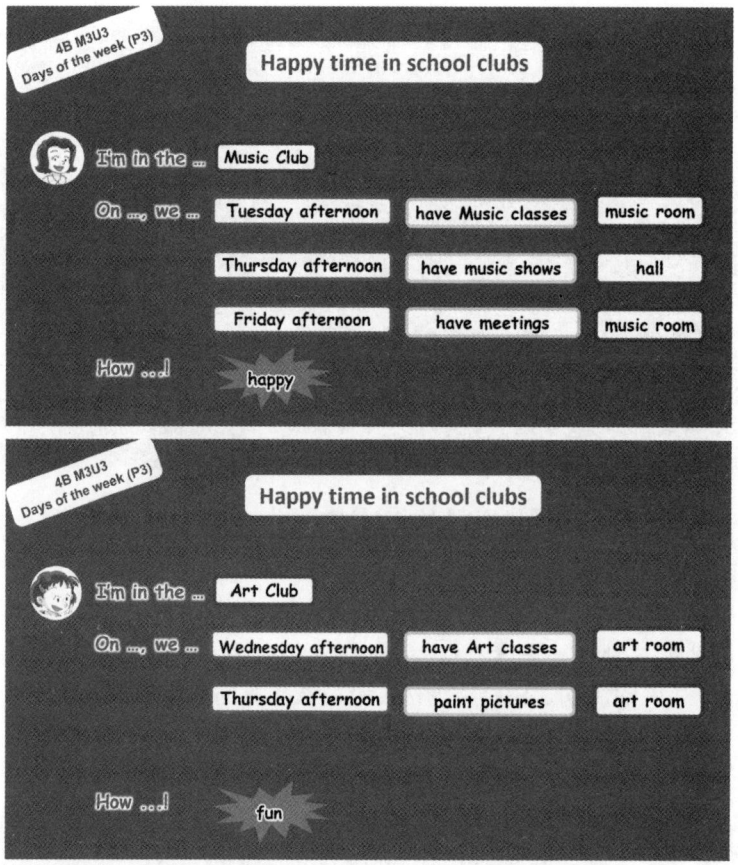

图4-15　4B Module 3 Unit 3 Days of the week 第三课时板书

第四课时的学习任务是在学校健康生活周的语境中,能借助调查问卷,从星期、频率、活动和感受等方面介绍自己一周中最喜爱的一天。本课时板书呈现了 Betty 周六的活动和语篇框架,学生能够直观分析、比较 Betty 周六活动的频率。通过了解 Betty 丰富的课余生活,引导学生学会合理安排时间,享受健康生活,见图4-16。

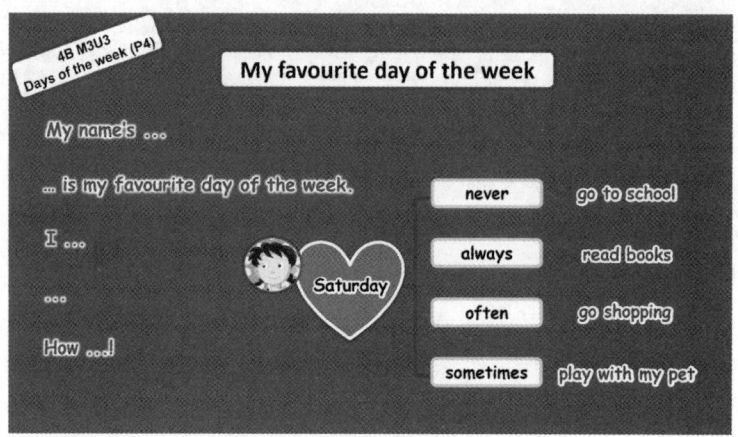

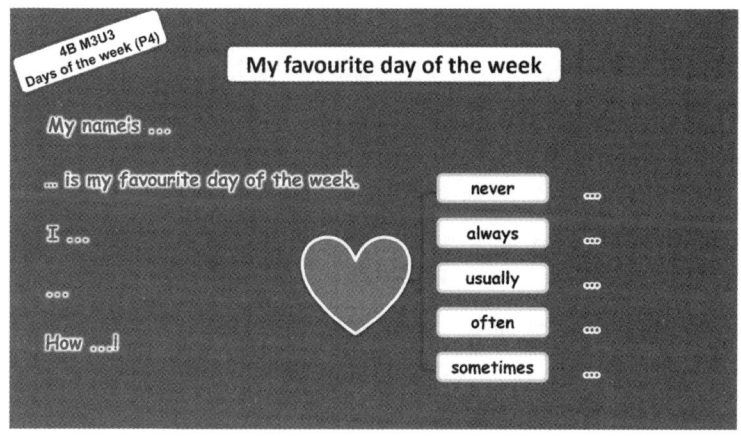

图 4‑16　4B Module 3 Unit 3 Days of the week 第四课时板书

(2) 关注重点,呈现核心内容。

核心语言内容是教学设计的重点,教师在设计板书时应基于课时主题,提炼文本内容,能完整呈现本课时教学语篇中的内容结构,注重体现本课时的核心内容,强化语言知识的重难点。设计板书时,不仅在内容的概括剖析上要恰到好处,而且在形式上因内容不同而侧重点不同,要文字精练、内容精要、富有童趣。

我们看一个案例,选自《英语(牛津上海版)》5B Module 4 Unit 1 Museums 的第二课时。本课时的板书呈现了 Kitty 和 Ben 参观科技馆看到的展品、参与的活动以及学到的知识,有助于学生了解博物馆之趣,体验博物馆的丰富性。在学习理解类和应用实践类活动中,教师带领学生走进 The World of Robots 和 Spiders 两个展区,板书上呈现了 Kitty 和 Ben 参观后的感受。在迁移创新类活动中,学生自主探究 Animals' World 和 Children's Rainbow Land 两个展区,借助板书进行介绍,教师在黑板上呈现学生的真实感受。这样的设计不仅能够呈现核心的语言知识,还能促进学生对语篇信息进行简单分类和对比,促进思维能力的发展。此外,教师将语篇框架出示在板书的左侧,有助于学生按照阅读习惯,从左至右、从上至下有条理地介绍自己参观的展厅,见图 4‑17。

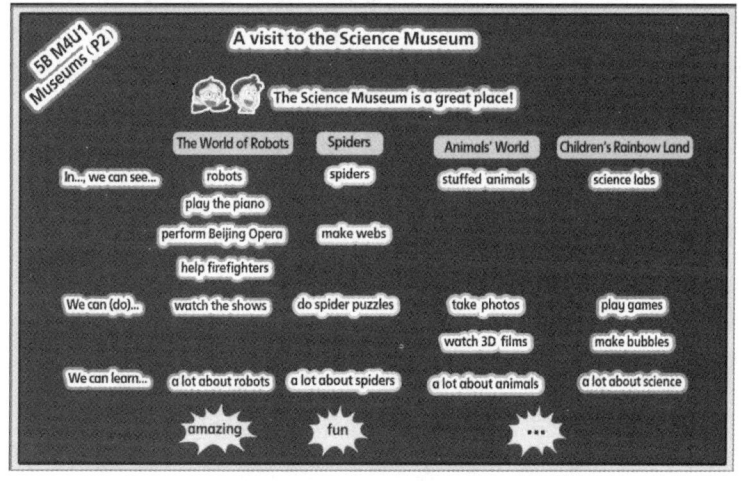

图 4‑17　5B Module 4 Unit 1 Museums 第二课时板书

(3) 提炼框架,支持语用表达。

教师首先要准确把握教材,明确单元和单课的学习目标,以学习任务为驱动,通过板书设计,将语篇内在的结构思路梳理清晰,形成有效的语用框架,培养学生开放的思维能力,提供学生实用的语言框架,奠定学生有效的语用输出。板书作为学习支架,可以帮助学生整合及使用所学语言进行真实的交流,指向学习目标的达成。

第三个案例来自《英语(牛津上海版)》5B Module 4 Unit 1 Museums 第四课时。本课时的学习任务是在 Danny 和 Alice 谈论参观过的博物馆的语境中,学生能借助海报,从名称、地点、展品、活动、感受及收获等方面介绍自己参观博物馆的经历,表达对博物馆的热爱之情。教师将板书、学习任务单和评价表三部分进行整合,构成学生的学习支架。在学习理解类活动中,学生通过文本视听、朗读对话等形式,初步了解 Alice 参观昆虫博物馆的经历,教师带领学生提取相关信息,梳理结构并呈现在板书上。学生借助海报和板书,仿说 Alice 的参观经历。在应用实践类活动中,学生通过视听对话、问答交流等形式,获取 Danny 参观汽车博物馆的相关信息,完成学习任务单。学生尝试借助海报和板书,介绍 Danny 的参观经历。在迁移创新类活动中,学生设计一份自己参观过的博物馆的海报,介绍自己参观博物馆的经历,在分享交流中进行自评和互评。通过这一系列的活动,学生不断内化语言知识和文化知识,深入体验博物馆之趣,真正做到学思结合,用创为本,见图4-18。

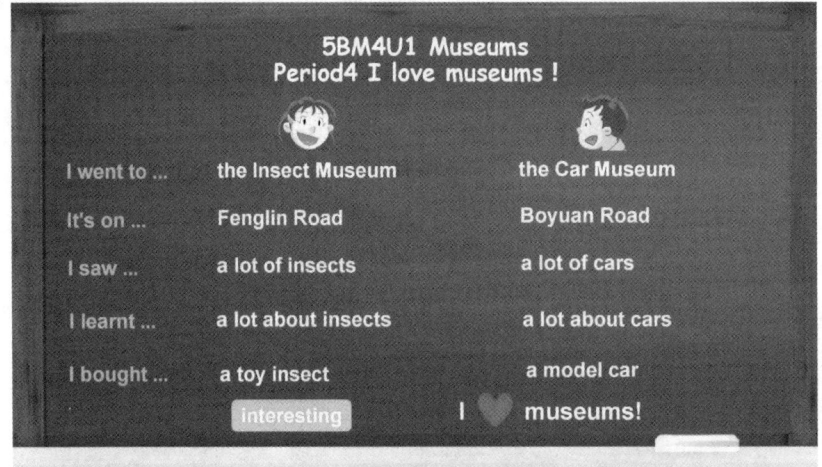

图4-18 5B Module 4 Unit 1 Museums 第四课时板书

(二) 设计单元作业

1. 单元作业的意义

单元作业是单元整体教学的重要组成部分。单元作业的设计应指向学生核心素养的提升,关注作业评价的育人功能,坚持素养导向,既帮助学生巩固语言知识和语言技能,也促进学生学习方法和学习能力的提升,加深对单元主题意义的理解。

完整的教学过程,不只是课堂活动,课后作业也是不可忽略的一部分。通过完成单元作业,可帮助学生巩固单元内所学的语言知识,检测其对知识的理解程度。同时,单元作业也有助于培养学生的学习习惯和自主学习能力,让学生学会自己安排时间,独立思考问题。

教师根据作业完成情况,通过作业评价,及时了解学生对所学知识的理解程度和语言能力的发展水平,为教师检验教学效果,发现和诊断学生学习问题,调整和改进教学方向提供依据。

2. 如何设计单元作业

教师应深入理解作业评价的育人功能,坚持素养导向,坚持能力为重。作业的设计既要有利于学生巩固语言知识和语言技能,又要有利于促进学生有效运用学习策略,增强学习动机。

(1) 聚焦单元主题意义,明确单元作业目标。

作业设计需要基于主题意义的探究和核心素养目标的达成。新课标指出,教师应根据不同学段学生的认知特点和学习需求,基于单元教学目标,兼顾个体差异,整体设计单元作业和课时作业,把握好作业的内容、难度和数量,使学生形成积极的情感体验,提升自我效能感。教师在设计单元作业时,首先要基于单元主题意义,以核心素养为导向设计作业内容,帮助学生建立起对单元主题的整体认识,充分发挥学生的主体作用,以评促学。

单元作业设计应保持与单元教学目标、单元教学内容的一致性,单元作业目标是由单元教学目标转化而来的,它们之间既有相似的地方,又有一定的区别,作业目标是教学目标的延续、补充与提升。单元作业目标应包含单元内各课时的作业目标。

例如《英语(牛津上海版)》5B Module 4 Unit 1 Museums 的单元教学目标和单元作业目标对比如表 4-17 所示。

表 4-17 5B Module 4 Unit 1 Museums 单元学习目标和单元作业目标

单元学习目标	知识与技能: (1) 能在语境中运用正确的语调朗读特殊疑问句 Which museum do you want to visit? (2) 能在语境中运用核心词汇 science museum、art museum、history museum、insect museum、car museum、railway museum、perform、dance、useful、really 介绍不同类型的博物馆。 (3) 能在语境中运用核心句型"Which museum do you want to visit?""I want to visit ..."交流喜欢参观的博物馆。 (4) 能理解并朗读博物馆主题类语篇,获取信息,梳理语篇结构,模仿表达。 主题与文化: 体验博物馆蕴含的科技、自然及艺术之美,感受不同博物馆的人文价值。 思维与策略: (1) 能积极参与课堂学习活动,认真思考,注意倾听,主动探究。 (2) 通过文本视听、跟读模仿、问答交流、阅读思考、信息提炼、看图说话等形式,完成学习任务,逐步形成观察力、理解力、分析力、比较力和综合力。
单元作业目标	(1) 能在语境中正确运用核心词汇和句型询问他人在博物馆的所见,并进行正确应答和简要描述。 (2) 能理解并朗读语篇,获取、分析、识别博物馆的信息。 (3) 能围绕博物馆的话题描述自己的参观经历,体验参观博物馆的乐趣,表达对博物馆的热爱之情。

(2) 创设真实语用情境,设计单元作业内容。

教师应创设真实的学习情境,建立课堂所学和学生生活的关联性,设计复习巩固类、拓展延伸类和综合实践类等多种类型的作业,如朗读、角色扮演、复述、书面表达、故事创编、调研采访、海报制作、戏剧表演、课外阅读等,引导学生在完成作业的过程中提升语言和思维能力,发挥学习潜能,促进自主学习。教师在整体设计单元作业内容时,需要关注以下几点:

其一,注重单元整体,促进目标达成。

在设计单元作业时,教师须有单元意识,整个单元的核心语言知识点都要在分课时作业中呈现,每个课时的作业难度依次递进并相互关联,核心内容需在各个课时作业中不断复现。在作业中凸显单元教学目标,可以帮助学生通过课堂学习和课后作业的双重巩固,更好地掌握整个单元的学习内容,同时促进单元教学目标的达成。

其二,注重学生特点,设计多元作业。

在小学阶段,教师应充分关注小学生的身心特点来设计多样化的作业。小学生好奇心强、好动,注意力集中时间有限且以形象思维为主。低年级学生手部肌肉发育尚不完全,握笔时间不宜过长,但是他们个性活泼,表演欲强,教师可以设计口语表达类作业,如录制英语小故事、儿歌或对话的音频或视频,模仿英语原声进行朗读配音,锻炼发音和口语流利度,增加趣味性;绘画介绍类作业,如设计英语单词书写卡片,用不同颜色装饰并写上例句,围绕某个主题如 My family,画上家庭成员画像并加以介绍,加深对主题的认识;对话表演类作业,如设定生活情境、模拟故事场景等进行口语表达。

小学中、高年级学生有一定的语言积累,对于词法、句法、语篇、写话都有更高的要求,因此作业形式除了基础的词汇拼写和语法练习之外,还可以增加阅读理解类的练习,如选择单元主题下的故事、图表、海报等贴近生活的语篇内容,提高学生理解文意、提取信息、归纳判断等能力;也可以设计实践应用类作业,如让学生用英语模拟购物,列出购物清单并与家长或同学模拟购物对话,还可制作用英语问路指路的小地图,标注地点并写出相应的英语表达,提升在实际生活中运用英语的能力。

其三,注重个体差异,进行分层设计。

每个学生都是不同的个体,教师在设计作业时要针对不同学生的学习水平和学习特点,考虑其个体差异,布置不同层次的作业,以满足其学习需求。

作业水平由低到高分别是:记忆性作业、理解性作业和运用性作业。教师可以根据学生的知识水平、掌握情况、学习能力、兴趣特长、以往作业正确率等多种因素,设计不同层次的作业,给学生自主选择的权力,让学生发挥主观能动性,这样可使其提高完成作业的质量,体验收获的快乐。

例如《英语(牛津上海版)》5A Module 3 Unit 3 Seeing the doctor 第三课时的学习任务是能借助 story map 复述故事。教师设置了三种分层作业:一星作业是学生听读故事并朗读儿歌;二星作业是学生完成故事地图并借助故事地图复述故事;三星作业是阅读拓展故事并完成故事地图。这样的分层作业充分考虑了学生的学习基础和学习需求,真正做到了"以生为本",见图 4-19 至图 4-22。

Task 1: A. Listen and read P45. ★   B. Read a chant. ★

图 4-19 第三课时作业 1-1

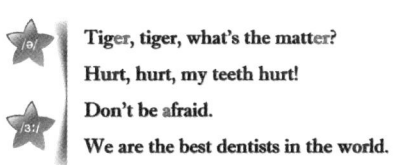

图 4-20 第三课时作业 1-2

Task 2: A. Finish the story map. ★★
B. Retell the story 'The Toothless Tiger' according to the story map. ★★

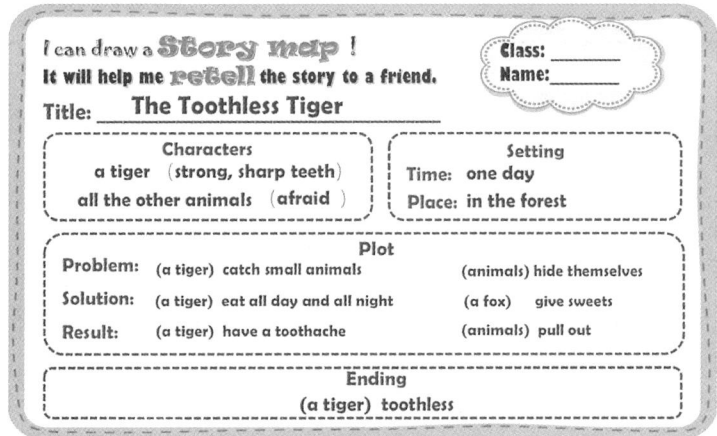

图 4-21 第三课时作业 2

Task 3: A. Read 'The rat and the tiger'. ★★★

　　　　B. Write a story map according to the story. ★★★

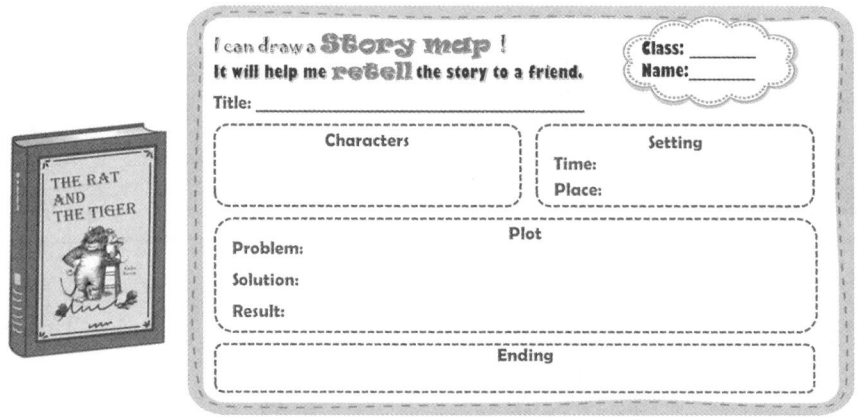

图 4-22　第三课时作业 3

表 4-18 为作业评价表。

表 4-18　第三课时作业评价表

	Self-assessment	Teacher's assessment
I can read correctly and nicely.	☆☆☆	☆☆☆
I can retell the whole story logically.	☆☆☆	☆☆☆
I can understand the new story clearly.	☆☆☆	☆☆☆

（3）优化作业评价方式，诊断学生学习效果。

需要发挥作业的评价功能。通过作业，教师可以检测学生在一节课以及一个单元的学习后，对语音、词汇、语法、语篇和语用等语言知识的学习结果，对主题的认识和体验程度。作业设计的过程中时刻要记得遵循学生能力形成的规律，体现单元作业设计的整体性。

例如在《英语（牛津上海版）》5A Module 3 Unit 3 Seeing the doctor 第四课时的作业中，教师以"为预防流感，如何给我们的朋友一些健康建议？"为驱动型任务。学生首先在练习 A 中完成关于生活习惯的调查问卷，将调查对象的生活习惯进行区分，然后在练习 B 中，依托所给的语篇框架，完成对朋友的健康建议。两项练习的设计基于语言能力一级标准，检查学生围绕主题运用所学语言与他人交流，以及模仿范文进行书面表达的情况。

本课时作业评价的主体兼顾学生和教师，以得星数呈现评价结果，从学习习惯、学习成果以及对主题意义的探究三个维度评价学生完成作业的表现，见图 4-23、图 4-24。

Task: To guard against the flu, we should have good living habits. Let's give our friends some useful advice.

A. Do a survey about living habits. ★★

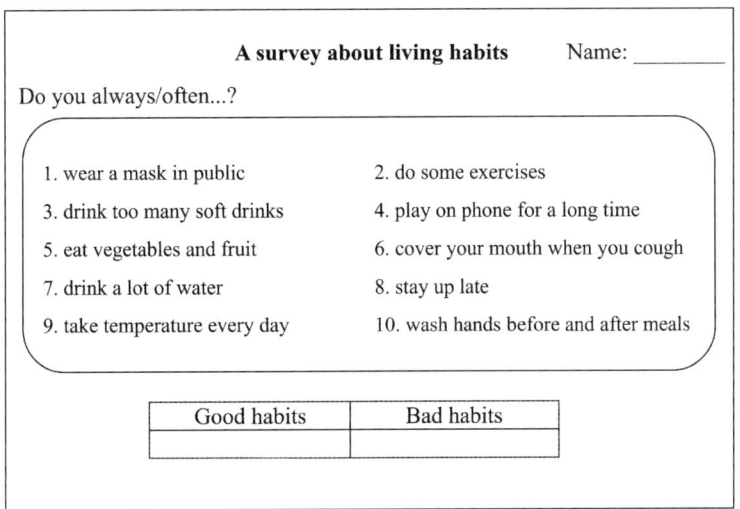

图 4-23 第四课时作业 1

B. Write 'Health advice' to your friend. ★★★

图 4-24 第四课时作业 2

表 4-19 为作业评价表。

表 4-19 第四课时作业评价表

	Self-assessment	Teacher's assessment
I can read and choose correctly.	☆ ☆ ☆	☆ ☆ ☆
I know about good health habits clearly.	☆ ☆ ☆	☆ ☆ ☆
I can give my friend useful advice.	☆ ☆ ☆	☆ ☆ ☆

第五章

基于主题意义探究的小学英语单元教学实施要点

一、创设真实语境，提升学生学习兴趣

新课标指出，英语教学不仅要重视"学什么"，更要关注学生是否"喜欢学"，以及是否知道"如何学"。教师要根据学生的认知特点，设计多感官参与的语言实践活动，让学生在丰富有趣的情境中，围绕主题意义，通过感知、模仿、观察、交流和展示等活动，感受学习英语的乐趣。因此，教师应围绕单元主题意义，创设真实语境，从而提升学生的学习兴趣。

（一）语境的概念与作用

英语特级教师朱浦认为：语境即"语言环境"，是说话的现实情景，也可以包括社会环境、自然环境等因素，是人们进行语言表达活动的依据。语境可以分为语言语境、情景语境、文化语境和时空语境。英语教学语境创设是指通过创造具有现实意义的语言环境，使学生在语境中学习、运用和掌握知识。

在一个单元主题下，围绕一条主线语境开展教学活动，有助于学生探究主题意义，促进学生语言能力的发展。教师在进行单元整体设计时，应将日常生活中的语境迁移到课堂教学中，结合学生的生活实际开展语言学习，引导学生在真实的语境中进行语言交际，激发其学习兴趣，增强其学习自信心。

教师在创设单元语境时，应充分关注学生的认知特点，以生动、真实、形象的方式创设语境，这能够引起学生注意，激发其好奇心。

（二）创设语境，实施教学

在小学英语单元整体教学中，创设语境是提升学生学习效果、培养其语言运用能力的重要手段。有效的语境不仅能够激发学生的学习兴趣，还能帮助他们更好地理解语言结构和文化内涵。语境的创设应立足于单元主题意义，遵循整体性、真实性、直观性、主体性、趣味性原则。

1. 构建整体语境，以任务驱动学生学习

教师应基于单元主题和语篇内容对语境作整体把握，同时还要确保分课时语境的关联性和一致性。在单元主题意义的引领下，围绕一条主线语境开展教学活动。教师应先从分析教材入手，深入研读语篇，分析语篇的主题内容（What）、文化意涵（Why）和文体结构（How），依据各课时的主题意义对单元语篇内容进行统整，然后再创设语境。

以《英语（牛津上海版）》3A Module 4 Unit 1 My body 为例，教师创设了"Super me 主题

活动"的特定语境,带领学生认识自己,探究自我,介绍自己的与众不同之处。

第一课时,在班级"忆成长"的语境中,学生跟随 Kitty 观看她的成长相册,认识身体的不同部位。通过观察、交流 Kitty 3 岁、6 岁、10 岁的照片,感悟到随着年龄的变化,身体也在不断发生变化。最后,学生将自己的照片制作成一本成长相册,进行简单介绍。

第二课时,在班级"趣猜谜"的语境中,学生通过学习 Danny 画自画像并和同学猜谜的配图故事,了解绘画时如何突出人物的身体特征,试着比较自己和他人的身体特征有哪些不同,画一幅自画像,描述自己身体部位的特点。

第三课时,在班级"秀自我"的语境中,学生通过学习 Peter 介绍自己的能力,进一步了解身体的各个部位能够做什么。在"秀一秀,说一说"的活动中,介绍自己的爱好和特长,悦纳自己,建立自信。

2. 模拟真实情景,以问题激发学生好奇心

真实的语境往往能够让学生感受到语言的实际应用场景,从而激发其学习兴趣。因此,语境的创设要贴近学生的生活实际,涵盖学生熟悉的话题和情境。教师应准确分析学情,关注学生最关心的话题,挖掘其最好奇的问题,联系其生活经历,从而在语言学习的过程中激活其已有的知识,提升其语言综合运用能力。

教师应根据单元主题,选择适宜的日常生活场景来创设语境,如购物、点餐、问路等。这些场景不仅贴近学生的生活,还能让他们在实践中掌握语言技能。此外,教师还可以结合学生关心的话题,通过讨论他们喜欢的运动、学科、服装等来创设语境,从而进一步提高其学习兴趣。

以《英语(牛津上海版)》4B Module 2 Unit 1 Sports 为例,教师创设语境"阳光体育活动日",依托驱动型问题"如何为学校运动社团设计招新海报?"引导学生完成单元学习任务。四课时的语境结合教材语篇,模拟了学生在学校报名参加社团时会遇到的真实情况,各课时相互关联且逐一递进,引导学生在"做中学,学中做",从而达到"知行合一"。

第一课时,在"报名参加喜爱的学校运动社团"的语境中,探究子问题1:"你想要参加什么运动社团?"学生跟随 Peter 和 Danny 认识学校社团的名称和活动内容,思考自己想要加入的运动社团,填写报名单并说明原因,了解运动的益处和多样性。

第二课时,在"邀请同伴一起参与运动社团"的语境中,探究子问题2:"如何邀请和自己有共同运动爱好的同学一起参与学校运动社团?"学生借助调查问卷,了解班级同学的运动爱好和擅长的运动,体会和同伴一起运动的快乐。

第三课时,在"参与一次运动社团活动"的语境中,探究子问题3:"参加运动社团的注意事项是什么?"通过观看视频、阅读问答、看图说话等形式,知晓不同运动所需服装、用具,以及一些注意事项,树立"科学运动,保护身体健康"的观念。

第四课时,在"为学校社团设计招新海报"的语境中,探究本单元驱动型问题。通过学习不同运动社团的海报,获取并梳理设计海报的相关信息。根据各自喜爱的运动形成新的小组,合作设计一张学校社团的招新海报,向他人宣传"适度运动,健康生活"的理念。

3. 巧用直观资源,以实践丰富学生体验

新课标指出,教师要有意识地为学生创设主动参与和探究主题意义的情景和空间,使学

生获得积极的学习体验,成为意义探究的主体和积极主动的知识建构者。基于小学生的认知特点,图片、模型、视频等比较直观的事物能够很快吸引其注意力,易于其理解词句的含义,激发其学习兴趣。

在进行单元整体教学设计时,教师可以围绕单元主题,利用多媒体资源,如图片、视频等,创设更加生动、直观的语境,辅助学生更好地理解和运用语言,增强其直观体验。同时,教师也可以利用一些教具来增加学生的体验感,如水果、文具、玩具等。通过摸一摸、听一听、闻一闻、尝一尝等形式,让学生体验到不同事物的特点,在实践中学习英语。

以《牛津英语(上海版)》4B Module 1 Unit 1 What can you smell and taste? 为例,教师根据单元主题,设置了单元语境"探寻味觉与嗅觉的奇妙世界",并在四个课时中通过使用各种资源,引领学生进一步认识自己的味觉和嗅觉。

第一课时,在"唤醒你的味觉记忆"的语境中,学生通过观察果汁颜色、品尝果汁味道的方式来感受水果的特点,联系自己对于水果味觉的记忆,猜一猜教师准备的是什么水果,从而感受味觉能给自己带来怎样的体验。

第二课时,在"探索你的嗅觉宝藏"的语境中,学生通过观看视频了解水果的多样性,直观的图像能够让学生快速了解水果的外形特点,猜测水果的气味。然后,学生闻一闻教师提供的水果,说一说自己最喜爱的水果,学生在活动中体验嗅觉是怎样帮助自己判断喜好的。

第三课时,在"分享有关味觉的寓言故事"的语境中,学生观看一则寓言故事,了解主人公喜爱的水果的味道,并演一演故事,感受动物因自己对味道的喜好而发生的不同故事。

第四课时,在"交流我奇妙的感官世界"的语境中,学生以小组形式绘制展板,并在班级中介绍嗅觉和味觉带来的奇妙感受。

4. 凸显学生主体,以活动促进学生学用结合

新课标指出,语境的创设应当突出学生的主体地位,引发其深度思考,发挥其主动性和积极性。要注重学生的参与和互动,使其成为语言学习的主体。

学习活动是落实育人的载体,教师应坚持学用结合,在学习理解类活动中,组织学生通过听读文本、问答交流、情景对话等形式建立知识的关联性。在应用实践类活动中,组织学生进行角色扮演、小组讨论、阅读思考等,这些活动不仅能够激发学生的学习兴趣,还能让学生加深理解并初步应用所学知识。在迁移创新类活动中,组织学生创编故事、制作海报或展板、表演等,用英语交流和表达新的认知,运用所学解决现实生活中的问题。

以《英语(牛津上海版)》2B Module 4 Unit 2 Mother's Day 为例,教师创设了"赠送母亲节礼物"的语境,引导学生感悟母亲的伟大,通过赠送母亲节礼物,表达自己对母亲的爱。

第一课时,在"母亲节的礼物计划"语境中,学生通过听读语篇、圈画信息、朗读对话等学习理解类活动,学生跟随主人公 Mary 了解计划给母亲准备的礼物。学生在问答交流、角色扮演、阅读选择等应用实践类活动中,完成 Mary 的母亲节贺卡。学生在迁移创新类活动中自主制作母亲节贺卡,写一写对母亲的祝福,并在小组内分享交流。

第二课时,在"母亲节赠送礼物"的语境中,学生与主人公 Jack 一起想一想如何在母亲节当天向母亲表达自己的爱,并和同伴演一演。学生在学习理解类活动中,根据教学内容进行表演,逐步尝试在语境中运用词句。在应用实践类活动中,学生选择拥抱、泡茶、亲吻等形

式表达对母亲的爱,进一步内化所学。在迁移创新类活动中,学生根据自己的情况自主选择向母亲表达爱的方式。

5. 融入趣味元素,以游戏激发学生乐趣

兴趣不仅是学习新事物的强大驱动力,更是开启知识大门、探寻未知世界的宝贵起点,它为学生的持续性学习提供了不可或缺的内在动力。教师依据单元主题,精心设计充满趣味性的语境,能够有效地激发学生的学习兴趣,促使学生积极主动地参与到各种学习活动中。

教师在构思这些充满乐趣的学习环境时,必须充分考虑学生的认知特点以及兴趣所在。以单元目标为统领,组织各课时的语篇内容,规划分课时的学习活动,引导学生在学习过程中逐步建构对单元主题的认知。例如,在学习理解类活动中,教师可以引领学生演唱那些旋律简单、朗朗上口的英语歌曲或童谣,或是说唱节奏感强的韵文,这不仅有助于学生尽快熟悉英语词汇和语法,还能让他们在欢快的旋律中感受到英语的魅力。此外,教师还可以组织一些互动性强、寓教于乐的游戏,如猜谜、小组竞赛等。这些游戏能够极大地激发学生的积极性和求知欲,使他们在轻松愉快的氛围中投入语言学习。

以沪教版《英语》一年级上册 Unit 5 Lovely faces 为例,教师创设了语境"寻找身边可爱的脸",学生通过两课时的学习,能够在活动中逐步掌握核心词汇和核心句型,比较不同脸的特征,能够制作一张可爱的脸并作介绍。

第一课时,教师创设语境"认识身边人的脸"。学生在学习理解类活动中,听一听、唱一唱五官歌曲,学习五官的表达。在实践体验类活动中,教师给学生提供一些不同人物脸的拼图,让学生观察脸型和五官的分布,拼出完整的脸,然后说一说。在迁移创新类活动中,学生先画一画班级中的一名同学,随后在班级中开展"猜猜 TA 是谁"的活动。教师给猜对的学生奖励贴纸,鼓励学生积极思考,认真观察。

第二课时,教师创设语境"发现身边的脸"。学生在学习理解类活动中,跟着 Shenshen 来到游乐园、饭店和水果店,分别发现不同事物组成的脸,然后将文中三张脸的图片剪一剪,分别贴在对应的 happy face、cute face、funny face 的文字边。在应用实践类活动中,教师组织学生玩一玩"传声筒"的游戏,让学生以小组形式开展竞赛游戏。老师向每组第一名同学传递句子:"I can draw a happy/cute/funny face"。四组同时开始,一对一传递,并由最后一名同学一边做表情一边说。教师给获胜的小组贴纸奖励,表扬学生的积极参与和准确表达。在迁移创新类活动中,学生用彩纸或者彩泥,制作一张可爱的脸并在班级中分享。教师在活动中观察学生的表现,从介绍和制作两个方面对学生进行评价,激发其内在学习动力与兴趣,提升其学习的自信心。

二、运用多元资源,丰富学生学习体验

教学资源是指为了教学的有效开展而提供的各种材料的总和。语言学习需要有大量的材料输入,丰富的教学资源对学生的英语学习来说尤为重要。因此,教师应当充分利用教材资源,创造性地开发素材资源、学生资源和数字资源,拓宽学生语言学习的渠道,丰富学生的学习体验。

开发教学资源时,教师首先要深入研读教材,根据单元主题意义和学习目标选择种类丰富、功能多样的资源,如绘本、音视频、报纸杂志、网络信息等。同时,资源的选择应当贴近学生生活,符合时代发展和价值取向。

(一) 充分利用教材资源,助力学生探究主题

教材是英语课程的核心资源,它依据课程标准编制,系统地反映学科内容,是开展教学设计的基础。教师在进行单元整体教学设计时,首先要从整体上把握教材,分析教材结构,梳理教材内容,明确单元探究的主题意义。

以沪教版《英语》一年级上册 Unit 4 My classroom 为例,该单元分为 Small task、Topic words、Chant time、Talking time、Mini-project、Self-assessment 共6个板块。

Small task 由单元话题、主题图和小任务组成,主题图呈现了换一个教室的场景。学生通过观察主题图片,获取相关的信息,感知与注意单元主题,见图 5-1。

Topic words 呈现了单元主题语境和主题词汇,教师可以引导学生观察图片上呈现的人物、场景和物品,从而将词汇和语境联系起来,帮助学生记忆本单元的学习内容,见图 5-2。

Chant time 是一篇韵文,描述了学生在教室里打扫卫生的过程,主要涉及主题词汇 desk、chair、classroom 和祈使句"Clean …"。该语篇引导学生认识教室里的设施,关心教室卫生。学生通过模仿朗读、自编分享韵文的形式,逐步树立关心教室卫生,主动打扫教室卫生的观念,见图 5-3。

图 5-1

图 5-2

图 5-3

1A Unit 4 My classroom 教材内容

Talking time 是配图对话,分为三个部分。第一部分是 Miss Li 询问值日生安排打扫教室的情况;第二部分是同学积极主动打扫教室;第三部分是 Minmin 帮助 Lily 整理课本。该语篇结构清晰,语言生动简洁,易于学生模仿和表达,引导学生表达主动打扫教室的意愿,并对他人的协助表示感谢,体验劳动的乐趣。学生通过观察图片、问答交流、角色扮演等形式,内化语言知识,增强劳动意识,见图 5-4、图 5-5。

图 5-4

图 5-5

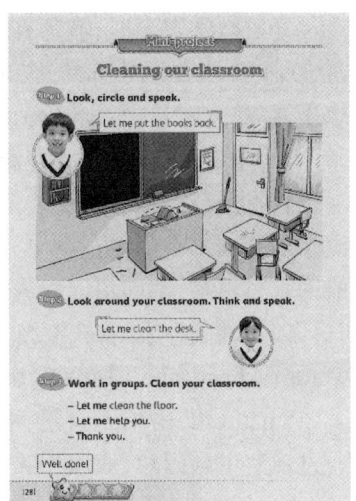
图 5-6

1A Unit 4 My classroom 教材内容

Mini-project 提供了三种学习支架,帮助学生完成本单元的微项目。学生能够借助程序支架分步骤达成任务:Step1 观察图片,圈出需要打扫的地方,并说一说;Step2 观察我们的教室,思考交流有哪些地方需要打扫;Step3 以小组形式打扫教室。通过以上活动,学生从教材走向实际运用,在打扫教室的语境中,运用所学知识技能和方法,在新情境中解决问题。

板块中的人物及文字 Let me put the books back 和 Let me clean the desk 提供了内容支架,学生可以模仿人物,表达主动打扫教室和帮助他人的意愿。

Step3 提示学生以小组形式合作分工打扫教室,为学生提供了实施项目的策略支架。小组活动的形式可促进学生形成共同关心教室卫生的意识,体验合作劳动带来的乐趣,见图 5-6。

Self-assessment 以得星数的方式呈现,学生在完成本课时的学习后给星星涂色,对自己的学习进行评价。教师根据分课时主题意义和学习任务,从学习兴趣、主题意义和语言知识三个维度,设计两课时评价的内容,见表 5-1、表 5-2。

表 5-1 第一课时学习评价表

I like this class.	☆
I can read nicely.	☆
I know how to clean our classroom.	☆

表 5-2 第二课时学习评价表

I like to clean our classroom.	☆
I can act with my classmates.	☆
I can clean our classroom with my classmates.	☆

(二)合理开发素材资源,联系学生生活实际

在做单元整体设计时,有时单元的语篇内容不足以支撑主题意义的探究,此时,教师要敢于突破教材的制约,充分挖掘并使用教材以外的素材资源,开发与单元语境相匹配的

英语歌曲、韵文、绘本、时文等学习材料。教师在选择素材资源时,应当注意其正确的育人导向,在单元主题引领下选择、改编合适的素材资源,将单元主题与学生实际生活联系起来。

在不同的学习活动中,所运用的素材资源的作用也有所不同。在学习理解类活动中,教师运用素材资源对某一主题或词汇进行说明,帮助学生感知并理解语言所表达的意义,获取与主题相关的知识。以《英语(牛津上海版)》5A Module 4 Unit 1 Water 为例,本单元的主题意义是感受大自然中水的重要性以及水带给生活的美好,体验水给人们带来的乐趣,树立节约用水的意识。五年级学生对于水的概念一般停留在日常生活用水上,但是对于水的作用的认识并不全面。教师在第一课时导入环节,以图文的形式补充以下素材资源,开展头脑风暴,鼓励学生说一说水在生活实际中更多的应用场景,激活学生的生活经历,助力学生感知主题意义,见图 5-7。

Water is very important to us. Every day we drink water, cook with water, do some washing with water, brush our teeth with water and have many other activities with water.

图 5-7 第一课时导入环节

在应用实践类活动中,教师运用素材资源增加语言的输入量,辅助学生获取更多信息,进一步探究主题意义,促进知识向能力的转化。在本单元的第二课时,学生在学习了教材中关于长江的语篇后,了解并尝试介绍长江的流经路线。在应用实践类活动中,学生阅读以下有关黄河的素材,与同桌合作,在地图上画一画黄河的流经路线,并在班级中展示交流,内化所学语言知识。

Look at the map of the Yellow River. First, the river starts high in the mountains in the west of China. Next, it runs down the mountains and through Lanzhou. Then, the Yellow River meets water from other lakes and rivers. The Wei River is part of the Yellow River. Finally, it flows into the Bohai Sea. It is the second longest river in China. How amazing!

在迁移创新类活动中,教师运用素材资源,凝练主题意义,带领学生多角度认识世界,促进学生运用所学解决实际问题,从而形成正确的态度和价值观。在本单元的第四课时,学生小组合作关于水的展板。在迁移创新活动开始时,学生阅读绘本 Save the Water,认识到水对人们日常生活的重要性,树立节约用水的意识,为小组制作主题展板提供语言和图片素材,见图 5-8。

图 5-8 第四课时素材资源

(三)注重开发学生资源,创设交流平台

新课标指出:学生资源包括每个学生的生活经历、学习体验,以及他们丰富的思想情感。教师应充分认识、利用和开发好学生资源,通过创设开放性的师生、生生互动的交流与分享平台,有效激活学生已有的知识、经验、想象力和创造力。教师围绕单元主题,以真实的问题驱动学生的探究热情,引导学生在完成单元学习任务的过程中形成个性化的学习资源,如制作班级相册、英语板报、英语广播或宣传视频。此外,教师还需创设合适的平台,促进学生进行交流与分享,运用英语开展综合实践活动。

以《英语(牛津上海版)》4B Module 4 Unit 2 Festivals in China 为例,本单元的主题意义为了解中国传统节日,传承节日习俗,感受传统文化魅力,坚定文化自信。单元学习任务是在学校举办传统节日周的语境中,能够借助思维导图,从节日名称、月份、天气、食物、习俗和感受等方面,有逻辑地介绍自己喜欢的中国传统节日。教师以"在学校英语广播中介绍自己喜欢的中国传统节日"为驱动型问题,开展四课时的教学设计。学生以单元主题意义为主线进行探究,经历以下环节:知晓中国传统节日—感受中国传统节日文化—体验传统节日习俗—分享喜爱的传统节日,最后分享关于中国传统节日的校园英语广播稿,评选班级最佳小组,并请该小组参与校园英语广播。考虑到这是针对全校的英语广播,且内容涉及一些文化知识,低年级学生的英语语言能力不足以理解全部内容,故英语广播为中英文结合,并且学生选取了符合主题的歌曲作为开场和结束曲。广播稿片段如下:

<Song:Happy Chinese New Year.>

A:Hello, everyone! I'm Lucy. Welcome to our English Broadcast!

B:各位同学大家好,周四的英语广播又和大家见面啦!

　I'm Jeremy, from Class Five Grade Three.

C：Hello, I'm Micky.

D：Hi, I'm Winnie.

A：在刚刚过去的1月和2月里，我们一起度过了元旦和春节。On New Year's Day, I will set off fireworks and count down with my good friends to greet the New Year.

B：我喜欢元旦，但更喜欢春节，这是我们中国人的传统佳节，是阖家欢乐的重要时刻。

A：The first day of the first lunar month is Spring Festival, the beginning of a new year for China. A new year, a new start, Just as the old saying: "Well begin is the half of the success."

B：Yes. We also post couplets, write "Fu" and hang lanterns during the spring festival. 我们打扫房间，和父母一起去拜访亲戚和朋友们。

C：除了这些过年习俗，我们还会拿到爸爸、妈妈、爷爷、奶奶给我们准备的红包。

D：Lantern Festival falls on the 15th day of the first lunar month, which marks the end of Chinese New Year. 在这个美好的日子里，让我们一起感受下元宵节的温馨和欢乐。

A：早在西汉时期，元宵节就已经成为具有重要意义的节日。Jeremy, 你知道元宵节有哪些中国传统的习俗吗？

B：In the daytime of the festival, performances such as a dragon lantern dance, a lion dance and so on. At night, you can see the colorful lanterns and fireworks.

A：此外，不少地方的元宵节还增加了游龙灯、舞狮子、踩高跷、划旱船、扭秧歌、打太平鼓等传统民俗表演。

C：中国有很多诗词描绘了元宵节的活动和景色。正如诗中说，"去年元宵时，花市灯如昼"。可见赏花灯等是人们非常喜爱的活动。

D：没错，正月十五赏花灯是元宵节特有的一项习俗。人们把大大小小的花灯悬挂于家门口、公园、街道或者其他公共场所。各式各样的红灯笼将会吸引无数的游客前来观赏。

B：I know most lanterns are red. Do you know why?

D：Because it is a lucky colour.

A：Yes. Some lanterns are decorated with pictures of birds, flowers, fruit and so on.

C：今年，我爷爷用彩纸和竹条给我做了一个花灯。It is rabbit lantern. I put a candle in it. I walk with it in the street at night.

B：My mother bought a dragon lantern online. It is golden. It is very big. I like it very much.

D：Let's go and play at night together! We can see colorful lanterns shining brightly, some like rabbits, some like tigers, and some like flowers.

C：Wow, it's so nice!

D：到了晚上，除了华丽的灯笼，烟火也是另一道美丽的风景。Most families spare some fireworks from the Spring Festival and let them off in the Lantern Festival. Sometimes people hold a fireworks party.

A：元宵节就要来了，让我们提前送上节日的祝福吧！
D：I wish you a happy Lantern Festival, good health and all the best!
B：祝你元宵节快乐，身体健康，万事如意！
C：May everything go well with you. Happy Lantern Festival!
合：同学们，今天的英语广播就到这里了。See you!
<Song：Lantern Festival >

（四）科学使用数字资源，满足学生个性需求

新课标指出，教师要充分认识到现代信息技术不仅为英语教学提供了多模态的手段、平台和空间，还提供了丰富的资源与跨时空的语言学习和使用机会，对创设良好学习情境、促进教学理念更新和教学方式变革具有重要支撑作用。

随着时代发展和科技进步，计算机和人工智能为学生个性化学习和自主学习提供了有利条件。教师可以根据单元学习目标和学生学情，向学生推送合适的学习资源，使学生能够自主选择自己感兴趣的内容进行探究和学习。同时，学生还能借助英语学习平台分享学习成果，使生生之间的交流更具有开放性和实效性。对于教师而言，信息技术能够提供科学的评价依据，助力教师及时了解学情，调整教学策略。可以说，使用数字资源赋能单元整体教学，既能满足学生个性化的需求，又能助力教师的"教"和学生的"学"。

以《英语（牛津上海版）》3A Module 4 Unit 1 Insects 为例，本单元的学习任务为能在Insect week 的语境中，借助图片和语言结构，从名称、大小、颜色、外形特征和能力等方面交流和介绍自己感兴趣的昆虫。单元主题意义是了解昆虫的特征，感受昆虫世界的多样与奇妙，激发对大自然的热爱之情。三年级学生第一次学习以昆虫为主题的内容，他们对于昆虫的特征、习性并不清楚。

在第一课时的学习中，学生了解昆虫的特征，介绍自己知晓的昆虫，感受昆虫世界的多样性。在学习理解类活动中，学生自主观看有关昆虫的视频，完成关于昆虫知识的选择题，丰富对于昆虫特征、能力等的基本认知，见图5-9、图5-10。

图5-9 第一课时学习资源

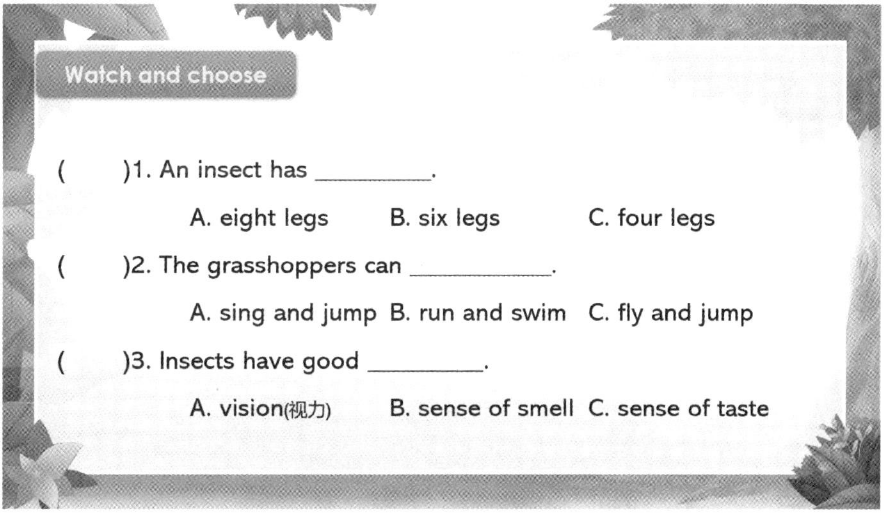

第五章 基于主题意义探究的小学英语单元教学实施要点

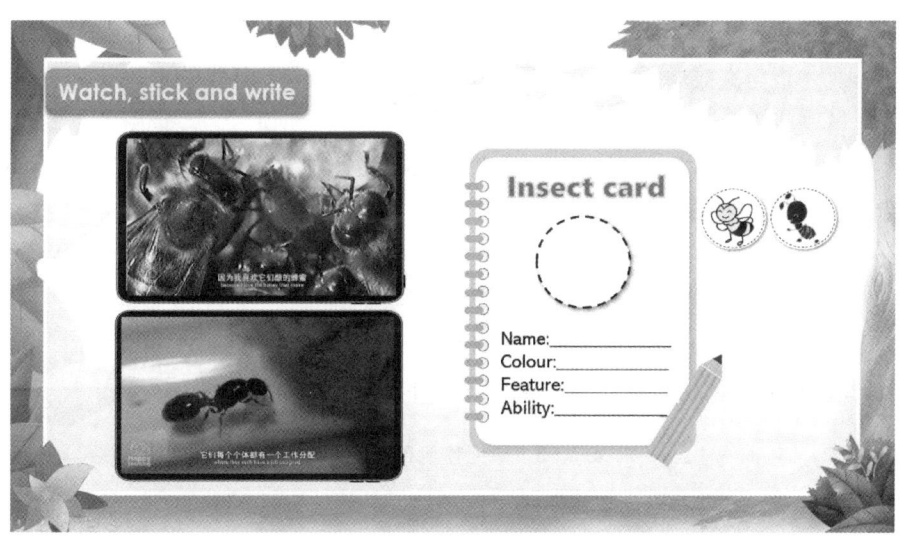

图 5-10 第一课时学习任务

在应用实践类活动中,学生自主选择想要探究蜜蜂或是蚂蚁,通过观看昆虫的图片介绍或视频介绍等,提取、整理昆虫的名称、外形特征和能力等信息,并和同伴合作完成信息卡,学生进一步获取有关昆虫的认知,见图 5-11。

图 5-11 第一课时信息卡

在迁移创新类活动中,学生观察更多的昆虫图片,自主选择自己所了解的昆虫,贴一贴相应的昆虫图片,完成信息卡。依托"智慧纸笔"和"闵智教育"平台实时分享学习成果,生生之间能够更有效地进行互相点评,分享自己的学习成果,教师也能够通过选择"优秀作业""典型作业"等,对学生成果进行点评。合理利用数字资源能够有效帮助学生探

63

究单元主题意义,教师对于学生作业的点评覆盖面也更加广泛,有利于促进"教"与"学"的开展,见图 5-12。

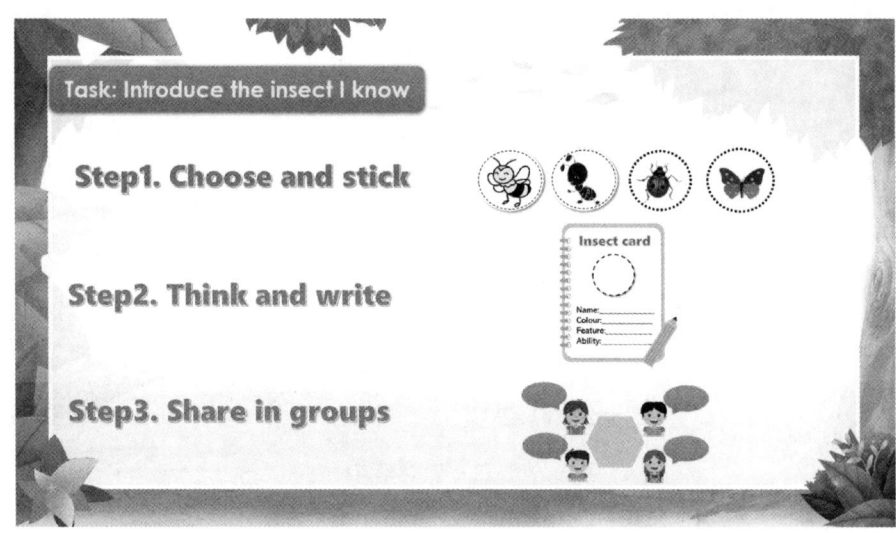

图 5-12　第一课时学习任务

三、优化作业设计,发展学生语言能力

(一) 单元作业设计的概念与作用

单元作业是指为完成单元学习任务而进行的,具有明确指向性的系列化思维和实践活动。学生通过完成单元作业逐步内化所学语言知识和文化知识,梳理知识结构,深入理解文化内涵,从而发展语言能力。在此过程中,学生能够对自己的学习进行有效的反思和调整,总结适合自己的学习方法,提高学习成效。

(二) 单元整体教学下的作业设计原则

1. 单元作业目标与单元目标的一致性

教师应当分析教材的单元主题,梳理教材的主要栏目,分析本单元语音、词汇、语法、语篇的学习内容,然后依据单元学习目标设计单元作业目标,见表 5-3。

表 5-3　单元作业目标设计表

项　目	内　　容	
学习内容		
	教材单元:	教材栏目:
确定单元作业目标	单元学习目标	
	单元作业目标	

2. 各课时作业目标与课时作业内容的一致性

在设计单元作业时,教师应当充分考虑作业目标、作业类型、作业时间、完成方式和提交时间等,它们对于作业实施的效果有着重要影响。教师可以借助作业内容设计属性表对自己设计的作业进行客观分析,见表 5-4。

表 5-4 作业内容设计属性表

作业项	项 目	内 容			
作业	对应作业目标	单元作业目标			
	作业类型	形式	□听 □说	□读	□写
		水平	□记忆性 □理解性	□应用性	
	作业时间(分钟)	(　　)分钟			
	完成方式	□独立完成　□合作完成			
	提交时间	□当天　□____天后			

3. 分课时作业内容的关联性与递进性

单元的作业目标是设计各课时作业目标的起点,教师应将单元作业目标分解到各个课时作业中,充分考虑各个课时作业的关联性和递进性。学生通过完成各个课时的作业,巩固所学语言知识和语言技能,确保单元学习目标的达成。

(三)依据单元主题意义设计单元作业,提升学生语言能力

1. 丰富作业形式,引导学生感知与积累

在进行单元整体作业设计时,教师应设计丰富多样的作业类型,关注作业的基础性、分层性、实践性和拓展性,满足不同学生的学习风格和能力水平,使学生的学习过程更加生动有趣,从而有效提高学生的学习动力和学习效果。通过多样化的作业形式,学生不仅能够巩固课堂所学知识,还能进一步感知语言传递的意义,积累更多的语言知识和文化知识。

以《英语(牛津上海版)》3B Module 1 Unit 1 Seeing and hearing 第三课时作业为例,学生阅读 Alice 的朋友圈,完成两个任务。第一个任务是学生根据 Alice 发布的内容,选择正确的配图,第二个任务是学生根据图文信息,判断句子是否正确。本课时作业检测学生能否读懂和主题相关的语篇,获取具体信息,理解主要内容。将 Alice 在英国旅行发布的朋友圈作为阅读语篇,更贴近学生的实际生活,促进学生理解日常生活中所学语言传递的交际意图,见图 5-13、图 5-14。

作业 1：Finish the tasks（Alice 正在英国旅行，请你阅读 Alice 的朋友圈，并完成任务）

图 5-13　第三课时学习任务 1

Task A：Read and choose（请选择合适的配图，将编号填在横线上）

1. ＿＿＿＿＿　　2. ＿＿＿＿＿

A.　　　　　　　　B.　　　　　　　　C.

图 5-14　第三课时学习任务 2

Task B：Read and judge（阅读并判断，正确的用 T 表示，错误的用 F 表示）

(　　) 1. Alice is in Shanghai now.

(　　) 2. Alice can see many people and ships at Heathrow Airport.

(　　) 3. Tower Bridge is an old but beautiful bridge.

(　　) 4. Alice can hear Big Ben. It's nice.

2. 挖掘主题意义，助力学生知识的习得与建构

主题为语言学习和课程育人提供了语境范畴，探究主题意义是学生学习语言最重要的内容之一，它直观地反映了学生对于语篇的理解程度和思维发展水平。在设计单元作业时，

教师应充分研读教材,挖掘主题意义,在推动学生探究主题意义的基础上进行作业设计。

以《英语(牛津上海版)》5A Module 1 Unit 3 My future 第三课时作业为例,学生阅读有关 dream job 的图表,识别语篇的类型和结构,了解学生的梦想职业,及其选择这个职业的理由。学生在阅读的过程中,通过了解图表中关于梦想职业的不同看法,写一写自己的梦想职业及理由,对未来的职业有了初步的设想,见图5-15。

作业2:Read and finish the tasks(阅读图表,完成下列任务)

The students of Class 2, Grade 5 are talking about their dream jobs.

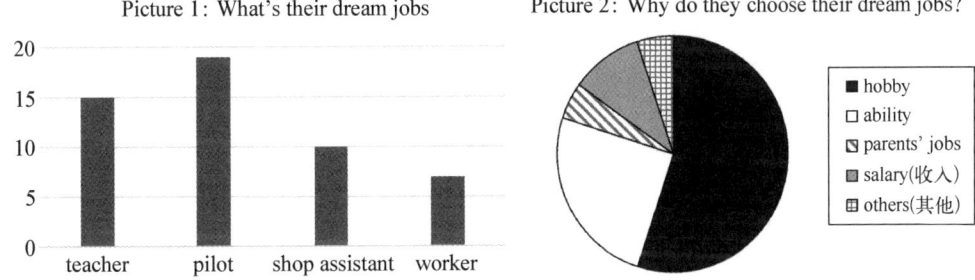

图 5-15 第三课时作业 1

Task A:Read and choose(阅读图表,选择合适的答案)

(　　) 1. _____ students want to be pilots.

　　　A. About fifteen　　　B. About twenty　　　C. About five

(　　) 2. Look at Picture 2. More than(超过)half the students choose their dream jobs because of _____.

　　　A. salary　　　B. hobby　　　C. ability

Task B:Think and write(想一想,写一写你的理想职业是什么。为什么?)

I want to be a _____, because _____.

3. 创设真实情境,促进学生表达与交流

新课标要求学生在实践中运用所学知识,这就意味着作业设计应贴近学生的生活。教师应创设真实的语境,将作业设计成为与学生生活相关的任务,如购物、旅游、就医等,让学生体会英语学习的现实意义。这样的作业设计有助于促进学生在语境中表达与交流,促进学生核心素养的发展。

以《英语(牛津上海版)》3A Module 3 Unit 1 My school 第三课时作业为例,教师设计了 Peter 向参观者介绍学校开放日的活动这一情景。作业的第一个任务是将图片和学校的活动配对,第二个任务是扮演角色,借助安排表向家长介绍学校开放日的安排。学生在向他人介绍学校的场所和功能时,进一步认识到学校不同场所有着不同的功能,见图5-17、图5-18。

作业3:Read, match and write(Peter 向参观者介绍学校开放日的活动,请仿照样例,连一连,写一写)

Time	Activity		Place
9:00-9:45	make a puppet	●	●
10:00-11:45	watch a music show	●	●
11:30-12:00	have lunch	●	●
12:30-13:30	have a reading salon	●	●
13:45-14:45	play football	●	●

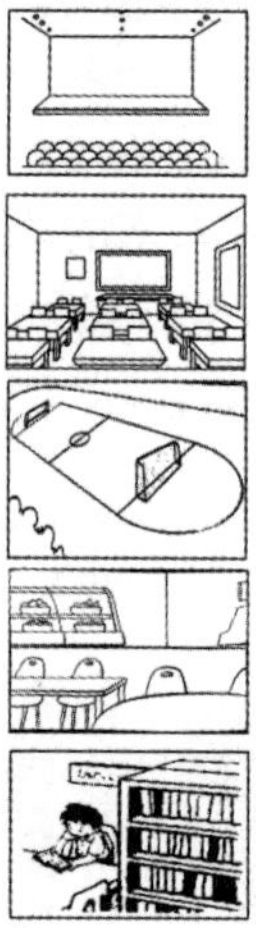

图 5-16 第三课时作业 2

Welcome to our school. It's _____. There are many nice places in it.
From 9:00 to 9:45, we can make a puppet in the _____.
From 10:00 to 11:45, we can watch a music show in the _____.
From _____ to _____, we can have lunch in the canteen(餐厅).
From _____ to _____, we can _____.
From _____, we can _____.
I hope you'll have a good time here.

图 5-17 第三课时作业 3

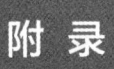

附 录

小学英语单元教学设计案例与解析

案例1：沪教版《英语》一年级上册 Unit 2 New friends
上海市闵行区平南小学　李小璇

主题语境：人与社会——社会服务与人际沟通
语篇类型：歌曲、配图对话
单元学习主题：New friends
单元授课时长：2课时

一、单元整体规划

（一）教材内容

本案例的教材内容来自沪教版《英语》一年级上册 Unit 2 New friends，内容涵盖 Topic words、Song time、Talking time、Small task、Mini-project（图1）。

基于主题意义探究的小学英语单元教学设计与实施

图 1　沪教版《英语》一年级上册 Unit 2 New friends 教材内容

（二）内容要求

英语课程内容六要素是一个相互关联的有机整体，共同构成核心素养发展的内容基础。笔者参照义务教育英语课程内容中的一级标准，围绕六要素，对本单元进行了如表 1 所示分析。

表 1　单元内容分析

主题	本单元聚焦"人与社会"主题下"社会服务与人际沟通"主题群，围绕"同伴交往，相互尊重，友好相助"子主题内容，通过任务"Making new friends"的引导，帮助学生礼貌地介绍自己并向他人打招呼，感受结交新朋友的快乐		
语篇	Song time	歌曲	不同国家的问候语
	Talking time	对话	姓名信息及相互问候
	Mini-project	独白	自我介绍并礼貌地向他人打招呼
语言知识	语音		感知并模仿说英语，体会句子的升调与降调
	词汇		理解关于问候的主题词汇
	语法		体会常用的简单问候语的表意功能，如 hello
	语篇		识别对话中的话轮转换 体会语篇中图片与文字的关系
	语用		在语境中，能使用简单的问候语与他人进行得体的交流
文化知识	人际交往过程中英语与汉语在表达方式上的异同，如姓名、问候的表达方式		

续 表

语言技能	Song time	理解性技能：在听、唱歌曲 Hello 的过程中，提取、梳理不同国家的礼貌问候语的信息 表达性技能：演唱英语歌曲 Hello
	Story time	理解性技能：在听、读、看语篇 Meeting Lily 的过程中，提取、梳理不同国家的人的姓名信息 表达性技能：大声跟读音视频材料，正确朗读对话，简单交流个人姓名信息
	Mini-project	表达性技能：能与他人互致简单的问候，并简单交流个人姓名
学习策略	Study skill	通过观察图片和事物，获取信息

（三）语篇分析

新课标指出：语篇研读是开展基于主题意义探究的教学设计的逻辑起点。教师在语篇分析时要重点回答三个基本问题，即主题内容（What）、文化意涵（Why）、文体结构（How）的问题。语篇一是歌曲，描述了中外不同的打招呼的礼貌问候语，引导学生了解不同国家的问候语，感受朋友之间的友好情谊。语篇二是配图对话，讲述了 Lily 和 Shenshen 在图书馆碰面时因为姓名的中西文化差异而发生的小插曲。引导学生理解不同国家的文化差异，礼貌地介绍自己，并感受结交新朋友的快乐。具体分析如表 2 所示。

表 2 单元语篇分析

语篇类型	What	Why	How
语篇一 Song time 歌曲	歌曲描述了中外不同打招呼的礼貌问候语并表达了欢迎新朋友的喜悦。	引导学生了解不同国家的问候语，感受朋友之间的友好情谊。	该语篇为配图歌曲，描述了 Minmin 和 Lily 在学校用各自国家的语言打招呼，Minmin 作为东道主欢迎新朋友 Lily 的到来。主要涉及简单的问候语，如 hello、hi、nihao。歌曲节奏轻快，朗朗上口，易于学生模仿和记忆。
语篇二 Talking time 配图对话	对话讲述了 Lily 和 Shenshen 在图书馆碰面时因为姓名的中西文化差异而发生的小插曲。	引导学生理解不同国家的文化差异，礼貌地介绍自己，并感受结交新朋友的快乐。	该语篇为配图对话，分为三个部分。第一部分是 Shenshen 和 Lily 互相自我介绍；第二部分是 Shenshen 错把 Lily 的姓当成名，Lily 为此进行了纠正；第三部分是 Shenshen 认识到了自己的错误，主动和 Lily 再次问好。该语篇结构清晰，语言生动简洁，易于学生模仿和表达。

（四）学情分析

1. 学生学习风格分析

一年级学生刚从幼儿园过渡到小学，对课堂充满新鲜感，对周围世界充满好奇，喜欢提问和探索新事物。这个年龄段的学生在学习过程中，需要借助实物、图片、动画等形象化的教学手段来帮助他们掌握知识。他们的注意力持续时间较短,容易被周围的事物吸引。富有趣味性和互动性的活动可以使他们更有效地集中注意力,如游戏体验、歌曲演唱、角色扮演等,以兴趣导向为突破口,调动他们多感官的体验,激发好奇心和求知欲。

2. 学生语言能力分析

从一年级学生的认知规律来看,他们刚开始接触英语,对于英语的认知基本处于零起点。学生能够听懂基本的课堂指令,能进行简单的日常问候。在学习本单元内容之前,学生认识教材中的主要人物。通过梳理教材的学习内容,对学生语言能力作如表3所示分析。

表3 学生语言能力分析

	年级学期	学习内容与教学要求
已知	1A Unit 1 Greetings	(1) 能运用主题词汇 morning、afternoon、evening 描述不同的时段。 (2) 能运用核心句型"Good morning/afternoon/evening"在不同时段和场景问候他人。
应知	1A Unit 2 My friends	(1) 能运用主题词汇 welcome、friend 和 name 欢迎新朋友。 (2) 能运用核心句型"My name is..."等介绍自己。
预知	1A Unit 3 My schoolbag	(1) 能运用主题词汇 pencil、ruler、eraser、schoolbag、book、pencil case 介绍常用的学习用品。 (2) 能运用核心句型"Pack my..."描述整理书包的过程。

3. 学生学习能力分析

一年级学生对英语这一新的语言充满好奇,模仿能力强。学生乐于参与课堂活动,能注意倾听,敢于表达,能意识到自己英语学习中的不足并做出适当调整。学生能在学习活动中尝试与他人合作,共同完成学习任务。

4. 学生主题知识分析

本单元贴合学生生活实际,从学生心理需求出发。一年级的学生在陌生的环境中,亟待结交新朋友,融入新群体。基于学生的这一内在需求,要帮助他们尽快适应新环境,鼓励他们真诚地向新同学介绍自己,逐步建立起崭新的社交圈。大部分学生知晓与新伙伴打招呼时可以说中文"你好",并通过握手、挥手等肢体语言表示友好。一些学生懂得用 hello 和 hi 进行简单的问候。

二、单元整体设计

(一)单元主题内容框架图

围绕单元主题建立了两个相互关联的子主题,从认识中英国家问候方式,感受朋友之间的友好情谊,到感知中西姓名构成方式,体验如何正确礼貌地问候他人。本单元以主题"New friends"为引领,以任务"Making new friends"为驱动,通过2课时的学习,引导学生认识不同国家的问候方式,体验如何礼貌地问候他人,感受朋友之间的友好情谊。基于主题意义探究,构建如图2所示单元主题内容框架图。

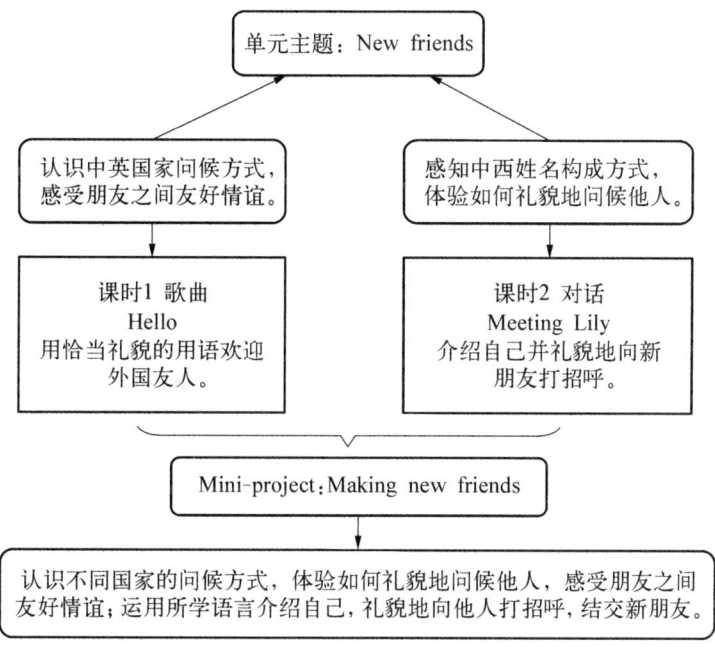

图 2　单元主题内容框架图

（二）确定单元学习目标

依据单元主题内容框架图，确定单元学习目标如下：

知识与技能目标：学生能用降调朗读祈使句；能在语境中运用主题词汇 hello、hi、nihao、welcome、friend、name 和他人打招呼；能在语境中运用核心句型"I'm/My name is..."进行自我介绍；能理解并朗读关于 Meeting Lily 的语篇，获取信息，借助语篇结构进行仿说，礼貌地向他人打招呼，结交新朋友。

主题与文化目标：认识不同国家的问候方式，体验如何礼貌地问候他人，感受朋友之间的友好情谊。

思维与策略目标：学生能积极参与课堂学习活动，注意倾听，认真思考，大胆交流；通过图片观察、文本视听、角色扮演、交流问答、看图说话等形式，完成学习任务，形成理解力、观察力、分析力和综合力。

本单元的学习任务是在 Lily 和 Shenshen 相互认识对方的语境中，运用所学语言自信大方地介绍自己，并礼貌地向对方打招呼。要求语音语调正确，内容基本达意，表达较为流利。

（三）确定分课时学习目标

依据单元学习目标和学习任务，确定单课学习目标和学习任务（表4）。第一课时，学生认识中英国家问候方式，并用恰当礼貌的用语欢迎外国友人。第二课时，学生学习感知中西姓名构成方式的差异，体验如何正确礼貌地问候他人，介绍自己并礼貌地向新朋友打招呼。

表 4 分课时学习目标

	知识与技能	主题与文化	思维与策略	学习任务
第一课时	(1) 能在语境中感知陈述句的朗读语调。 (2) 能在语境中感知、理解主题词汇 hello、hi、nihao、welcome、friend、name 的含义，并能模仿跟读。 (3) 能在语境中理解并运用核心句型"I'm ..."进行自我介绍。 (4) 能理解并演唱歌曲 Hello，获取信息，并借助语篇结构，表达对外国友人的欢迎。	认识中英国家问候方式，感受朋友之间的友好情谊。	(1) 能积极参与课堂学习活动，注意倾听，认真思考，大胆交流。 (2) 通过图片观察、交流问答、文本视听等形式，完成学习任务，形成理解力、观察力和分析力。	在 Minmin 和 Lily 校门口打招呼的语境中，借助语篇结构，能用恰当礼貌的用语欢迎外国友人。要求语音语调基本正确，内容基本达意，表达较为流利。
第二课时	(1) 能用降调朗读陈述句。 (2) 能在语境中运用主题词汇 hello、hi、nihao、welcome、friend、name 打招呼。 (3) 在语境中理解并运用句型"I'm/My name is ..."进行自我介绍。 (4) 能理解并朗读对话 Meeting Lily，获取信息，借助语篇结构，恰当得体地进行自我介绍，并礼貌地向新朋友打招呼。	感知中西姓名构成方式，体验如何正确礼貌地问候他人。	(1) 能积极参与课堂学习活动，注意倾听，认真思考，大胆交流。 (2) 通过图片观察、文本视听、角色扮演、交流问答、看图说话等形式，完成学习任务，形成理解力、观察力、分析力和综合力。	在 Lily 和 Shenshen 相互认识对方的语境中，能借助语篇结构，自信大方地介绍自己，并礼貌地向对方打招呼。要求语音语调正确，内容基本达意，表达较为流利。

（四）单元学习评价设计

1. 确定评价目标

新课标指出：教师要把握教、学、评在育人过程中的不同功能，树立"教—学—评"的整体育人观念。教师依据单元学习目标，制定了单元评价目标（表5），从学习兴趣、学习习惯以及学业成果三个维度评价学生本单元的学习情况。单元学习评价以激励为主，重点关注学生的课堂表现和参与程度，鼓励学生大胆表达。

表 5 单元评价目标

评价维度	评价内容
学习兴趣	对英语学习感兴趣、有积极性，乐于参与课堂活动。
学习习惯	(1) 口头介绍时，举止大方，声音响亮。 (2) 能认真倾听同伴与老师的交流，大胆与同伴交流。

续 表

评价维度	评 价 内 容
学业成果	(1) 能结交新朋友,并对新朋友表示欢迎。 (2) 能正确运用核心词汇、句型尝试向新朋友介绍自己,并与新朋友进行礼貌问候。要求语音语调正确,内容基本达意,表达较为流利。

2. 设计评价工具

依据单元评价目标,教师设计了相应的评价工具(表6)。学习兴趣主要评价学生参与课堂学习活动的表现;学习习惯主要评价学生表达、倾听等的表现;学业成果主要评价学生在结交新朋友的过程中,能否对新朋友表示欢迎,自信大方地介绍自己的姓名并礼貌地向新朋友打招呼。评价兼顾学生自评、同伴互评和教师评价。

表6 单元评价工具

评价维度	观察点	等第标准(形式:星数)		评价主体	评价方式
		Good job! ☆	Great! ☆☆		
学习兴趣	参与课堂学习活动的情况。	能在同伴或老师的提醒下,参与课堂活动。	对英语学习感兴趣、有积极性,乐于参与课堂活动。	学生自评	课堂表现
学习习惯	(1) 口头表达时的仪态和音量。 (2) 倾听与交流的情况。	(1) 口头表达时,声音较轻。 (2) 能在同伴或老师的帮助下,简单回应对方。	(1) 口头介绍时,举止大方,声音响亮。 (2) 能认真倾听同伴与老师的交流,大胆与同伴交流。	同伴互评	课堂观察
学业成果	(1) 能结交新朋友,并对新朋友表示欢迎。 (2) 口头介绍自己,并与新朋友进行礼貌问候。	(1) 能简单地用 welcome to ... 欢迎新朋友的到来。 (2) 能在老师或同伴的帮助下,简单介绍自己的姓名,并礼貌问候新朋友。语音语调基本正确。	(1) 能微笑并借助肢体语言用 welcome to ... 欢迎新朋友的到来。 (2) 能正确运用核心词汇、句型介绍自己,并对新朋友表示欢迎。语音语调正确,内容基本达意,表达较为流利。	学生自评 同伴互评 教师评价	倾听介绍 观察表现

3. 明确评价内容

根据单元学习目标和评价目标,教师从学习兴趣、学习习惯和学业成果三个维度设计了单元评价内容(表7)。评价内容考虑到学生的认知水平和学习特点,通过说一说、演一演等形式,以较为实际的任务激发学生的学习兴趣,引导学生养成礼貌地向对方打招呼的习惯。重点关注学生对于主题意义的理解,倾听习惯,感受朋友之间的友好情谊。

表7 单元评价内容

项 目	内 容
评价维度	☑ 学习兴趣　　☑ 学习习惯　　☑ 学业成果
评价内容	1. Think, sing and act  **Think, sing and act** Hello …, …, … Hello, hello, hello. Friends, my friends, Welcome to … | I can listen carefully. | Self-assessment | ☆ ☆ | | I know how to welcome new friends. | Peer-assessment | ☆ ☆ | | I can sing nicely. | Teacher's assessment | ☆ ☆ | 2. Think, say and act **Think, say and act** Making new friends Hello. My name is … I'm … Nice to meet you too. … | I can listen carefully. | Self-assessment | ☆ ☆ | | I can make new friends. | Peer-assessment | ☆ ☆ | | I can introduce myself and greet new friends. | Teacher's assessment | ☆ ☆ |
结果呈现	☐ 等第　　☐ 评语　　☑ 星数

三、单课教学设计

（一）第一课时教学设计

1. 第一课时学习语篇

Hello

The children are at school.
Children：Nihao, nihao, nihao.
　　　　　Hello, hello, hello.
　　　　　Friends, my friends,
　　　　　Welcome to China.

2. 过程设计

本课时的主题是为"Hello"，旨在引导学生认识中英国家问候方式，感受朋友之间的友好情谊，因此教师创设语境为班级同学正欢迎外国友人 Lily。探究问题："如何用恰当礼貌的用语欢迎外国友人？"学生在第一课时开展如下活动：感知主题语境，初步了解 friend 的含义—描述 Minmin 和 Lily 在学校碰到 Xiaopu 和 Xiaojiang 并打招呼的过程—描述同学欢迎 Lily 来到中国的过程—用歌曲欢迎新朋友来上海。

本课时充分利用教材中的图片、录音、歌曲等资源，在学习理解类活动中，通过观看对话视频，整体感知，引出本课话题"Welcome to China"。通过看图思考、文本视听等，引导学生感知理解、学习操练新知 Hello/Hi/Welcome to China。在获取和梳理学习内容的同时，知道如何主动地、礼貌地与他人打招呼。在应用实践类活动中，通过角色扮演、跟读对话，在语境中实践运用新知，体验对话情感。在迁移转换类活动中，学生可以用自己的家乡话创编歌曲。在以上三类活动中，学生树立积极主动向新朋友打招呼的意识。第一课时教学过程设计如表 8 所示。

表 8　第一课时教学过程设计

学习环节	活动目标	学习内容	学习方式	活动类型	学习资源
Pre-task	通过演唱儿歌、角色扮演等形式，复习已知。	1. Greetings	1－1 Sing a song 1－2 Say and act	复习引入	音频 视频 图片
While-task	通过观察图片、文本视听等形式，感知主题语境，初步了解 friend 的含义。	2. Minmin is welcoming his friend: the White family.	2－1 Look and say 2－2 Watch a video	学习理解	视频 图片
	通过观察图片、文本视听等形式，引导学生感知理解问候语，描述 Minmin 和 Lily	3. Minmin and Lily are greeting with Xiaopu and Xiaojiang.	3－1 Listen and say 3－2 Look and think 3－3 Sing and follow 3－4 Listen and find	学习理解 实践体验	图片 音频 视频 板书

续 表

学习环节	活动目标	学习内容	学习方式	活动类型	学习资源
While-task	在学校碰到 Xiaopu 和 Xiaojiang 并打招呼的过程。		3–5 Watch and follow 3–6 Play and say 3–7 Look and say	构建 运用	学习单 生活经验
	通过文本视听、歌曲演唱等形式，获取信息，描述同学们欢迎 Lily 的过程。	4. The students are welcoming Lily in the classroom.	4–1 Think and say 4–2 Listen and follow 4–3 Sing the song	实践 体验 构建 运用	视频 图片 板书
	通过文本视听、图片观察等形式，获取信息，描述同学们欢迎 Lily 来到中国的过程。	5. Welcome to China.	5–1 Listen and circle 5–2 Think and say 5–3 Look and read	实践 体验 构建 运用	图片 音频 板书 学习单
Post-task	唱一唱欢迎朋友的歌曲，用歌曲欢迎新朋友来上海。	6. Welcome to Shanghai.	6–1 Think and say 6–2 Sing a new song	迁移 转换	图片 视频 板书 生活经验
课后作业	1. Listen and read 2. Think, sing and act				

3. 板书设计（图3）

图3　第一课时板书

4. 课中练习

(1) 学习任务一。

教师呈现"小火车"图片(图4),通过课堂用语"Here comes the train. Hello, hello, what's your name? I'm Miss Li. 你可以像我一样说一说吗?Lily 能顺利坐上火车吗?他们都成功坐上了火车。"学生先扮演人物作介绍,再进行自我介绍。本任务的目的是让学生能够自信大方地介绍自己的姓名。

图 4　第一课时学习任务一

(2) 学习任务二。

教师呈现教材第 13 页(图5)Activity B：Listen and circle。先通过课堂用语"Lily 有许多朋友欢迎她的到来。这些朋友都来自什么地方呢?"来引导学生观察不同城市的样貌。学生听语篇,进行选择。本任务的目的是让学生了解 Welcome to ... 的表达。

图 5　第一课时学习任务二

（3）学习任务三。

学生通过观察不同"城市景点"的图片（图6），结合不同城市，巩固练习表示欢迎的句型"Welcome to …"。本任务的目的是检查学生能否仔细观察图片并识别信息，鼓励学生表达欢迎的情感。

图6　第一课时学习任务三

（二）第二课时教学设计

1. 第二课时学习语篇

Meeting Lily

The children are in the library.

Shenshen：Hello. My name is Shenshen.

　　　Lily：Hi, Shenshen.

Shenshen：Hi, White.

　　　Lily：Oh, my name is Lily White. I'm Lily.

Shenshen：Sorry. Nice to meet you, Lily.

2. 过程设计

第二课时的主题是 Meeting Lily，旨在引导学生理解不同国家的文化差异，礼貌地介绍自己，并感受结交新朋友的快乐。教师创设了 Lily 和 Shenshen 初次认识的语境，探究问题："如何自信大方地介绍自己，并礼貌地向对方打招呼？"学生在本课时开展如下活动：思考并发现中外姓名的不同—正确进行自我介绍—礼貌地向新朋友打招呼—整理内化交朋友的步骤。

在学习理解类活动中，学生通过歌曲吟唱、文本视听，分析与提取信息，发现并思考中外姓名的差异。在构建应用类活动中，学生通过听读模仿、角色扮演、看图说话、圈圈说说等形式,引发情感共鸣,在交流中增进体验。

在迁移转换类活动中,教师联系学生实际生活,引导学生整理内化结交朋友的步骤:第一步,礼貌微笑说 hi;第二步,介绍自己的姓名;第三步,与新朋友礼貌问好。

本课时采取了多样化的活动组织形式,如小组合作、同伴互助、个人展示等,利用多元资源,如音频、视频、歌曲、图片等优化学习活动,丰富学习体验。在落实英语学习活动观的要求下,学生能完成学习任务:学会在结交新朋友的过程中,自信大方地介绍自己的姓名并礼貌地向新朋友打招呼。第二课时教学过程设计如表 9 所示。

表 9 第二课时教学过程设计

学习环节	活动目标	学习内容	学习方式	活动类型	学习资源
Pre-task	通过歌曲吟唱、文本视听等形式,复习上节课有关问好的过程。	1. Welcome, my friends!	1-1 Listen and watch 1-2 Look and say	复习引入	图片
While-task	通过文本视听、提出疑问等形式引导学生思考并发现中外姓名的不同,并能模仿角色表演。	2. Shenshen meets Lily in the school library.	2-1 Look and answer 2-2 Watch and think 2-3 Look and circle	学习理解 实践体验	图片 音频 板书 视频 学习单
	通过听读模仿、角色扮演、看图说话等形式,了解正确自我介绍的方式,尝试扮演人物,进行合作表演。	3. Shenshen and Lily introduce themselves.	3-1 Listen and watch 3-2 Listen and follow 3-3 Play and say 3-4 Think and tick 3-5 Watch and sing	学习理解 实践体验 构建运用	图片 板书 学习单 生活经验
	借助语篇结构,与同伴合作表演对话,恰当得体地进行自我介绍,并礼貌地向新朋友打招呼。	4. Meeting Lily.	4-1 Look and read 4-2 Say and act 4-3 Watch and dub	实践体验 构建运用	图片 板书 生活经验
Post-task	通过观察图片、回忆对话等形式整理内化交朋友的步骤,用所学语言结交新朋友。	5. Mini-project: Making new friends.	5-1 Watch and think 5-2 Think and say	迁移转换	视频 板书 生活经验
课后作业	1. Listen and read 2. Think, say and act				

3. 板书设计(图7)

图7　第二课时板书

4. 课中练习

(1) 学习任务一。

学生仔细观察 Lily 家人的姓名(图8),他们的名字中都有 White。他们是怀特一家。本任务的目的是引导学生通过观察外国人的姓名,了解中英国家姓和名的表达差异,培育文化意识。

图8　第二课时学习任务一

(2) 学习任务二。

在 Lily 和 Shenshen 相互认识的语境中,学生扮演 Lily,选择合适的回答与 Shenshen 进行问候(图9)。本任务的目的是检测学生能否正确理解对话的意思。通过演一演对话,培养学生礼貌问候他人的习惯。

图 9 第二课时学习任务二

四、单元作业设计

（一）单元作业目标（表 10）

表 10 单元作业目标

项 目		内　　　　容
学习内容	1.3 朗读，2.1 核心词汇，3.1 名词，4.2.1 陈述句，5.1 记叙文	
	教材单元： 1A　Unit 2 New friends	教材栏目： Talking time、Song time、Mini-project
确定单元作业目标	单元学习目标	知识与技能： （1）能用降调朗读陈述句。 （2）能在语境中运用主题词汇 hello、hi、nihao、welcome、friend、name 和他人打招呼。 （3）能在语境中运用核心句型"I'm/My name is ..."进行自我介绍。 （4）能理解并朗读关于 Meeting Lily 的语篇，获取信息，借助语篇结构进行仿说。 主题与文化： 认识不同国家的问候方式，体验如何礼貌地问候他人，感受朋友之间的友好情谊。 思维与策略： (1)能积极参与课堂学习活动，注意倾听，认真思考，大胆交流。 (2)通过图片观察、文本视听、角色扮演、交流问答、看图说话等形式，完成学习任务，形成理解力、观察力、分析力和综合力。
	单元作业目标	（1）能用正确的语音语调朗读主题词汇和句型。 （2）能在语境中综合运用主题词汇和句型进行得体恰当的自我介绍，并礼貌地向新朋友打招呼。 （3）能理解并朗读语篇，分析和识别相关信息，认识不同国家的问候方式，感受朋友之间的友好情谊。 （4）能根据语篇结构，围绕主题，口头描述交朋友的步骤，结交新朋友。

（二）单元作业内容

1. 第一课时作业内容

（1）第一课时作业内容设计属性表（表11）。

表11 第一课时作业内容设计属性表

作业项	项 目	内 容			
作业1	对应作业目标	单元作业目标1、2			
	作业类型	形式	☑听 □说	☑读	□写
		水平	☑记忆性	☑理解性	□应用性
	作业时间（分钟）	5分钟			
	完成方式	☑独立完成 □合作完成			
	提交时间	☑当天 □＿＿天后			

作业项	项 目	内 容			
作业2	对应作业目标	单元作业目标1、2、4			
	作业类型	形式	□听 ☑说	□读	□写
		水平	☑记忆性	☑理解性	☑应用性
	作业时间（分钟）	5分钟			
	完成方式	☑独立完成 □合作完成			
	提交时间	☑当天 □＿＿天后			

（2）第一课时具体作业。

I. Listen and sing（听一听，唱一唱）

II. Think, sing and act（请你根据自己家乡的方言编一首歌曲，唱一唱，演一演）

I can listen carefully.	Self-assessment	☆☆
I know how to welcome new friends.	Peer-assessment	☆☆
I can sing nicely.	Teacher's assessment	☆☆

2. 第二课时作业内容

（1）第二课时作业内容设计属性表（表12）。

表12　第二课时作业内容设计属性表

作业项	项目	内容			
作业1	对应作业目标	单元作业目标1、2、3			
	作业类型	形式	☑听	□说	☑读	□写
		水平	☑记忆性	☑理解性	□应用性	
	作业时间（分钟）	3分钟			
	完成方式	☑独立完成　□合作完成			
	提交时间	☑当天　□＿＿天后			
作业项	项目	内容			
作业2	对应作业目标	单元作业目标1、2、4			
	作业类型	形式	□听	☑说	□读	☑写
		水平	☑记忆性	☑理解性	☑应用性	
	作业时间（分钟）	3分钟			
	完成方式	☑独立完成　□合作完成			
	提交时间	☑当天　□＿＿天后			

（2）第二课时具体作业。

Ⅰ. Listen and read(听一听,读一读)

Ⅱ. Think, say and act(想一想,你遇到新朋友时会如何与他进行礼貌问候,尝试说一说,演一演)

I can listen carefully.	Self-assessment	☆☆
I can make new friends.	Peer-assessment	☆☆
I can introduce myself and greet new friends.	Teacher's assessment	☆☆

案例2：沪教版《英语》一年级上册 Unit 3 My schoolbag

上海市闵行区平南小学　黄橙桢

主题语境：人与自我——生活与学习
语篇类型：韵文、配图对话
单元学习主题：My Schoolbag
单元授课时长：2课时

一、单元整体规划

（一）教材内容

本案例的教材内容来自沪教版《英语》一年级上册 Unit 3 My schoolbag，内容涵盖 Topic words、Rhyme time、Talking time、Small task、Mini-project（图1）。

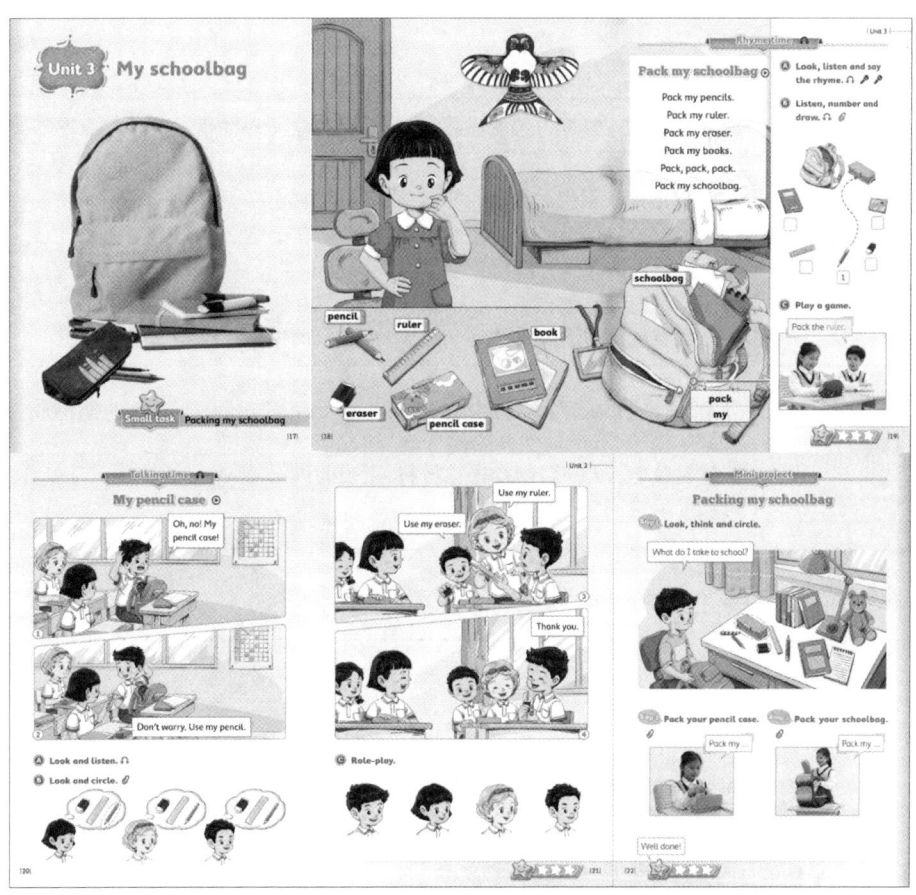

图1　沪教版《英语》一年级上册 Unit 3 My schoolbag 教材内容

（二）内容要求

英语课程内容六要素是一个相互关联的有机整体，共同构成核心素养发展的内容基础。参照义务教育英语课程内容中的一级标准，围绕六要素，对本单元进行了如表1所示分析。

表1　单元内容分析

主题		本单元聚焦"人与自我"主题下"生活与学习"主题群，围绕"生活自理与卫生习惯"子主题内容，通过完成任务"整理自己的书包"，引导学生学会整理自己的学习用品，介绍自己整理书包的过程
语篇	Rhyme time	韵文　学会整理书包
	Talking time	配图对话　乐于分享学习用品
语言知识	语音	感知并模仿说英语，体会句子的升调与降调
	词汇	在语境中借助图片理解关于学习用品的主题词汇 根据单词的音、形、义学习词汇，体会词汇在语境中表达的意思
	语法	在语境中感知、体会核心句型"Pack my ..."的表意功能 围绕 My schoolbag 主题，在语境中运用名词的单复数描述学习用品，进行简单交流
	语篇	识别对话中的话轮转换 体会语篇中图片与文字的关系
	语用	在语境中描述整理书包的过程，表达乐意将学习用品借给同学的意愿
文化知识		了解不同文化国家或文化背景下生活自理与学校生活等的异同
语言技能	Rhyme time	理解性技能：在听、读韵文 Pack my schoolbag 的过程中，有目的地提取、梳理有关借用学习用品的信息 表达性技能：朗读韵文 Pack my schoolbag，简单描述整理书包的过程
	Talking time	理解性技能：在听、读、看语篇 My pencil case 的过程中，有目的地提取、梳理有关同学借给 Minmin 文具的信息 表达性技能：大声跟读音视频材料，正确朗读语篇 My pencil case，表达乐意将学习用品借给同学的意愿
学习策略		积极运用所学语言介绍整理书包的过程，养成良好的学习习惯

（三）语篇分析

教师以语篇研读为逻辑起点开展有效的教学设计，从主题内容（What）、文化意涵（Why）、文体结构（How）三个方面对本单元主要教学语篇进行分析。语篇一是韵文，描述了 Shenshen 将书桌上的学习用品整理进书包的过程，旨在引导学生认识学习用品，学会整理书包。语篇二是配图对话，讲述了 Minmin 到校后发现忘带笔袋，同学主动借给他学习用品的故事，旨在引导学生树立关心他人的意识，乐于分享学习用品。具体分析如表2所示。

表 2 单元语篇分析

语篇类型	What	Why	How
语篇一 Rhyme time 韵文	韵文描述了 Shenshen 将书桌上的学习用品整理进书包的过程。	引导学生认识学习用品,学会整理书包。	该语篇为配图韵文,分为两个部分,先描述 Shenshen 在家整理铅笔盒,再描述 Shenshen 整理书包。主要涉及学习用品类词汇 book、ruler、eraser、pencil、schoolbag 和祈使句"Pack my ..."。语篇的韵律和重复性易于学生模仿与记忆。
语篇二 Talking time 配图对话	对话讲述了 Minmin 到校后发现忘带笔袋,同学主动借给他学习用品的故事。	引导学生树立关心他人的意识,乐于分享学习用品。	该语篇为配图对话,分为三个部分:第一部分是 Minmin 到校后发现忘带铅笔盒;第二部分是同学主动将学习用品借给 Minmin;第三部分是 Minmin 感谢同学的帮助。该语篇结构清晰,语言生动简洁,易于学生模仿和表达。

(四)学情分析

1. 学生学习风格分析

一年级学生对周围世界充满好奇,喜欢提问和探索新事物。学生更倾向于通过直观的、形象的方式学习,喜欢通过图片、动画、实物等具体事物来理解和记忆新知识。这个年龄段的学生活泼好动,注意力容易分散,通过活动可以更有效地使他们集中注意力,如游戏、角色扮演、动手操作等,以此激发他们的学习兴趣。

2. 学生语言能力分析

一年级学生的英语语言能力还处于初级阶段,能够听懂基本的课堂指令,能进行简单的日常问候。在学习本单元内容之前,学生认识教材中的主要人物,知晓 my 的含义。通过梳理教材的学习内容,对学生语言能力作如表 3 所示分析。

表 3 学生语言能力分析

	年 级 学 期	学习内容与教学要求
已知	1A Unit 1 Greetings	(1)能运用主题词汇 morning、afternoon、evening 描述不同的时段。 (2)能运用核心句型"Good morning/afternoon/evening"在不同时段和场景问候他人。
	1A Unit 2 My friends	(1)能运用主题词汇 welcome、friend 和 name 欢迎新朋友。 (2)能运用核心句型"My name is ..."等介绍自己。
应知	1A Unit 3 My schoolbag	(1)能运用主题词汇 pencil、ruler、eraser、schoolbag、book、pencil case 介绍常用的学习用品。 (2)能运用核心句型"Pack my ..."描述整理书包的过程。
预知	1A Unit 4 My classroom	(1)能运用主题词汇 door、desk、chair、floor、blackboard 描述教室内的物品和环境。 (2)能运用核心句型"Let me ..."表达主动打扫教室或帮助他人的意愿。

3. 学生学习能力分析

一年级学生对英语学习感兴趣,有积极性,乐于学习和模仿。学生乐于参与课堂活动,能注意倾听,敢于表达,能意识到自己英语学习中的不足并做出适当调整。学生能在学习活动中尝试与他人合作,共同完成学习任务。

4. 学生主题知识分析

本单元贴合学生生活实际,学生每天上学都需要整理书包,大部分学生的书包整理都需要父母协助。他们大多知晓需要整理哪些物品,一些学生懂得整理书包时要将文具和课本按步骤整理,也有一些学生会遗忘学习用品或书包内物品摆放杂乱。

二、单元整体设计

(一)单元主题内容框架图

基于对本单元内容的分析及语篇内容的研读,教师设计了单元主题内容框架图(图2)。本单元以主题 My schoolbag 为引领,以任务 Packing my schoolbag 为驱动,通过 2 课时的学习,引导学生学会整理学习用品,养成良好的学习习惯,树立关心他人的意识。

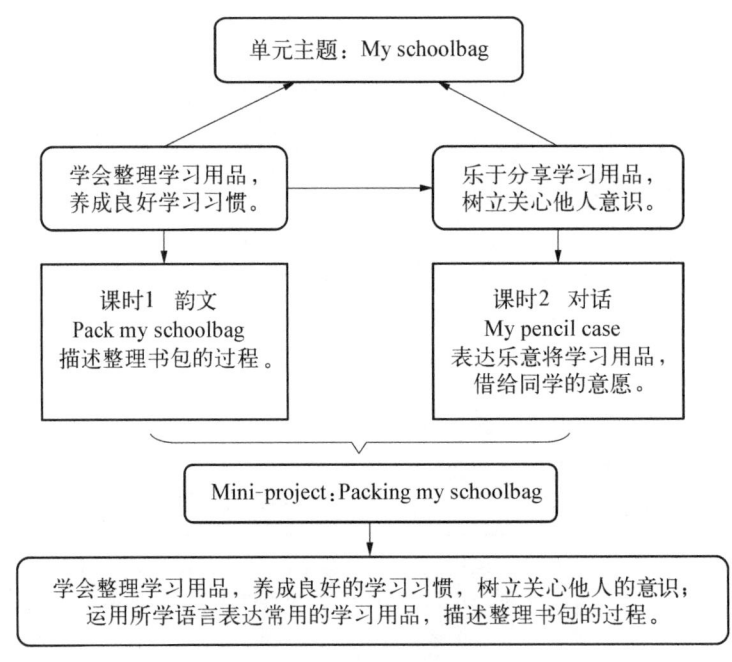

图 2　单元主题内容框架图

(二)确定单元学习目标

依据单元主题内容框架图,确定单元学习目标如下:

知识与技能目标:学生能用降调朗读祈使句;能在语境中运用主题词汇 pencil、ruler、eraser、schoolbag、book、pencil case 介绍常用的学习用品;能在语境中运用核心句型"Pack my ..."描述整理书包的过程;能在语境中理解并运用句型"Use my ..."表达乐意将学习用品借给同学的意愿;能理解并朗读关于 My schoolbag 的语篇,获取信息,借助书包整理清单,介绍自己整理书包的过程。

主题与文化目标：学生学会整理学习用品，养成良好的学习习惯，树立关心他人的意识。

思维与策略目标：学生能积极参与课堂学习活动，注意倾听，认真思考，大胆交流；通过图片观察、文本视听、角色扮演、交流问答、看图说话等形式，完成学习任务，形成理解力、观察力、分析力和综合力。

本单元的学习任务是：在书包整理"小达人"主题班会的语境中，借助书包整理清单，运用所学语言表达常用的学习用品，描述整理书包的过程，养成良好的学习习惯。要求语音语调正确，内容基本达意，表达较为流利。

（三）确定分课时学习目标

依据单元学习目标，确定单课学习目标和学习任务（表4）。第一课时，学生学习上学需要哪些物品，学习制作一份书包整理清单，简单介绍自己整理书包的过程。第二课时，学生学习如何主动向他人分享文具，树立关心他人的意识，进一步优化自己的整理清单，学会分类有序地整理书包并加以介绍。

表4　分课时学习目标

	知识与技能	主题与文化	思维与策略	学习任务
第一课时	(1) 能在语境中感知祈使句的朗读语调。 (2) 能在语境中感知、理解主题词汇 pencil、ruler、eraser、schoolbag、book、pencil case 的含义，并能模仿跟读。 (3) 能在语境中理解并初步运用核心句型"Pack my …"描述整理书包的过程。 (4) 能理解并朗读韵文 Pack my schoolbag，获取信息，并借助书包整理清单描述整理书包的过程。	学会整理学习用品，养成良好学习习惯。	(1) 能积极参与课堂学习活动，注意倾听，认真思考，大胆交流。 (2) 通过图片观察、交流问答、文本视听等形式，完成学习任务，形成理解力、观察力和分析力。	在"我是书包小主人"主题班会语境中，学会整理学习用品，借助书包整理清单描述整理书包的过程。要求语音语调基本正确，内容基本达意，表达较为流利。
第二课时	(1) 能用降调朗读祈使句。 (2) 能在语境中运用主题词汇 pencil、ruler、eraser、schoolbag、book、pencil case 介绍常用的学习用品。 (3) 在语境中理解并运用句型"Use my …"表达乐意将学习用品借给同学的意愿；能运用核心句型"Pack my …"描述整理书包的过程。 (4) 能理解并朗读对话 My schoolbag，获取信息，借助语篇结构，得体地表达乐意将学习用品借给同学的意愿。	乐于分享学习用品，树立关心他人的意识。	(1) 能积极参与课堂学习活动，注意倾听，认真思考，大胆交流。 (2) 通过图片观察、文本视听、角色扮演、交流问答、看图说话等形式，完成学习任务，形成理解力、观察力、分析力和综合力。	在"我是书包小主人"主题班会的语境中，能借助语篇结构，得体地表达乐意将学习用品借给同学的意愿，树立关心他人的意识。要求语音语调正确，内容基本达意，表达较为流利。

(四)单元学习评价设计

1. 确定评价目标

新课标指出教师要把握教、学、评在育人过程中的不同功能,树立"教—学—评"的整体育人观念。教师依据单元学习目标,制定了单元评价目标(表5),从学习兴趣、学习习惯以及学业成果三个维度评价学生在本单元的学习情况。单元学习评价以激励为主,重点关注学生的课堂表现和参与程度,鼓励学生大胆表达。

表5 单元评价目标

评价维度	评价内容
学习兴趣	对英语学习感兴趣、有积极性,乐于参与课堂活动。
学习习惯	(1)口头介绍时,举止大方,声音响亮。 (2)能认真倾听同伴与老师的交流,大胆与同伴交流。
学业成果	(1)能制作一份整理清单,有序整理书包。 (2)能正确运用核心词汇、句型介绍自己整理书包的过程。语音语调正确,内容基本达意,表达较为流利。

2. 设计评价工具

依据单元评价目标,教师设计了相应的评价工具(表6)。学习兴趣主要评价学生参与课堂学习活动的表现;学习习惯主要评价学生表达、倾听等的表现;学业成果主要评价学生制作书包整理清单、介绍自己整理书包的表现。评价主体为学生自己、同伴和教师。

表6 单元评价工具

评价维度	观察点	等第标准(形式:星数)		评价主体	评价方式
		Good job! ☆	Well done! ☆☆		
学习兴趣	参与课堂学习活动的情况。	能在同伴或老师的提醒下,参与课堂活动。	对英语学习感兴趣、有积极性,乐于参与课堂活动。	学生自评	课堂表现
学习习惯	(1)口头表达时的仪态和音量。 (2)倾听与交流的情况。	(1)口头表达时,声音较轻。 (2)能在同伴或老师的帮助下,简单回应对方。	(1)口头介绍时,举止大方,声音响亮。 (2)能认真倾听同伴与老师的交流,大胆与同伴交流。	同伴互评	课堂观察
学业成果	(1)制作书包整理清单的情况。 (2)口头介绍自己整理书包的情况。	(1)能简单罗列需要整理入书包的物品。 (2)能在老师或同伴的帮助下,简单介绍自己整理书包的过程。语音语调基本正确。	(1)能有序呈现需要整理入书包的物品。 (2)能正确运用核心词汇、句型介绍自己整理书包的过程。语音语调正确,内容基本达意,表达较为流利。	学生自评 同伴互评 教师评价	倾听介绍 观察表现

3. 明确评价内容

根据单元学习目标和评价目标,教师从学习兴趣、学习习惯和学业成果三个维度设计了单元评价内容(表7)。评价内容考虑到学生的认知水平和学习特点,通过剪一剪、贴一贴、排序、整理书包、说一说等形式,以较为实际的任务激发学生的学习兴趣,引导其养成自觉整理书包的习惯。重点关注学生对于主题意义的理解、倾听习惯、书包整理清单的制作和口头表达。

表7 单元评价内容

项目	内容		
评价维度	☑ 学习兴趣　　☑ 学习习惯　　☑ 学业成果		
评价内容	1. Cut, stick and say 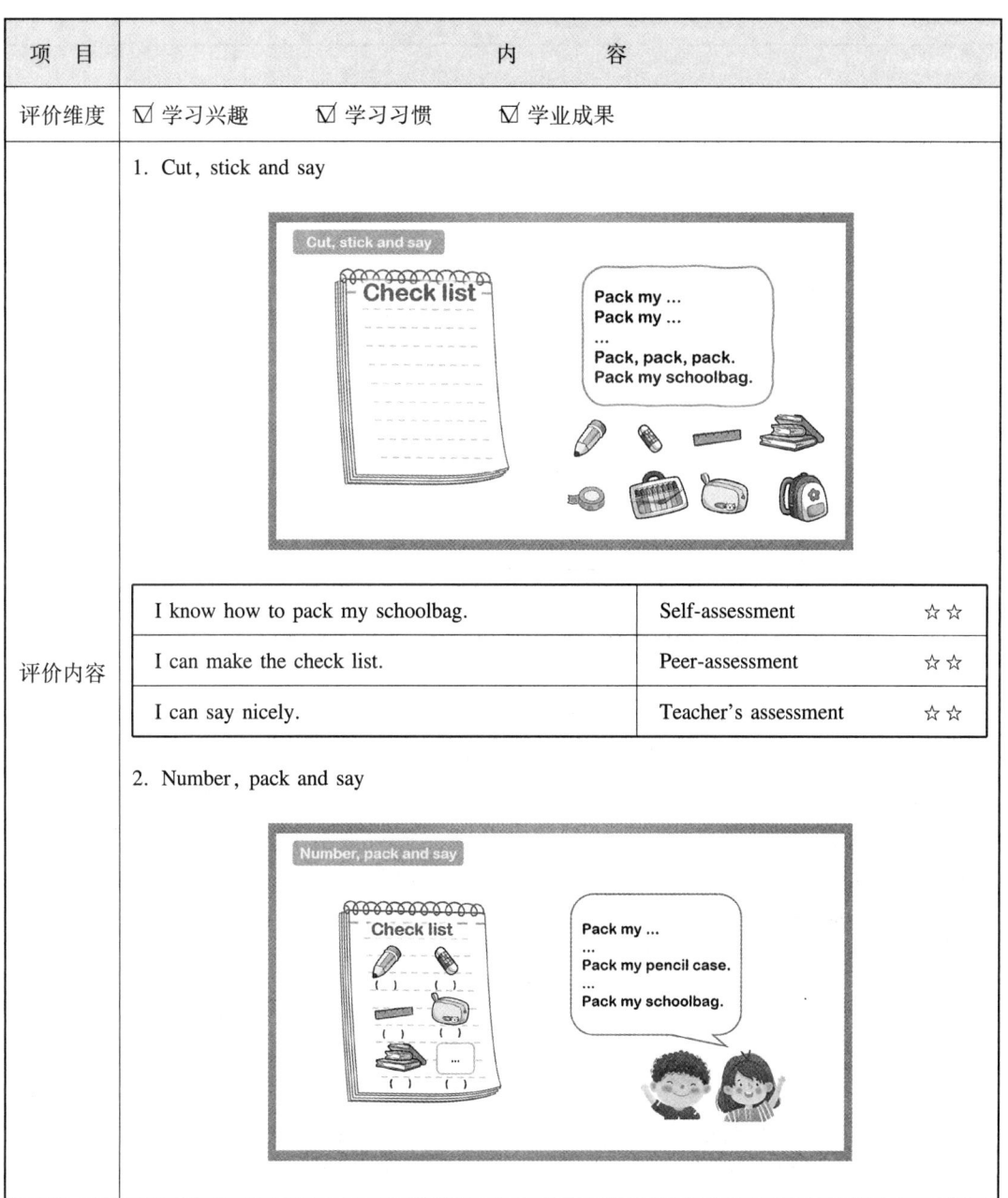		
	I know how to pack my schoolbag.	Self-assessment	☆ ☆
	I can make the check list.	Peer-assessment	☆ ☆
	I can say nicely.	Teacher's assessment	☆ ☆
	2. Number, pack and say		

基于主题意义探究的小学英语单元教学设计与实施

续　表

项　目	内　　　容		
评价内容	I can listen carefully.	Self-assessment	☆☆
	I can pack my schoolbag.	Peer-assessment	☆☆
	I can introduce how to pack my schoolbag.	Teacher's assessment	☆☆
结果呈现	□等第　　　□评语　　　☑星数		

三、单课教学设计

（一）第一课时教学设计

1. 第一课时学习语篇

Pack my schoolbag

Shenshen is packing her schoolbag at home.

Shenshen：Pack my pencils.

　　　　　　Pack my ruler.

　　　　　　Pack my eraser.

　　　　　　Pack my books.

　　　　　　Pack, pack, pack.

　　　　　　Pack my schoolbag.

2. 过程设计

本课时的语境是学生在书包整理"小达人"主题班会上，探究问题："如何制作整理书包清单？"学生在第一课时开展如下活动：辨别需要整理的学习用品—描述 Shenshen、Xiaopu 和 Lily 整理书包的过程—形成整理书包清单—制作自己的整理书包清单。

学生在活动中了解不同人物的整理习惯，分析、判断哪些是需要整理的物品，与自己的生活经验建立联系，最终制作自己的整理书包清单，养成整理书包的好习惯。本课时充分利用教材中的图片、录音、韵文等资源，学生通过听、看、仿、说四个不同的环节，学习关于学习用品的词汇以及句型"Pack my ..."。学生在高效掌握新知的同时，对英语产生浓厚的学习兴趣。第一课时教学过程设计如表 8 所示。

表 8　第一课时学习过程设计

学习环节	活动目标	学习内容	学习方式	活动类型	学习资源
Pre-task	通过演唱儿歌、角色扮演等形式，复习已知。	1. Greetings	1-1 Sing a song 1-2 Say and act	复习引入	音频 视频 图片

续 表

学习环节	活动目标	学习内容	学习方式	活动类型	学习资源
While-task	通过视频欣赏、看图选择等形式，感知主题语境，初步了解书包中需要整理的物品。	2. The children are having a class in the classroom.	2–1 Look and say 2–2 Watch a video	学习理解	视频 图片
	通过听说模仿、问答交流、朗读韵文等形式，获取信息，梳理语篇结构，描述 Shenshen 整理书包的过程。	3. Shenshen packs her school bag.	3–1 Watch and tick 3–2 Look and learn 3–3 Listen and follow 3–4 Say the rhyme 3–5 Think and say 3–6 Listen, number and draw 3–7 Look and say	学习理解 实践体验 构建运用	图片 音频 视频 板书 学习单 生活经验
	通过视频欣赏、合作交流等形式，获取信息，扮演 Xiaopu，描述整理书包的过程。	4. Xiaopu packs his schoolbag.	4–1 Watch and answer 4–2 Choose and say 4–3 Look and read	学习理解 实践体验 构建运用	视频 图片 板书
	通过文本视听、思考交流等形式，获取信息，描述 Lily 整理书包的过程。	5. Lily packs her schoolbag.	5–1 Listen and circle 5–2 Think and say 5–3 Look and read	实践体验 构建运用	图片 音频 板书 学习单
Post-task	借助书包整理清单，介绍自己整理书包的过程。	6. Pack my schoolbag.	6–1 Watch a video 6–2 Choose and say	迁移转换	图片 视频 板书 生活经验
课后作业	1. Listen and read 2. Cut, stick and say				

3. 板书设计(图3)

图 3　第一课时板书

4. 课中练习

（1）学习任务一。

学生观看视频（图4），选择Shenshen整理学习用品的图片，形成Shenshen整理书包的清单。学生在此活动中初步感知Shenshen整理的学习用品以及整理步骤，图片和音频能非常直观地帮助学生建立语言和意义的联系。

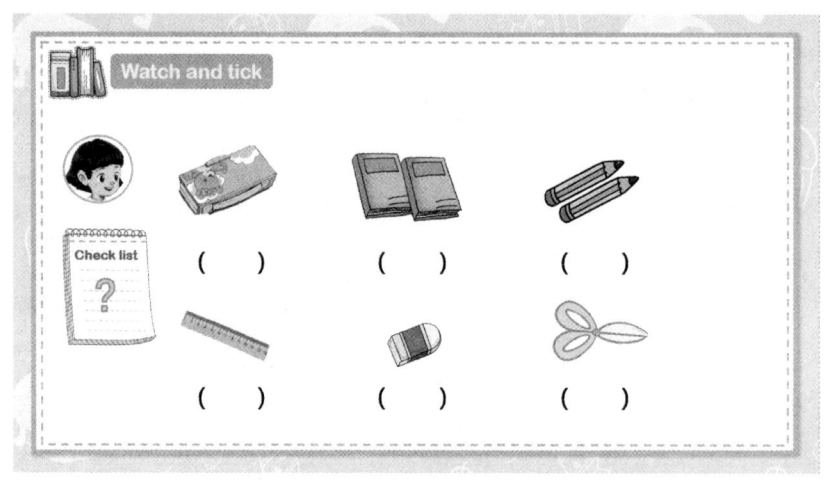

图4　第一课时学习任务一

（2）学习任务二。

学生听语篇，并将Shenshen整理书包的过程用1—5编号（图5）。本任务是为了检查学生是否听懂人物整理书包的顺序，帮助学生识别整理在铅笔盒中的文具以及直接放入书包的物品，养成良好的整理习惯。

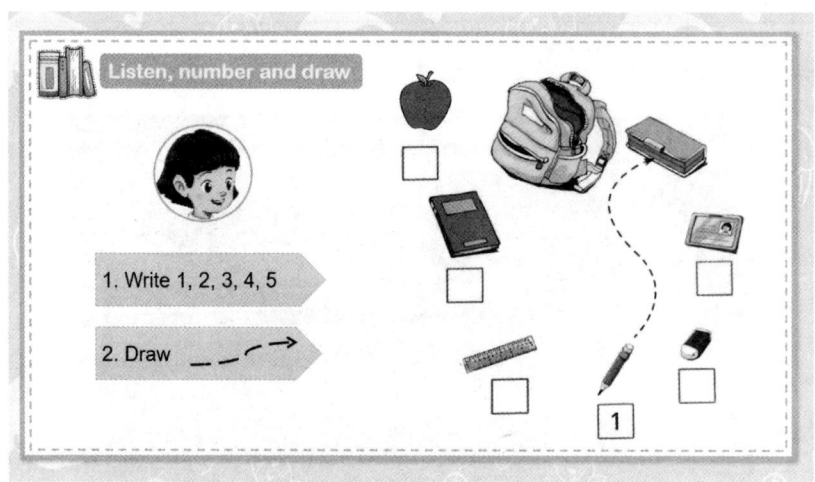

图5　第一课时学习任务二

（3）学习任务三。

学生通过听一听 Lily 整理书包的过程（图6），借助 check list，判断 Lily 的书包是否整理完成。本任务是为了检查学生能否通过阅读语篇，准确提取信息，在实际生活中养成借助清单整理书包的能力。

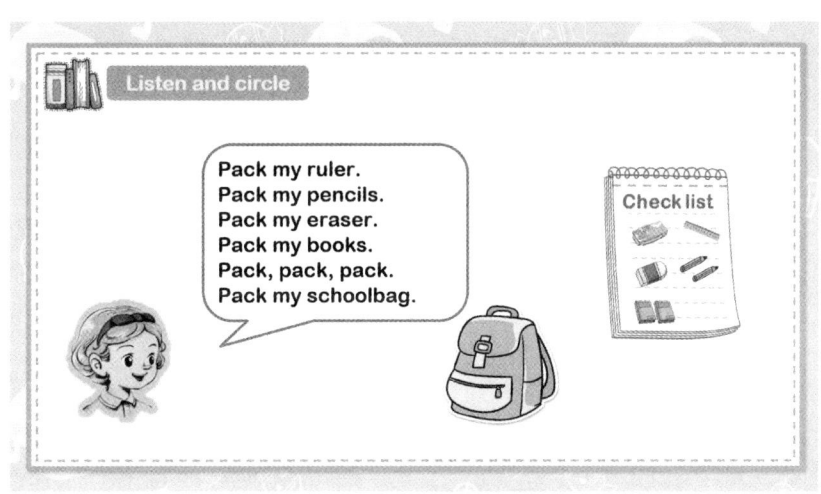

图6　第一课时学习任务三

（二）第二课时教学设计

1. 第二课时学习语篇

My pencil case

The children are in the classroom.

Minmin：Oh, no! My pencil case!

Shenshen：Don't worry. Use my pencil.

　　　Lily：Use my ruler.

Xiao feng：Use my eraser.

　Minmin：Thank you.

2. 过程设计

第二课时延续了第一课时书包整理"小达人"主题班会的语境，探究问题："如何有序整理书包？"学生在本课时开展如下活动：识别同学缺少的学习用品—与他人分享学习用品—思考如何有序地整理书包—完善书包整理清单—介绍自己整理书包的过程。

学生通过文本视听、角色扮演、圈圈说说等形式提取信息，相互交流，学会如何向 Minmin、Lily 和 Xiaofeng 提供帮助。然后教师进一步提出思考："如何避免发生书包没有整理好的情况？"以此鼓励学生学会在书包整理清单上逐一编号，从而实践有条理的整理方法。在 Post-task 环节中，学生将自己整理的物品进行分类，并标记先后顺序，按照清单的提示有序整理书包，然后在班级中分享。第二课时过程设计如表9所示。

表9 第二课时学习过程设计

学习环节	活动目标	学习内容	学习方式	活动类型	学习资源
Pre-task	通过朗读单词、看图游戏等形式，复习有关学习用品的词汇和整理书包的过程。	1. Pack my schoolbag.	1–1 Look and say 1–2 Play a game 1–3 Look and say	复习引入	图片
While-task	通过文本视听、看图猜测等形式理解Minmin感到焦虑的原因，并能模仿角色表演。	2. Minmin forgets his pencil case.	2–1 Look and say 2–2 Watch and think 2–3 Listen and follow 2–4 Look and circle 2–5 Think and choose 2–6 Listen and read	学习理解 实践体验	视频 音频 板书 学习单
While-task	通过听读模仿、角色扮演、看图说话等形式，了解同学们分别借给Minmin的学习用品，尝试扮演人物，进行合作表演。	3. Shenshen and her classmates help Minmin.	3–1 Listen and follow 3–2 Think and say 3–3 Listen and say 3–4 Say and act	学习理解 实践体验 构建运用	图片 板书
While-task	通过角色扮演、看图说话等形式，合作扮演人物，与Lily分享学习用品。	4. My book.	4–1 Listen and answer 4–2 Think and tick 4–3 Watch and say 4–4 Say and act	实践体验 构建运用	图片 音频 板书 视频 学习单
While-task	通过看图猜测、角色扮演等形式，与Xiaofeng分享学习用品，并为他提出整理书包的建议。	5. My eraser.	5–1 Look and guess 5–2 Say and act 5–3 Number and say	实践体验 构建运用	图片 板书 学习单 生活经验
Post-task	能借助书包整理清单，用所学语言描述自己整理书包的过程。	6. Mini-project：Packing my school bag.	6–1 Watch a video 6–2 Pack and say	迁移转换	视频 板书 学习单 生活经验
课后作业	1. Listen and read 2. Number, pack and say				

3. 板书设计(图7)

图 7　第二课时板书

4. 课中练习

(1) 学习任务一。

学生观看对话视频后(图8),圈出同学们分别借给 Minmin 的文具。本任务是为了检测学生通过看视频和图片获取、识别信息的能力,让学生在活动中体会到主动分享学习用品的快乐。

图 8　第二课时学习任务一

(2) 学习任务二。

在 Lily 忘记带课本的语境中,学生扮演 Shenshen,选择合适的回答帮助 Lily(图9)。本任务是为了检测学生能否认读单词,并且正确理解对话的意思。通过演一演对话,培养学生关心他人的意识。

图9 第二课时学习任务二

（3）学习任务三。

学生扮演 Xiaofeng，为他放学回家需要整理的物品进行排序（图10）。本任务一是为了检测学生能否正确识别自己需要带回家的物品，二是为了培养学生按照顺序整理书包的习惯，如直尺、橡皮、铅笔等文具要先整理进铅笔盒，然后再把铅笔盒放入书包。最终目标是让学生形成独立自主、有序整理书包的好习惯。

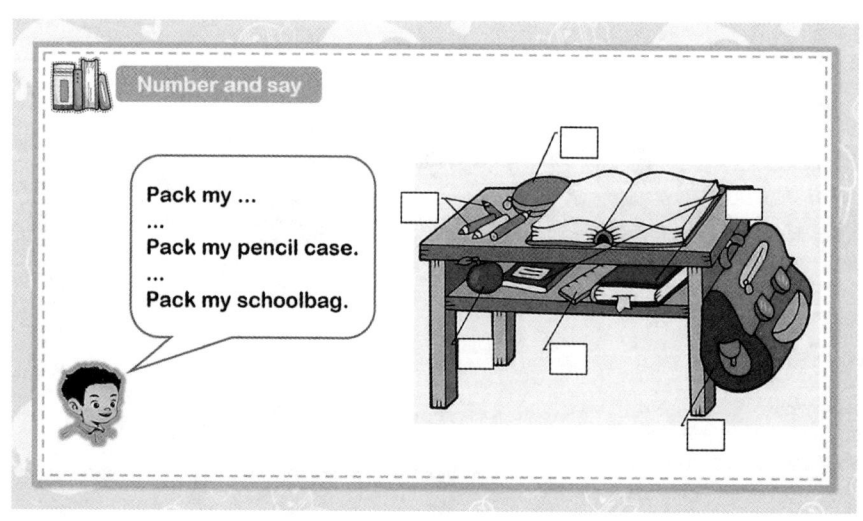

图10 第二课时学习任务三

四、单元作业设计

（一）单元作业目标（表10）

表10 单元作业目标

项 目		内 容
学习内容		1.3 朗读，2.1 核心词汇，3.1 名词，4.2.3 祈使句，5.1 记叙文
	教材单元： 1A Unit 3 My schoolbag	教材栏目： Talking time、Rhyme time、Mini-project
确定单元作业目标	单元学习目标	知识与技能： (1) 能用降调朗读祈使句。 (2) 能在语境中运用主题词汇 pencil、ruler、eraser、schoolbag、book、pencil case 介绍常用的学习用品。 (3) 能在语境中运用核心句型"Pack my ..."描述整理书包的过程。 (4) 能在语境中理解并运用句型"Use my ..."表达乐意将学习用品借给同学的意愿。 (5) 能理解并朗读关于 My schoolbag 的语篇，获取信息，借助语篇结构进行仿说。 主题与文化： 学会整理学习用品，养成良好的学习习惯，树立关心他人的意识。 思维与策略： (1) 能积极参与课堂学习活动，注意倾听，认真思考，大胆交流。 (2) 通过图片观察、文本视听、角色扮演、交流问答、看图说话等形式，完成学习任务，形成理解力、观察力、分析力和综合力。
	单元作业目标	(1) 能用正确的语音语调朗读主题词汇和句型。 (2) 能在语境中综合运用主题词汇和句型描述整理书包的动作，并在借用学习用品的过程中进行得体的交流。 (3) 能理解并朗读语篇，分析和识别相关信息，表达乐意将学习用品借给同学的意愿。 (4) 能根据语篇结构，围绕主题，口头描述整理书包的过程。

（二）单元作业内容

1. 第一课时作业内容

(1) 第一课时作业内容设计属性表（表11）。

表11 第一课时作业内容设计属性表

作业项	项 目	内 容			
作业1	对应作业目标	单元作业目标1、2			
	作业类型	形式	☑听	□说	☑读	□写
		水平	☑记忆性	☑理解性	□应用性	

续 表

作业项	项 目	内 容			
作业1	作业时间（分钟）	5分钟			
	完成方式	☑独立完成　□合作完成			
	提交时间	☑当天　□____天后			

作业项	项 目	内 容			
作业2	对应作业目标	单元作业目标1、2、4			
	作业类型	形式	□听　☑说　□读　□写		
		水平	☑记忆性　☑理解性　☑应用性		
	作业时间（分钟）	5分钟			
	完成方式	☑独立完成　□合作完成			
	提交时间	☑当天　□____天后			

（2）第一课时具体作业。

I. Listen and read（听一听，读一读）

II. Cut, stick and say(想一想,你每天整理书包需要哪些物品?请你剪一剪,贴一贴,完成你的整理清单,然后说一说)

I know how to pack my schoolbag.	Self-assessment	☆☆
I can make the check list.	Peer-assessment	☆☆
I can say nicely.	Teacher's assessment	☆☆

2. 第二课时作业内容

(1) 第二课时作业内容设计属性表(表12)。

表12 第二课时作业内容设计属性表

作业项	项　目	内　　　　容			
作业1	对应作业目标	单元作业目标1、2、3			
	作业类型	形式	☑听	□说	☑读	□写
		水平	☑记忆性	☑理解性	□应用性	
	作业时间(分钟)	3分钟			
	完成方式	☑独立完成　　□合作完成			
	提交时间	☑当天　　□＿＿＿天后			
作业项	项　目	内　　　　容			
作业2	对应作业目标	单元作业目标1、2、4			
	作业类型	形式	□听	☑说	□读	☑写
		水平	☑记忆性	☑理解性	☑应用性	
	作业时间(分钟)	3分钟			
	完成方式	☑独立完成　　□合作完成			
	提交时间	☑当天　　□＿＿＿天后			

（2）第二课时具体作业。

I. Listen and read(听一听,读一读)

II. Number, pack and say（给整理清单编号,仿照例子整理自己的书包,然后说一说）

I can listen carefully.	Self-assessment	☆☆
I can pack my schoolbag.	Peer-assessment	☆☆
I can introduce how to pack my schoolbag.	Teacher's assessment	☆☆

案例3：沪教版《英语》一年级上册 Unit 7 Animals in our lives

上海市闵行区平南小学　张燕

主题语境：人与自然——自然生态
语篇类型：歌谣、配图故事
单元学习主题：Animals in our lives
单元授课时长：2课时

一、单元整体规划

（一）教材内容

本案例的教材内容来自沪教版《英语》一年级上册 Unit 7 Animals in our lives，内容涵盖 Topic words、Chant time、Talking time、Small task、Mini-project（图1）。

图1　沪教版《英语》一年级上册 Unit 7 Animals in our lives 教材内容

105

(二)内容要求

英语课程内容涵盖的六个要素彼此紧密相连,共同搭建起核心素养培育与发展的内容基石。依据义务教育阶段英语课程内容的一级标准,针对本单元展开如表1所示分析。

表1 单元内容分析

主题		本单元聚焦"人与自然"主题下"自然生态"主题群,围绕"常见的动物,动物的特征与生活环境"子主题内容,通过"Design a pet home"任务引导,帮助学生设计动物之家,萌发其对动物之爱,培养责任意识,初步形成人与自然和谐相处的意识
语篇	Chant time	歌谣	动物给人类的帮助
	Talking time	配图故事	人类可以给予动物的帮助
	Mini-project	图片	宠物之家
语言知识	语音	感知并模仿说英语,体会句子的升调和降调
	词汇	借助图片理解关于动物的主题词汇
	语法	在语境中体会、感知核心句型"I have ... for ..."的表意功能 围绕 Animals in our lives 主题,在语境中运用动物词汇进行简单交流
	语篇	体会语篇中图片与文字之间的关系
	语用	与他人围绕动物与人类的关系进行交流
文化知识	了解在不同文化背景之下,动物与人类关系的共同之处
语言技能	Chant time	理解性技能:在听、读歌谣 Helpful animals 的过程中,有目的地提取动物帮助人类的相关信息 表达性技能:诵读英语歌谣 Helpful animals
	Talking time	理解性技能:在听、读、看语篇 Helping Mira 的过程中,有目的地提取、梳理有关人类帮助动物的信息 表达性技能:大声跟读音视频材料,正确朗读故事;在教师的指导下进行简单的角色扮演,表达对动物的喜爱之情
	Mini-project	表达性技能:为喜欢的动物设计"宠物之家"并进行介绍
学习策略	Study skill	在词语和相应信息之间建立联系

(三)语篇分析

教师将语篇研读作为开展有效教学设计的关键切入点,围绕单元学习语篇,从主题呈现的内容维度(What)、所蕴含的文化内涵与意义层面(Why)以及文体的组织结构形式方面(How)展开深入剖析。语篇一是歌谣,描述了生活中的一些常见动物,并解释说明了这些动物对于人类的帮助。语篇二是配图故事,讲述了 Shenshen 一家领养小猫 Mira 后都非常喜欢小猫,分别为它准备了食物、猫窝以及玩具的故事,旨在引导学生树立关心动物的意识,乐于照顾家中宠物,养成责任感。具体分析如表 2 所示。

表 2　单元语篇分析

语篇类型	What	Why	How
语篇一 Helpful animals 歌谣	歌谣描述了生活中的一些常见动物,使学生了解不同的动物对于人类的帮助。	引导学生认识动物,了解动物对人类的帮助。	该语篇为配图歌谣,分为两个部分,先描述了常见动物及其对人类所做出的贡献,再引发学生对于人类与动物关系的思考。主要涉及动物类词汇 horse(s)、bee(s)、hen(s)、dog(s)、helpful、animal,涉及句型有陈述句"... give us..."以及特殊疑问句"What can I do for you?"本歌谣结构具有重复性,配合韵律轻松活泼,学生易于模仿及记忆。
语篇二 Helping Mira 配图故事	对话讲述了 Shenshen 一家领养小猫 Mira 后都非常喜欢小猫,分别为它准备了食物、猫窝以及玩具。	引导学生树立关心动物的意识,乐于照顾家中宠物,养成责任感。	该语篇为配图故事,分为三个部分:第一部分是 Shenshen 一家领养了小猫 Mira 感到非常高兴;第二部分描述了 Dad、Shenshen 和 Xinxin 如何照顾小猫;第三部分是 Shenshen 及家人表达了对 Mira 的喜爱之情。涉及核心词汇有 cat,核心句型有"I have ... for ..."。本对话源于真实的生活场景且描述对象是学生都喜爱的小动物,学生能产生共鸣。

(四) 学情分析

1. 学生学习风格分析

一年级的学生正处于对世界充满好奇与探索欲的阶段,他们具备极强的模仿能力。在学习过程中,他们偏向于那些带有动手操作环节以及充满趣味的游戏化学习形式。不过,由于其年龄特点,他们注意力较为有限,思维模式更多地偏向于具象化,对于直观可见、生动鲜活的教学资源,诸如色彩鲜艳的图片、妙趣横生的动画、精巧实用的教具等会表现出浓厚的兴趣与较高的接受度。

2. 学生语言能力分析

学生具备理解基本课堂指令的能力,能够运用所学开展简单的日常交流活动。在接触本单元内容前,学生已拥有一定基础,比如,可以依据教师的指令对动物的形态、行为等进行模仿;能够识别教材里的核心人物以及他们所拥有的宠物;对于描述事物特征的词汇,诸如 small、cute 等也有了初步的认知。而经过本单元的系统学习之后,学生的语言运用能力将得到进一步提升,他们能够熟练运用"... give ..."的句式简洁明了地表达动物为人类提供的帮助,同时,也可以使用"I have ..."的表达形式来描述人类给予动物的援助与支持(表 3)。

表3 学生语言能力分析

年级学期		学习内容与教学要求
已知	1A Unit 3 My schoolbag	（1）能运用主题词汇 pencil、ruler、eraser、schoolbag、book、pencil case 介绍常用的学习用品。 （2）能运用核心句型"Pack my ..."描述整理书包的过程。
	1A Unit 6 My family	（1）能运用主题词汇 mum、dad、brother、sister 和 me 介绍家庭成员。 （2）能运用核心句型"This is ..."等介绍自己及家人。
应知	1A Unit 7 Animals in our lives	（1）能运用主题词汇 cat、dog、hen、horse、bee、helpful、animal 介绍生活中常见的动物。 （2）能运用核心句型"I have ... for ..."描述自己能给予动物的帮助。
预知	1A Unit 8 Have a go!	（1）能运用主题词汇 bird、hill、fly away、come back 描述小鸟的外形特征和动作。 （2）能运用所学语言鼓励他人，并根据图片提示表演故事。

3. 学生学习能力分析

一年级学生处于语言学习的启蒙阶段，其学习模式主要依赖于视觉、听觉及口语表达。他们擅长借助直观的学习素材，调动自身的多种感官，全身心地投入语言学习与实践活动中。在自然且贴近生活的语言情境里，一年级学生能够做到专注倾听，以积极的态度去模仿所听到的语音、语调、语句，并且勇于大胆地开口表达自己的想法与感受。

4. 学生主题知识分析

本单元以学生熟悉的"动物"为主题展开学习。学生虽对动物有一定了解，但对动物的英文名称及它们对人类的帮助知之甚少。多数学生有接触或养宠物的经历，喜爱与动物互动却缺少照料知识。经过本单元的学习，学生将认识更多动物，能用英语介绍其对人类的帮助，且在设计"宠物之家"时学会关爱动物。教师要引导学生树立关心动物的意识，乐于照顾家中宠物，养成责任感。

二、单元整体设计

（一）单元主题内容框架图

在对本单元内容予以细致分析并深入研读相关语篇内容之后，教师精心规划设计出了单元主题内容框架图（图2）。本单元以主题 Animals in our lives 为引领，以任务 Design a home for the pet 为驱动，通过2课时的学习，引导学生学会感恩并关爱动物，初步形成人与动物和谐相处的意识。

（二）确定单元学习目标

依据单元主题内容框架图，确定单元学习目标如下：

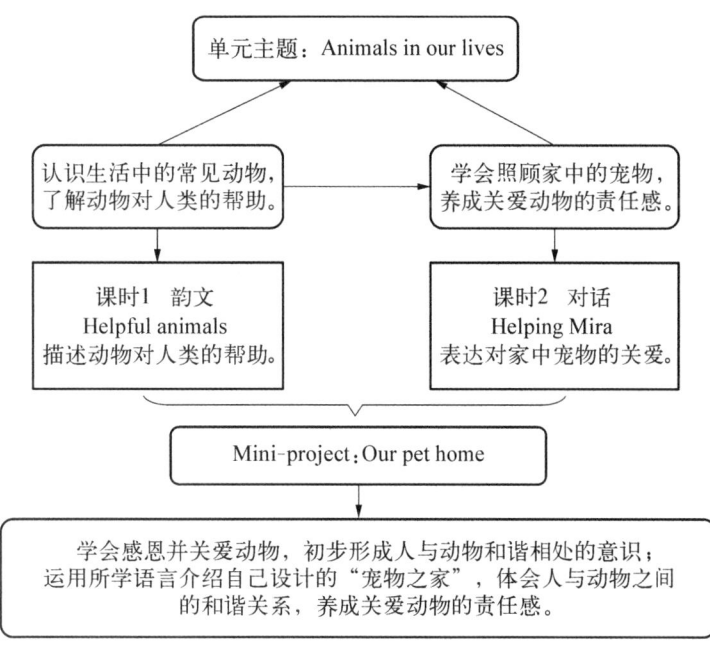

图 2　单元主题内容框架图

知识与技能目标：能用降调朗读陈述句；能在语境中运用主题词汇 cat、dog、hen、horse、bee 介绍常用的动物；能在语境中理解并运用句型"... give us ..."介绍动物给予人类的帮助；能在语境中运用核心句型"I have ... for ..."描述自己能给予动物的帮助；能理解并朗读关于 Helping Mira 的语篇，获取信息，借助语篇结构进行仿说。

主题与文化目标：学会感恩并关爱动物，初步形成人与动物和谐相处的意识。

思维与策略目标：学生能积极参与课堂学习活动，注意倾听，认真思考，大胆交流；通过图片观察、文本视听、角色扮演、交流问答、看图说话等形式，完成学习任务，形成理解力、观察力、分析力和综合力。

本单元的学习任务是：以设计"宠物之家"的任务为驱动，学生挑选适宜当作宠物的动物，思考能够为宠物做的事，进而绘制出专属"宠物之家"的蓝图。在此过程中，学生运用所学语言，从动物名字、能给予的帮助等方面相互交流并予以展示，在此过程中体会人与动物之间的和谐关系，养成关爱动物的责任感。要求语音语调正确，内容基本达意，表达较为流利。

（三）确定分课时学习目标

依据单元学习目标，确定单课学习目标和学习任务（表 4）。第一课时，学生认识生活中一些常见动物，借助语篇结构，描述动物对人类的帮助。第二课时，学生学习运用所学语言介绍自己设计的"宠物之家"，体会人与动物之间的和谐关系，养成关爱动物的责任感。

表 4　分课时学习目标

	知识与技能	主题与文化	思维与策略	学习任务
第一课时	（1）能在语境中感知陈述句的朗读语调。 （2）能在语境中感知、理解主题词汇 cat、dog、hen、horse、bee 的含义，并能模仿跟读。 （3）能在语境中理解并运用句型"... give us ..."介绍动物给予人类的帮助。 （4）能理解并朗读韵文 Helpful animals，获取信息，并借助语篇结构，描述动物给予人类的帮助。	认识生活中的常见动物，了解动物对人类的帮助。	（1）能积极参与课堂学习活动，注意倾听，认真思考，大胆交流。 （2）通过图片观察、交流问答、文本视听等形式，完成学习任务，形成理解力、观察力和分析力。	在 Shenshen 自然课学习的语境中，认识生活中一些常见动物，借助语篇结构描述动物对人类的帮助。要求语音语调基本正确，内容基本达意，表达较为流利。
第二课时	（1）能用降调正确朗读陈述句。 （2）能在语境中运用主题词汇 cat、dog、hen、horse、bee 介绍常见的动物。 （3）在语境中理解并运用句型"I have ... for ..."描述自己能给予动物的帮助。 （4）能理解并朗读对话 Helping Mira，获取信息，借助语篇结构表达对动物的关爱之情，养成责任感。	学会照顾家中的宠物，养成关爱动物的责任感。	（1）能积极参与课堂学习活动，注意倾听，认真思考，大胆交流。 （2）通过图片观察、文本视听、角色扮演、交流问答、看图说话等形式，完成学习任务，形成理解力、观察力、分析力和综合力。	在 Shenshen 一家照顾小猫的语境中，运用所学语言介绍自己设计的"宠物之家"，体会人与动物之间的和谐关系，养成关爱动物的责任感。要求语音语调正确，内容基本达意，表达较为流利。

（四）单元学习评价设计

1. 确定评价目标

新课标指出，教师应领会教、学、评在教学进程中各自所发挥的独特效用，并牢固树立起"教—学—评"一体化的整体育人理念。据此，教师依照单元学习的既定目标，进一步拟定了与之相适配的单元评价目标，确保教学活动的连贯性与有效性，促进学生核心素养的全面发展（表5），从学习兴趣、学习习惯以及学业成果三个维度评价学生在本单元的学习情况。单元学习评价以激励为导向，聚焦课堂表现与参与度，激励学生大胆表达。

表 5　单元评价目标

评价维度	评价内容
学习兴趣	对英语学习感兴趣、有积极性，乐于参与课堂活动。
学习习惯	（1）口头介绍时，举止大方，声音响亮。 （2）能认真倾听同伴与老师的交流，大胆与同伴交流。

续 表

评价维度	评 价 内 容
学业成果	(1) 能设计一幅"宠物之家"的设计图。 (2) 能正确运用核心词汇、句型介绍自己设计的"宠物之家"。语音语调正确,内容基本达意,表达较为流利。

2. 设计评价工具

依据单元评价目标,教师设计了相应的评价工具(表6)。学习兴趣主要评价学生参与课堂学习活动的表现;学习习惯主要评价学生表达、倾听等的表现;学业成果主要评价学生"宠物之家"的设计图、学生介绍自己设计的"宠物之家"的表现。评价兼顾学生自评、同伴互评和教师评价。

表6 单元评价工具

评价维度	观 察 点	等第标准(形式:星数)		评价主体	评价方式
		Good job! ☆	Well done! ☆☆		
学习兴趣	参与课堂学习活动的情况。	能在同伴或老师的提醒下,参与课堂活动。	对英语学习感兴趣、有积极性,乐于参与课堂活动。	学生自评	课堂表现
学习习惯	(1) 口头表达时的仪态和音量。 (2) 倾听与交流的情况。	(1) 口头表达时,声音较轻。 (2) 能在同伴或老师的帮助下,简单回应对方。	(1) 口头介绍时,举止大方,声音响亮。 (2) 能认真倾听同伴与老师的交流,大胆与同伴交流。	同伴互评	课堂观察
学业成果	(1) 设计"宠物之家"的情况。 (2) 口头介绍自己设计的"宠物之家"的表现。	(1) 能简单设计"宠物之家",画面大方简洁。 (2) 能在老师或同伴的帮助下,简单介绍自己设计的"宠物之家"。语音语调基本正确。	(1) 能完整设计"宠物之家",画面布局合理、色彩运用协调。 (2) 能正确运用核心词汇、句型介绍自己设计的"宠物之家"。语音语调正确,内容基本达意,表达较为流利。	学生自评 同伴互评 教师评价	倾听介绍观察表现

3. 明确评价内容

教师依据单元学习目标及评价目标,从学习兴趣、学习习惯、学业成果这三个关键维度出发,精心规划设计了单元评价内容(表7)。评价内容考虑到学生的认知水平和学习特点,通过贴一贴、连一连、画一画、说一说等形式,以实际的驱动任务激发学生的学习兴趣,引导学生关爱动物,培养他们的责任感。

表7 单元评价内容

项 目	内　　容		
评价维度	☑ 学习兴趣　　☑ 学习习惯　　☑ 学业成果		
评价内容	1. Look, match and speak 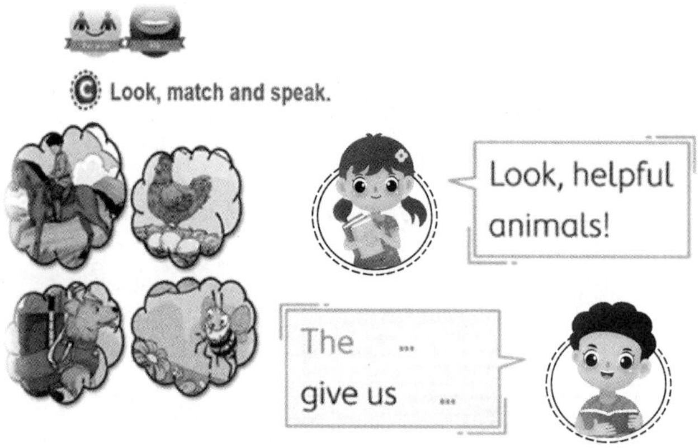 | I can match correctly.	Self-assessment	☆☆
I can speak nicely.	Peer-assessment	☆☆
I can introduce the help from animals.	Teacher's assessment	☆☆ | 2. Design and say | I can draw nicely.	Self-assessment	☆☆
I can talk fluently.	Peer-assessment	☆☆
I know how to design a pet home.	Teacher's assessment	☆☆			
结果呈现	☐ 等第　　　☐ 评语　　　☑ 星数		

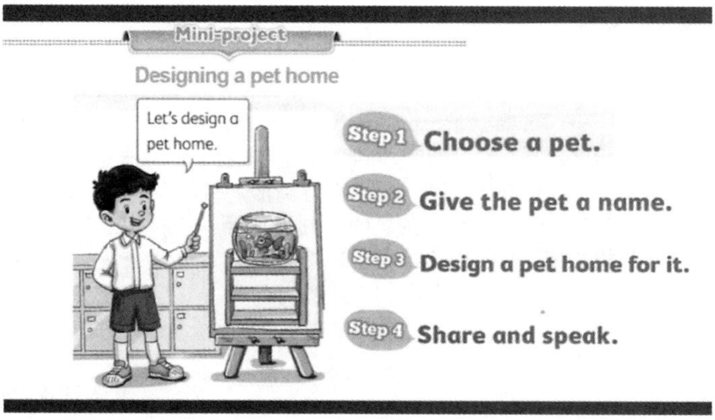

三、单课教学设计

（一）第一课时教学设计

1. 第一课时学习语篇

Helpful animals

Shenshen is having a science lesson. It's about helpful animals.

Mr Qian：Horses give us rides.
　　　　　Dogs give us love.
　　　　　Hens give us eggs.
　　　　　Bees give us honey.
　　　　　Helpful, helpful animals,
　　　　　What can I do for you?

2. 过程设计

第一课时的主题为"Helpful animals"，教师创设了Shenshen上自然课这一真实的语境。在这个学习过程中，学生能认识不同的动物，感知生活中不同动物给予人类的帮助，并能简单介绍这些动物带给人们的帮助。

在课堂教学中，教师设计了基于语篇的学习理解类活动，学生通过听一听、看一看、仿说等活动学习关于动物的词汇以及这些动物给予人类的帮助；在深入语篇的应用实践类活动中，学生通过连线、配对等活动进一步巩固所学语言知识，提升思维品质，并在过程中深入理解主题意义；在超越语篇的迁移转换类活动中，学生通过说一说自己喜欢的动物并且简单介绍这些动物给予人类的帮助，感受动物对人类有非常多的帮助，培养感恩之心。

本课时充分利用教材中的图片、录音、歌谣等资源，让学生在不同的活动中学习有关动物的词汇及句型"… give us …"。学生在学习语言的同时，也对主题意义有了更清晰的认识。第一课时教学过程设计如表8所示。

表8　第一课时学习过程设计

学习环节	活动目标	学习内容	学习方式	活动类型	学习资源
Pre-task	通过演唱儿歌、角色扮演等形式，复习已知。	1. This is my family.	1-1 Sing a song 1-2 Say and act	复习引入	音频 视频 图片
While-task	通过视频赏析、听说交流、图片问答等形式，展示动物形象，激发学习兴趣，引出单元话题。	2. Shenshen is having a science lesson.	2-1 Watch and view 2-2 Look and say 2-3 Listen and enjoy 2-4 Listen and think	学习理解	视频 图片

续　表

学习环节	活动目标	学习内容	学习方式	活动类型	学习资源
While-task	通过听说模仿、问答交流、朗读歌谣等形式，获取信息，梳理语篇框架，描述马给人类带来的帮助。	3. Horses give us rides.	3－1 Enjoy a video 3－2 Listen and read 3－3 Look and say 3－4 Listen and enjoy 3－5 Have a chant	学习理解 实践体验	图片 音频 视频 板书 生活经验
	通过图片观察、问答交流及读图配对等形式，判断分析信息，描述狗给人类带来的帮助。	4. Dogs give us love.	4－1 Look and say 4－2 Choose and say 4－3 Look and read	学习理解 实践体验 构建运用	音频 视频 图片 板书 生活经验
	通过听说模仿、游戏互动、合作交流、儿歌创编等形式，获取信息，扮演Shenshen，介绍hens和bees对人类的帮助。	5. Hens give us eggs. Bees give us honey.	5－1 Listen and think 5－2 Look and find 5－3 Play a game 5－4 Make a chant	实践体验 构建运用	图片 音频 板书 生活经验
Post-task	借助语篇结构，介绍动物给予人类的帮助。	6. Helpful animals.	6－1 Listen and number 6－2 Look and say	迁移转换	图片 视频 板书 生活经验
课后作业		1. Listen and read 2. Look and say			

3. 板书设计（图3）

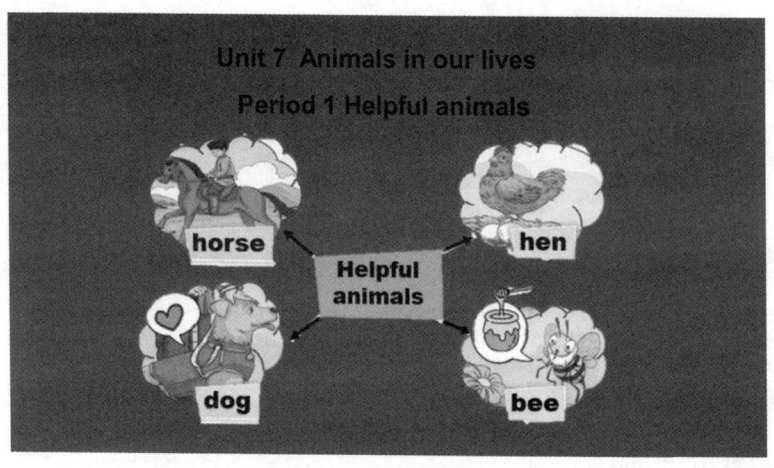

图3　第一课时板书

4. 课中练习

（1）学习任务一。

学生通过听、看、分析判断将这些图片和动物名字进行配对（图4）。本任务是为了检测学生能否把单词的音、形、义联系起来，让学生在活动中感受动物的多样性，认识更多的动物。

图4　第一课时学习任务一

（2）学习任务二。

学生通过连线判断，将动物和其能给予人类的帮助配对（图5）。本任务是为了检查学生是否看懂图片上的信息，帮助学生识别不同动物的功能，感受动物带给人类的帮助，养成感恩之心。

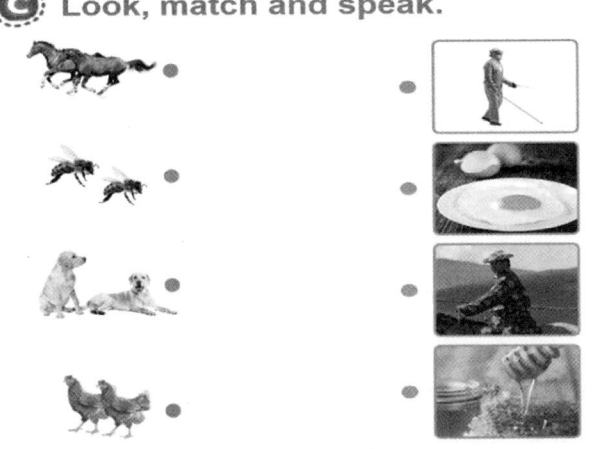

图5　第一课时学习任务二

(3) 学习任务三。

学生通过观察图片(图6),知晓动物能给予人类的帮助,然后用所学的语言进行表达。通过这个任务,检测学生能否通过观察图片准确提取信息,利用所学表达动物对人类的帮助,并在这个过程中培养学生的感恩之情,让学生初步形成人与自然和谐相处的意识。

图6 第一课时学习任务三

(二)第二课时教学设计

1. 第二课时学习语篇

Helping Mira

Shenshen and her family go to Pet Family. They have a cat. It's Mira.

  Shenshen:Mira is our cat now. She is small. She is cute.

  Dad:I have food for Mira. It's nice. It's yummy.

  Shenshen:I have a house for Mira. It's warm. It's cozy.

  Xinxin:I have a ball for Mira. It's round. It's soft.

Shenshen and Xinxin:We love Mira.

2. 过程设计

第二课时的主题为"Helping Mira",教师以主题为引领,以语篇为依托,设计了一系列层次递进、富有逻辑的活动,旨在丰富学生体验,助力学生能力的培养,从而提升其核心素养。

学生通过文本视听、角色扮演、模仿朗读等形式提取信息,知晓Shenshen一家是如何帮助小猫Mira的,借助思维导图构建语言框架。然后学生通过贴一贴、尝试仿说等形式描述Shenshen一家是如何具体帮助小猫Mira的,在这个过程中学生体验到了能给予动物的不同帮助,他们在学习语言的同时学会如何照顾身边的宠物,培养了责任意识。最后学生通过完成本单元的 Mini-project——给自己选择的宠物设计一个家,利用所学解决真实的问题,探究主题意义。第二课时过程设计如表 9 所示。

表 9　第二课时学习过程设计

学习环节	活动目标	学习内容	学习方式	活动类型	学习资源
Pre-task	通过图片问答、儿歌吟唱等形式,复习有关动物的词汇和动物给予人类的帮助,激发学习思考。	1. Helpful animals.	1-1 Watch and think 1-2 Look and say	复习引入	图片 视频 生活经验
While-task	通过图片观察、问答交流等形式获取人类能够给予动物帮助的信息。	2. The things we can do for the helpful animals.	2-1 Look and say 2-2 Watch and think 2-3 Ask and answer	学习理解 实践体验	视频 音频 图片 生活经验
	通过视听感受、问答交流、图文辨析等形式获取信息,获取语篇框架,交流 Dad 给予 Mira 的帮助。	3. Dad helps Mira.	3-1 Look and choose 3-2 Listen and think 3-3 Listen and follow 3-4 Try to say	学习理解	视频 音频 图片 板书 生活经验
	通过听读模仿、角色扮演、看图说话等形式,了解 Shenshen 和 Xinxin 帮助 Mira 的过程,并扮演角色进行表演交流。	4. Shenshen and Xinxin help Mira.	4-1 Look and think 4-2 Cut and stick 4-3 Listen and follow 4-4 Say and act	学习理解 实践体验	图片 音频 板书
	借助语篇结构,通过小组合作交流,扮演 Mum 分享帮助 Mira 的方法。	5. Mum helps Mira too.	5-1 Listen and follow 5-2 Think and say	实践体验 构建运用	图片 音频 板书 生活经验
Post-task	用所学语言描述自己给宠物所设计的"宠物之家"。	6. Mini-project: Design a pet home.	6-1 Choose and design 6-2 Talk and share	迁移转换	图片 彩笔 生活经验
课后作业	1. Listen and read 2. Design a pet home				

3. 板书设计(图7)

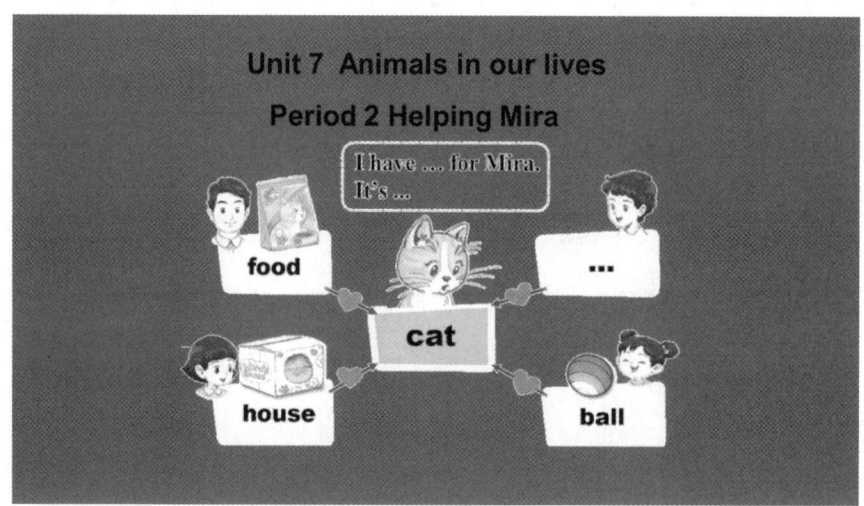

图7　第二课时板书

4. 课中练习
(1) 学习任务一。

学生观察图片,判断信息,再动手贴一贴 Shenshen 和 Xinxin 为 Mira 做的事情(图8)。本任务检测学生能否通过之前的视听,再看图片识别信息,完成配对。在这个活动中学生通过角色扮演,丰富了体验,进一步探究了主题意义。

图8　第二课时学习任务一

(2) 学习任务二。

学生通过观察图片,判断信息,利用所学语言扮演文本中的人物描述自己能为 Mira 做什么(图9)。本任务检测学生通过看图片获取、识别信息的能力,利用语言框架和所学语言知识能否完成描述,在活动中思考人类可以为动物做哪些事情,进而培养责任意识。

图9　第二课时学习任务二

(3) 学习任务三。

学生通过完成本单元的 Mini-project,知道如何为动物设计一个家(图10)。检测学生能否利用所学知识迁移解决现实中的问题,最终完成"自己能为宠物做的事情"这个任务,同时引导学生学会关爱身边的宠物,培养责任心。

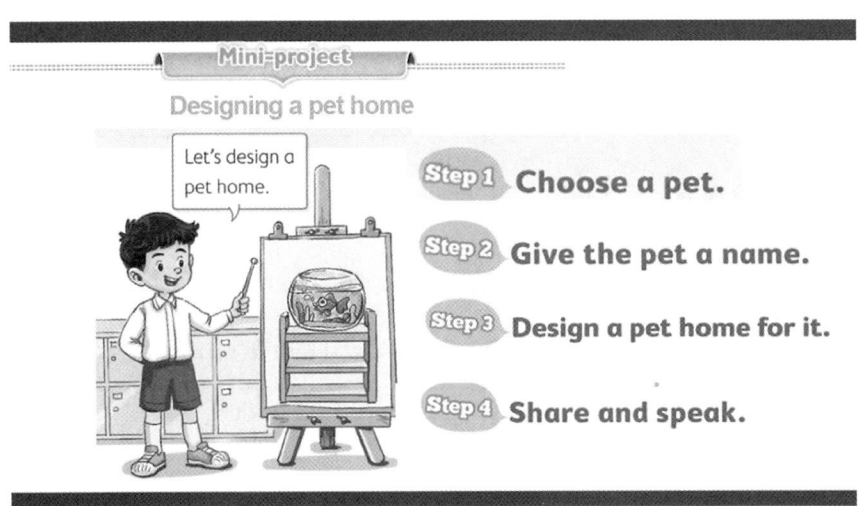

图10　第二课时学习任务三

119

四、单元作业设计

(一) 单元作业目标(表10)

表10 单元作业目标

项　目	内　　容	
学习内容	1.3朗读,2.1核心词汇,3.1名词,4.2.3祈使句,5.1记叙文	
	教材单元: 1A Unit 7 Animals in our lives	教材栏目: Talking time、Chant time、Mini-project
确定单元作业目标	单元学习目标	知识与技能: (1) 能用降调朗读陈述句。 (2) 能在语境中运用主题词汇 cat、dog、hen、horse、bee 介绍常用的动物。 (3) 能在语境中理解并运用句型"… give us …"介绍动物给予人类的帮助。 (4) 能在语境中运用核心句型"I have … for …"描述自己能给予动物的帮助。 (5) 能理解并朗读关于 Helping Mira 的语篇,获取信息,借助语篇结构进行仿说。 主题与文化: 学会感恩并关爱动物,初步形成人与动物和谐相处的意识。 思维与策略: (1) 能积极参与课堂学习活动,注意倾听,认真思考,大胆交流。 (2) 通过图片观察、文本视听、角色扮演、交流问答、看图说话等形式,完成学习任务,形成理解力、观察力、分析力和综合力。
	单元作业目标	(1) 能用正确的语音语调朗读主题词汇和句型。 (2) 能在语境中综合运用主题词汇和句型描述人与动物的关系,分享自己能够给予动物的帮助。 (3) 能理解并朗读语篇,分析和识别相关信息,养成关爱动物的责任感。 (4) 能根据语篇结构,围绕主题,口头描述如何为宠物设计一个"宠物之家"。

(二) 单元作业内容

1. 第一课时作业内容

(1) 第一课时作业内容设计属性表(表11)。

表11 第一课时作业内容设计属性表

作业项	项　目	内　　容			
作业1	对应作业目标	单元作业目标1、2			
	作业类型	形式	☑听	□说	☑读	□写
		水平	☑记忆性	☑理解性	□应用性	

续 表

作业项	项 目	内 容						
作业1	作业时间（分钟）	5分钟						
	完成方式	☑独立完成　□合作完成						
	提交时间	☑当天　　□____天后						

作业项	项 目	内 容						
作业2	对应作业目标	单元作业目标1、2、3						
	作业类型	形式	☑听		☑说		□读	□写
		水平	☑记忆性		☑理解性		☑应用性	
	作业时间（分钟）	5分钟						
	完成方式	☑独立完成　□合作完成						
	提交时间	☑当天　　□____天后						

（2）第一课时具体作业。

I. Listen and read（听一听，读一读）

I know the names of animals.	Self-assessment	☆☆
I can listen carefully.	Peer-assessment	☆☆
I can read nicely.	Teacher's assessment	☆☆

II. Listen and chant(听一听,唱一唱)

Helpful animals

Horses give us rides.
Dogs give us love.
Hens give us eggs.
Bees give us honey.
Helpful, helpful animals,
What can I do for you?

I know the help from animals.	Self-assessment	☆☆
I can listen carefully.	Peer-assessment	☆☆
I can chant nicely.	Teacher's assessment	☆☆

2. 第二课时作业内容

(1) 第二课时作业内容设计属性表(表12)。

表12 第二课时作业内容设计属性表

作业项	项 目	内　　　　　容			
作业1	对应作业目标	单元作业目标1、2、3			
	作业类型	形式	☑听　　□说	☑读　　□写	
		水平	☑记忆性	☑理解性	□应用性
	作业时间(分钟)	3分钟			
	完成方式	☑独立完成　　□合作完成			
	提交时间	☑当天　　□＿＿＿天后			

续 表

作业项	项 目	内 容			
作业 2	对应作业目标	单元作业目标 1、2、4			
	作业类型	形式	☐听 ☑说	☐读	☐写
		水平	☑记忆性 ☑理解性 ☑应用性		
	作业时间(分钟)	3 分钟			
	完成方式	☑独立完成　☐合作完成			
	提交时间	☑当天　☐____天后			

（2）第二课时具体作业。

I. Listen and read(听一听,读一读)

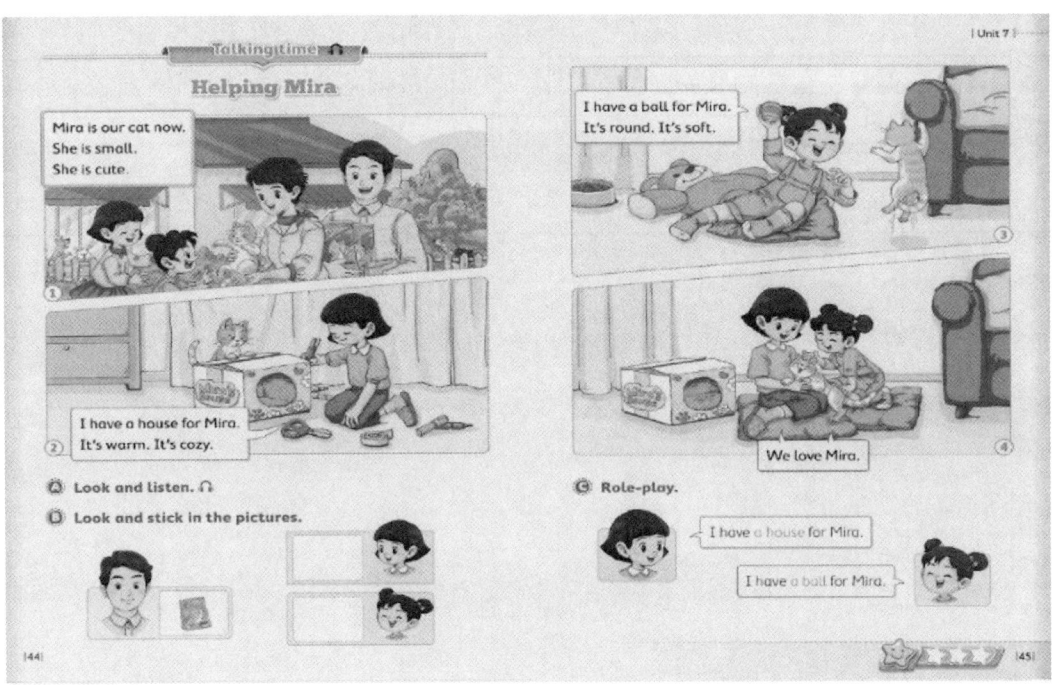

I know how to help animals.	Self-assessment	☆☆
I can listen carefully.	Peer-assessment	☆☆
I can read nicely.	Teacher's assessment	☆☆

II. Design and say(设计你的宠物之家,然后说一说)

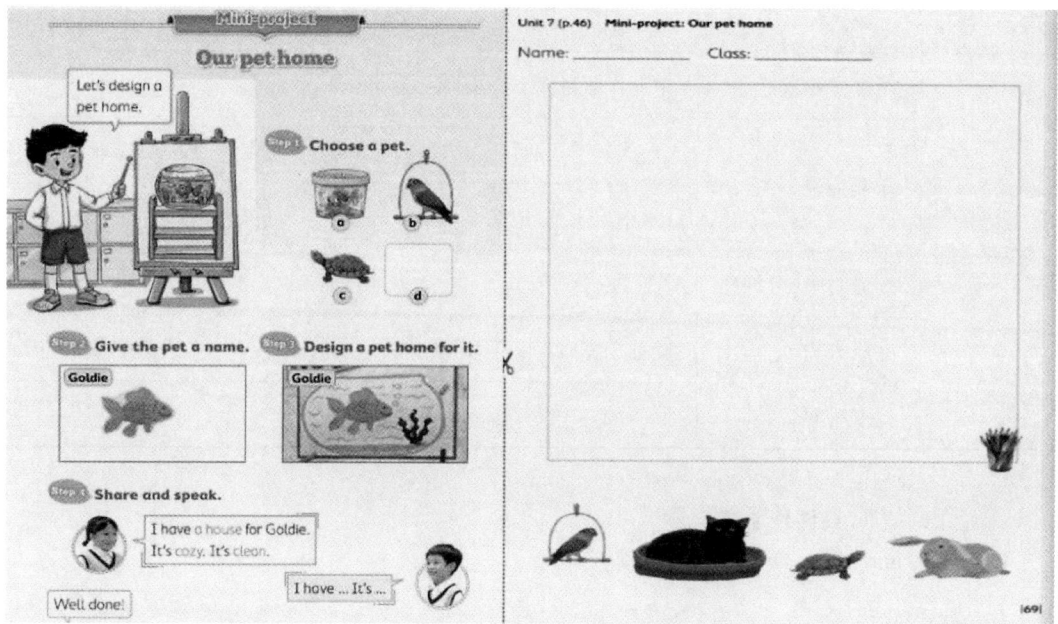

I know how to design a pet home.	Self-assessment	☆ ☆
I can talk fluently.	Peer-assessment	☆ ☆
I can draw nicely.	Teacher's assessment	☆ ☆

案例4：沪教版《英语》一年级上册 Unit 8 Have a go!

上海市闵行区平南小学　李小璇

主题语境：人与社会——社会服务与人际沟通
语篇类型：歌曲、配图故事
单元学习主题：Have a go!
单元授课时长：2课时

一、单元整体规划

（一）教材内容

本案例的教材内容来自沪教版《英语》一年级上册"Unit 8 Have a go!"，内容涵盖 Topic words、Song time、Story time、Small task、Mini-project（图1）。

图1　沪教版《英语》一年级上册"Unit 8 Have a go!"教材内容

(二)内容要求

参照义务教育英语课程内容中的一级标准,教师对照课程内容的六要素对本单元进行了如表1所示分析。

表1 单元内容分析

主题	本单元聚焦"人与社会"主题下"社会服务与人际沟通"主题群,围绕"同伴交往,相互尊重,友好互助"子主题内容,通过"Acting out a story"任务引导,帮助学生形成体验习得本领的喜悦,不惧困难,勇于尝试,善于鼓励他人的品质		
语篇	Song time	歌谣	了解小鸟的名字、所在位置信息及鸟妈妈指导小鸟飞翔的过程
	Story time	配图故事	讲述两只小鸟在妈妈指导、示范和鼓励下学会独立飞翔的故事
	Mini-project	微型项目	介绍鸭妈妈指导、鼓励小鸭子学会独立游泳的过程
语言知识	语音	感知并模仿说英语,体会句子的升调与降调	
	词汇	借助图片理解关于小鸟及其相关飞行动作的主题词汇 根据单词的音、形、义学习词汇,体会词汇在语境中表达的意思	
	语法	感知、体会"Fly away.""Come back.""Have a go!"的表意功能 感知、体会词句,如:hill、fly away、come back 和"flap wings …",描述小鸟学习飞行的过程	
	语篇	识别对话中的话轮转换 体会语篇中图片与文字的关系	
	语用	在语境中,能够鼓励他人,并做出恰当回应	
文化知识	通过理解故事大意并演绎故事,感悟不怕困难、勇于尝试、善于鼓励同伴的人生哲理		
语言技能	Song time	理解性技能:在听、读、看的过程中,了解歌谣中有关小鸟名字及所在位置的信息,借助图片、符号等,理解 fly away、come back 的含义 表达性技能:演唱所学歌谣,并根据图片等提示,创编歌曲,尝试吟唱表演	
	Story time	理解性技能:借助图片、图像等,理解语篇 You can do it!,在听、读、看的过程中提取、梳理主要信息 表达性技能:大声跟读音视频材料,正确朗读所学的配图故事,并在教师指导下进行简单的角色扮演	
	Mini-project	理解性技能:通过观察图片,理解四幅场景图所表达的意义 表达性技能:在语境中运用所学语言,扮演角色,表演故事	
学习策略	Study skill	积极运用所学语言鼓励他人,并做出恰当回应	

(三)语篇分析

本单元有两个主要语篇。语篇一是歌曲,描述了 Mother Blackbird 希望两只小鸟 Jack 和 Jill

能够独立飞翔,因此不断指导两只小鸟尝试飞翔。语篇二是配图故事,讲述了鸟妈妈教会两只小鸟学习飞翔的过程,其中一只顺利学会,而另一只在鼓励下,最终坚定自信,勇敢翱翔天际。

围绕单元主题意义,教师概括语篇,挖掘育人内涵。语篇一引导学生了解小鸟习飞的过程,体会飞行不易。语篇二引导学生体验习得本领的喜悦,乐于鼓励支持同伴。具体分析如表 2 所示。

表 2 单元语篇分析

语篇类型	What	Why	How
语篇一 Song time 歌曲	歌曲描述了 Mother Blackbird 希望两只小鸟 Jack 和 Jill 能够独立飞翔,因此不断指导两只小鸟尝试飞翔。	引导学生了解小鸟习飞过程,体会飞行不易。	该语篇为配图歌曲,分为两部分:先介绍两只小鸟的名称及位置,再描述鸟妈妈指导两只小鸟飞翔的过程。主要涉及词汇 blackbird 和 hill,祈使句"Fly away." "Come back."。语篇的韵律和重复性易于学生模仿与记忆。
语篇二 Story time 配图故事	故事讲述了鸟妈妈教会两只小鸟学习飞翔的过程,其中一只顺利学会,而另一只在鼓励下,最终坚定自信,勇敢翱翔天际。	引导学生体验习得本领的喜悦,乐于鼓励支持同伴。	该语篇为配图对话,分为两个部分:第一部分为两只小鸟对比写照,一只小鸟在鸟妈妈的指导下学会飞翔,而另一只小鸟缺乏自信,不敢尝试。第二部分为在妈妈和哥哥的鼓励下,另一只小鸟勇敢尝试,最终学会飞翔。该语篇结构清晰,语言生动简洁,易于学生模仿和表达。

(四)学情分析

1. 学生学习风格分析

一年级学生感知能力发展快速,活泼好动,能通过视觉、听觉、触觉等感官识别事物。这个年龄段学生的注意力持续时间较短,容易被周围的事物所吸引,分散注意力。富有趣味性和互动性的活动可以吸引学生,如游戏体验、歌曲演唱、角色扮演等,调动他们多感官的体验,激发好奇心和求知欲。

2. 学生语言能力分析

经过三个月的时间,学生能够逐步识别和模仿英语发音,并通过视听、模仿、朗读、角色扮演等形式开展语言学习活动。学生语言能力分析如表 3 所示。

表 3 学生语言能力分析

	年 级 学 期	学习内容与教学要求
已知	1A Unit 7 Animals in our lives	(1) 能运用主题词汇 animal、horse、dog、hen、bee、cat 描述不同的动物。 (2) 能运用核心句型"... give us ..." "I have a ... for ..."介绍动物同人类的互相帮助。

续 表

年级学期	学习内容与教学要求
应知 1A Unit 8 Have a go!	(1) 能运用主题词汇 bird、hill、fly away、come back、flap wings 描述小鸟的动作和学飞的过程。 (2) 能运用核心句型"Have a go!""You can do it!""Let me try ..."向他人表达鼓励。
预知 1A Unit 9 Yes, I can!	(1) 能运用主题词汇 wash、tie shoe laces、take a photo 描述自己能做的事情和简单的生活技能。 (2) 能运用核心句型"I can ...""Can you ..., please? Yes, I can."简单交流自己力所能及的生活劳动技能。

3. 学生学习能力分析

一年级学生对英语充满好奇,模仿能力强。学生乐于参与课堂活动,能注意倾听,敢于表达,能意识到自己英语学习中的不足并做出适当调整。学生能在学习活动中尝试与他人合作,共同完成学习任务。

4. 学生主题知识分析

一年级新生在学习适应、生活自理或是社交交往等方面面临许多困难,而"Have a go!"这一主题与学生的日常生活和学习经历紧密相关,学生对于"不怕困难、勇于尝试、鼓励他人"的主题意义能产生共鸣,但是学生对于自然界中小鸟如何学习飞行等相关知识较为匮乏。

二、单元整体设计

(一) 单元主题内容框架图

围绕本单元主题意义,教师建立了两个相互关联的子主题,从了解小鸟学飞的过程,体会飞行的不易,到体验习得本领的喜悦,乐于鼓励支持同伴。本单元以主题"Have a go!"为引领,以演绎故事这一任务为驱动,通过两课时的学习,引导学生体验习得本领的喜悦,感悟不畏困难,勇敢尝试的精神,乐于支持鼓励同伴。基于主题意义探究,构建单元主题框架图(图2)。

(二) 确定单元学习目标

依据单元主题框架图,确定单元学习目标如下:

知识与技能目标:学生能用降调朗读祈使句;能在语境中运用主题词汇 hill、fly away、come back、flap wings 描述小鸟学习飞行的过程;能在语境中运用核心句型"Have a go!""You can do it!""Let me try."向他人表达鼓励,并做出恰当回应;朗读"Have a go!"的语篇,获取信息,借助语篇结构扮演角色表演故事。

主题与文化目标:体验习得本领的喜悦,感悟不畏困难,勇敢尝试的精神。

思维与策略目标:学生能积极参与课堂学习活动,注意倾听,认真思考,大胆交流;通过图片观察、文本视听、角色扮演、交流问答、看图说话等形式,完成学习任务,形成理解力、观察力、分析力和综合力。

本单元的学习任务是:在鸟妈妈指导两只小鸟学习飞行的语境中,描述飞行的过程,并

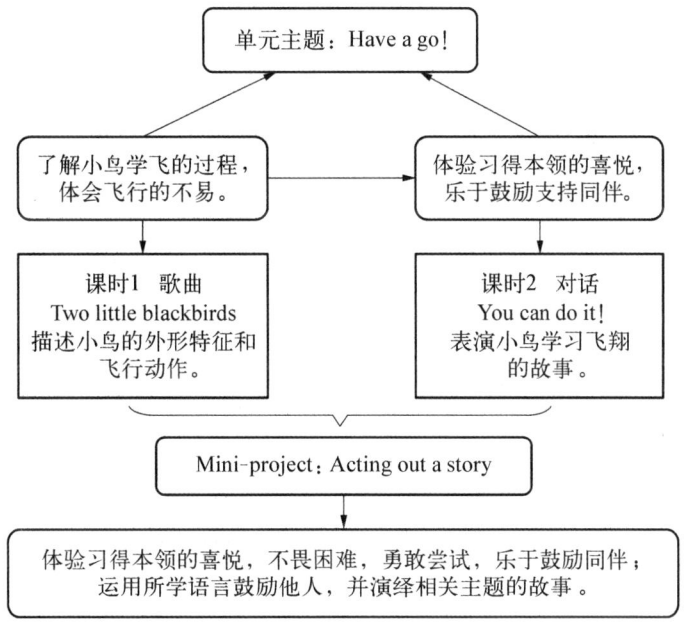

图 2 单元主题内容框架图

运用所学语言鼓励他人,演绎相关主题的故事。要求语音语调正确,内容基本达意,表达较为流利。

(三)确定分课时学习目标

依据单元学习目标和学习任务,确定单课学习目标和学习任务(表 4)。第一课时,学生了解小鸟学飞的过程,体会飞行的不易,简单介绍小鸟的外形特征和飞行动作。第二课时,学生学习感受小鸟学飞的情绪变化,体验习得本领的喜悦,乐于鼓励支持同伴。

表 4 分课时学习目标

	知 识 与 技 能	主题与文化	思维与策略	学 习 任 务
第一课时	(1)能在语境中用降调朗读祈使句。 (2)能在语境中感知、理解主题词汇 hill、fly away、come back、flap wings 的含义,并能模仿跟读。 (3)能在语境中理解并运用核心句型"fly away... come back..."描述小鸟飞行的过程。 (4)能理解并跟唱歌曲"Two little blackbirds",获取信息,并借助语篇结构,描述小鸟方位和飞行过程。	了解小鸟学飞的过程,体会飞行的不易。	(1)能积极参与课堂学习活动,注意倾听,认真思考,大胆交流。 (2)通过图片观察、交流问答、文本视听等形式,完成学习任务,形成理解力、观察力和分析力。	在鸟妈妈指导两只小鸟学习飞行的语境中,学会有关飞行过程的表达,借助语篇结构,描述小鸟学飞的过程。要求语音语调基本正确,内容基本达意,表达较为流利。

续 表

知识与技能	主题与文化	思维与策略	学习任务
第二课时	(1) 能在语境中用降调朗读陈述句和祈使句。 (2) 能在语境中运用主题词汇"flap my/your wings …"描述小鸟学飞的过程。 (3) 在语境中理解和运用句型"Have a go!""You can do it!""Let me try …"向他人表达鼓励并恰当回应。 (4) 能理解并朗读对话"Have a go!",获取信息,借助语篇结构扮演角色表演故事。	体验习得本领的喜悦,乐于鼓励支持同伴。	(1) 能积极参与课堂学习活动,注意倾听,认真思考,大胆交流。 (2) 通过图片观察、文本视听、角色扮演、交流问答、看图说话等形式,完成学习任务,形成理解力、观察力、分析力和综合力。	在两只小鸟于妈妈的引导下学习飞行的语境中,借助语篇结构,演绎相关主题故事,体会获得成功的快乐。要求语音语调正确,内容基本达意,表达较为流利。

(四) 单元学习评价设计

1. 确定评价目标

新课标指出,教师要把握教、学、评在育人过程中的不同功能,树立"教—学—评"的整体育人观念。本单元评价依据课时内容来细化,明确每颗星的评价维度,从学习兴趣、学习习惯和学业成果三个维度对学生开展较为全面的评价,从而实现"教—学—评"一体化,并制定了单元评价目标(表5)。

表5 单元评价目标

评价维度	评价内容
学习兴趣	对英语学习感兴趣、有积极性,乐于参与课堂活动。
学习习惯	(1) 口头介绍时,举止大方,声音响亮。 (2) 能认真倾听同伴与老师的交流,大胆与同伴交流。
学业成果	(1) 能了解小鸟学飞的过程。 (2) 能正确运用核心词汇、句型尝试表演鸭妈妈指导鼓励小鸭子学会独立游泳的故事。语音语调正确,内容基本达意,表达较为流利。

2. 设计评价工具

依据单元评价目标,教师设计了相应的评价工具(表6)。学习兴趣主要评价学生参与课堂学习活动的表现;学习习惯主要评价学生表达、倾听等的表现;学业成果主要评价学生能否了解小鸟学飞的过程,是否能厘清故事脉络,创编并表演故事。评价兼顾学生自评、同伴互评和教师评价。

附录 小学英语单元教学设计案例与解析

表6 单元评价工具

评价维度	观察点	等第标准（形式：星数）		评价主体	评价方式
		Good job! ☆	Great! ☆☆		
学习兴趣	参与课堂学习活动的情况。	能在同伴或老师的提醒下，参与课堂活动。	对英语学习感兴趣、有积极性，乐于参与课堂活动。	学生自评	课堂表现
学习习惯	(1) 口头表达时的仪态和音量。 (2) 倾听与交流的情况。	(1) 口头表达时，声音较轻。 (2) 能在同伴或老师的帮助下，简单回应对方。	(1) 口头介绍时，举止大方，声音响亮。 (2) 能认真倾听同伴与老师的交流，大胆与同伴交流。	同伴互评	课堂观察
学业成果	(1) 能描述小鸟学飞的过程。 (2) 能厘清故事脉络，创编并表演故事。	(1) 能简单地用 fly away、come back、flap wings 描述小鸟学习飞行的过程。 (2) 能在老师或同伴的帮助下，简单创编故事。语音语调基本正确。	(1) 能借助肢体语言用 fly away、come back、flap wings 描述小鸟学习飞行的过程。 (2) 能正确运用核心词汇、句型创编并表演故事。语音语调正确，内容基本达意，表达较为流利	学生自评 同伴互评 教师评价	倾听介绍 观察表现

3. 明确评价内容

根据单元学习目标和评价目标，教师从学习兴趣、学习习惯和学业成果三个维度设计了单元评价内容（表7）。评价内容考虑到学生的认知水平和学习特点，通过说一说、演一演等形式，以较为实际的任务激发学生的学习兴趣，引导学生感受小鸟学习飞行的不易。重点关注学生对于主题意义的理解、倾听习惯，体验习得本领的喜悦。

表7 单元评价内容

项 目	内 容
评价维度	☑ 学习兴趣 ☑ 学习习惯 ☑ 学业成果
评价内容	1. Think, sing and act Think, sing and act Two little… Two little … Sitting on a …, One named _____, One named _____. …

131

续 表

项目	内容		
评价内容	I can listen carefully.	Self-assessment	☆☆
	I know some animals can fly.	Peer-assessment	☆☆
	I can sing nicely.	Teacher's assessment	☆☆
	2. Number, say and act 		
	I like the story.	Self-assessment	☆☆
	I can act.	Peer-assessment	☆☆
	I can number, say and act nicely.	Teacher's assessment	☆☆
结果呈现	□等第　　□评语　　☑星数		

三、单课教学设计

（一）第一课时教学设计

1. 第一课时学习语篇

Two little blackbirds

Two little blackbirds sit on a hill and learn how to fly.

Two little blackbirds

Sitting on a hill,

One named Jack,

One named Jill.

Fly away, Jack.

Fly away, Jill.

Come back, Jack.

Come back, Jill.

2. 过程设计

本课时的主题是"Let's do it!"。为了让学生了解小鸟习飞的过程,体会飞行的不易,教师创设了鸟妈妈指导两只小鸟学习飞行的语境。学生在第一课时开展如下活动:感知主题语境,初步了解乌鸦的外貌—描述两只小鸟学习飞行的过程—描述其余小鸟的飞行过程—演唱歌曲,体会飞行不易。

在导入环节,教师借助问题"What can animals give us?"激活学生的已知,引导学生把对动物的已有认知与学习内容 blackbirds 建立关联,并通过声音辨析 blackbirds 和 black birds 的区别,顺势引入本课内容。

在学习理解类活动中,通过问题"How many little blackbirds do you see?"(你看到了几只小乌鸦?)"Where are they?"(它们在哪里呢?)引发学生思考,获取与主题"Two little blackbirds"的相关信息(两只小鸟的名字、特点、日常活动)。

在构建应用类活动中,通过问题"Mother Blackbird is talking. What does she say?"引领,想一想鸟妈妈会对小鸟说什么,从而帮助学生聚焦语篇主题,获取与主题相关的信息。教师通过听读文本、角色扮演等层层递进的活动,让学生理解、感知主题词汇 fly away、flap wings、come back,了解鸟妈妈指导小鸟飞行的信息。

在迁移转换类活动中,学生根据个性特点,自主选择相关内容来完成歌曲的创编及吟唱表演。教师鼓励学生通过自主演一演、唱一唱的方式内化核心语言,从而体会小鸟学习飞行的不易。

借助图片、视频、韵文、儿歌等丰富的多模态语篇,通过各类学习活动鼓励学生"沉浸式"学习,使探究主题意义的过程变得生动有趣,从而丰富学生学习体验,体现育人过程。学生在以上三类教学活动中达成本课时的学习任务:能描述小鸟的外形特征和飞行动作。

第一课时教学过程设计如表8所示。

表8 第一课时学习过程设计

学习环节	活动目标	学习内容	学习方式	活动类型	学习资源
Pre-task	通过演唱儿歌、角色扮演等形式,复习已知。	1. Greetings	1-1 Sing a song 1-2 Say and act	复习引入	音频 视频 图片
While-task	通过歌曲欣赏、看图猜测等形式,感知主题语境,初步了解乌鸦的外貌和能力,激发学习兴趣。	2. Song: Two little blackbirds.	2-1 Listen and guess 2-2 Listen and follow 2-3 Enjoy the song	学习理解	视频 图片

续　表

学习环节	活动目标	学习内容	学习方式	活动类型	学习资源
While-task	通过图片观察、听说模仿、问答交流等形式，获取信息，引导学生理解主题词的意思，梳理语篇结构，描述两只小鸟飞行的过程。	3. Two little blackbirds learn to fly.	3－1 Listen and answer 3－2 Look and say 3－3 Listen and follow	学习理解 实践体验	图片 音频 视频 板书 生活经验
	通过图片观察、听说模仿、角色扮演、歌曲演唱等形式，丰富语言输入，深入理解并描述两只小鸟飞行的过程。	4. Sing the song.	4－1 Listen and say 4－2 Listen and follow 4－3 Role reading 4－4 Try to sing	实践体验 构建运用	视频 图片 板书
Post-task	通过图片观察、合作交流等形式，获取信息，鼓励学生创编歌曲，增强对主题的记忆，激发学习兴趣和创造力。	5. Make a new song and sing.	5－1 Think and make a new song 5－2 Sing the new song	迁移转换	图片 视频 板书 生活经验
课后作业	1. Listen and read 2. Think, sing and act				

3. 板书设计（图3）

图3　第一课时板书

4. 课中练习

（1）学习任务一。

教师呈现不同颜色的鸟类（图4），学生通过观察图片并通过声音辨析 blackbirds 和 black birds 的区别，顺势引入本课内容进行整体感知。本任务是为了让学生了解圈出的两只鸟都是黑色的，但是它们属于不同的品种，左边这只叫 blackbird，中文名称是乌鸫，而右边的鸟儿颜色为黑色，属于普通鸟类。

图4　第一课时学习任务一

（2）学习任务二。

学生通过观察图片（图5），理解图片信息，培养观察能力和分析能力；听录音，并给图片排序。这个任务检查学生能否仔细观察图片、仔细聆听、识别信息，并且检测学生理解主题词和获取信息的能力，了解小鸟飞行的过程。

图5　第一课时学习任务二

（3）学习任务三。

借助 Finger play 这一动作辅助来帮助学生学习、理解核心词汇，建立音义之间的联系（图6）。本任务的目的是鼓励学生根据个性特点，自主选择相关内容来完成歌曲的创编及吟唱表演,结合语言、动作和情感等方面信息进行"沉浸式"的核心词汇的巩固,体验小鸟尝试自由飞翔的快乐。

图6 第一课时学习任务三

(二)第二课时教学设计

1. 第二课时学习语篇

You can do it!

Mother blackbirds is teaching two little blackbirds how to fly.

Mother bird:It's time to fly. I see a funny face. Look, a red nose!

Brother bird:OK.

  Sister bird:Oh, my! It's too high!

Mother bird:Flap your wings. Ready?

Brother bird:Flap my wings. Hooray!

  Sister bird:Oh, no!

Mother bird:Have a go!

Brother bird:You can do it!

  Sister bird:OK. Let me try.

  Sister bird:Hooray!

Mother bird:Good job!

2. 过程设计

第二课时主题是"You can do it!",这是一篇蕴含大道理的小故事。先延续第一课时语境,鸟妈妈指导两只小鸟学会飞行,从而引出人物 Mama Bird、Jack 和 Jill。通过问题"But how can the baby birds learn to fly?"引导学生以小组为单位讨论图片排序,在激活学生生活经验的基础上开展如下活动:模仿 little blackbirds 讲述学习飞行的过程—深入感受勇于尝试的精神,学会支持并鼓励他人—思考小马过河的故事—表演小鸭过河的故事,学会鼓励他人。

在学习理解类活动中,环节一借助问题"How is Jack? How is Jill? Why?"激活学生思维,推进故事教学,通过看图猜测、角色扮演等深度体会对比鲜明的角色情感,为学科德育做好铺垫。

在构建应用类活动中,以问题"What can Jack say? What can Jill do? How is the bird?"推进教学。引导学生进入角色,想一想对感到害怕的 Jill 说些什么,或者 Jill 会如何做,激活学生的想象。以演一演、读一读的方式练习核心句型"Have a go!""You can do it!"引导学生进一步体悟本单元的主题育人意义。

在迁移转换类活动中,给予学生不同的场景,让学生发散思维,能够尝试说出"Have a go!""You can do it!",深度检测学生是否真正理解故事所要传递的育人意义,即体验习得本领的喜悦,乐于鼓励支持同伴。

本单元为学生提供了丰富的学习资源,如音视频、原版绘本等,以各类多模态的资源提升学生的学习体验,激发学生学习英语的兴趣。在落实英语学习活动观的要求下,学生能通过自主选择课内外故事进行分组表演,达成本单元学习任务,即实现语言的有效输出,提升思维品质。第二课时过程设计如表 9 所示。

表 9 第二课时学习过程设计

学习环节	活动目标	学习内容	学习方式	活动类型	学习资源
Pre-task	通过看图说话、演唱歌曲等形式,复习有关小鸟飞行的过程。	1. Song: Two little blackbirds.	1-1 Look and say 1-2 Sing a song	复习引入	图片
While-task	通过文本视听、看图猜测、听读模仿等形式,模仿 little blackbirds 讲述学习飞行的过程。	2. Sister Bird is afraid and she can't fly.	2-1 Look and enjoy 2-2 Think and say 2-3 Listen and follow 2-4 Cut and stick the pictures 2-5 Think and say	学习理解 实践体验	图片 音频 板书 视频 学习单
	通过听读模仿、角色扮演、看图说话等形式,深入感受勇于尝试的精神,学会支持并鼓励他人。	3. Mother Bird and Brother Bird encourage Sister Bird.	3-1 Think and say 3-2 Listen and follow 3-3 Do a role-play 3-4 Listen and follow	学习理解 实践体验 构建运用	图片 板书 学习单 生活经验
	引导学生仔细观察小马过河的图片,借助语篇结构,与同伴合作对话,向他人表达鼓励。	4. Mother Horse encourages Baby Horse cross the river.	4-1 Think and say 4-2 Say and act 4-3 Look and listen 4-4 Say and act	实践体验 构建运用	图片 板书 生活经验

续　表

学习环节	活动目标	学习内容	学习方式	活动类型	学习资源
Post-task	通过小鸭子学游泳的真实情景,引导学生运用所学鼓励他人,并进行扮演展示、交流。	5. Mini-project：Acting out a story.	5－1 Listen and guess 5－2 Look and order 5－3 Work in pairs	迁移转换	视频 板书 生活经验
课后作业		1. Listen and read 2. Number, say and act			

3. 板书设计(图7)

图7　第二课时板书

4. 课中练习

(1) 学习任务一。

教师呈现小鸟学习飞行的情境(图8),引导学生关注小鸟学飞时的行为和情绪变化,然后通过课堂用语"How does Sister Bird learn to fly? Please stick in the pictures in order."引导学生借助书本材料、根据故事发展对图片进行排序。这个学习任务检测学生能否厘清故事脉络,培养其思维品质。

(2) 学习任务二。

教师呈现小马过河时遇到困难的情境(图9),引导学生观察并思考,然后呈现课堂用语"If you were Mother Horse, what would you say to Baby Horse? Please think and say."。这个学习任务检测学生能否向他人表达鼓励并恰当回应。通过演一演对话,体验习得本领的喜悦。

图 8　第二课时学习任务一

图 9　第二课时学习任务二

四、单元作业设计

（一）单元作业目标（表 10）

表 10　单元作业目标

项　目	内　　　　　容	
学习内容	1.3 朗读,2.1 核心词汇,3.1 名词,4.2.1 陈述句,5.1 记叙文	
	教材单元： 1A Unit 8 Have a go!	教材栏目： Story time、Song time、Mini-project

续 表

项目		内容
确定单元作业目标	单元学习目标	知识与技能： (1) 能用降调朗读陈述句和祈使句。 (2) 能在语境中运用主题词汇 hill、fly away、come back、flap wings 描述小鸟学习飞行的过程。 (3) 能在语境中运用核心句型"Have a go!""You can do it!""Let me try."向他人表达鼓励，并做出恰当回应。 (4) 能理解并朗读关于"Have a go!"的语篇，获取信息，借助语篇扮演角色表演故事。 主题与文化： 体验习得本领的喜悦，不畏困难，勇敢尝试，乐于鼓励同伴。 思维与策略： (1) 能积极参与课堂学习活动，注意倾听，认真思考，大胆交流。 (2) 通过图片观察、文本视听、角色扮演、交流问答、看图说话等形式，完成学习任务，形成理解力、观察力、分析力和综合力。
	单元作业目标	(1) 能用正确的语音语调朗读主题词汇和句型。 (2) 能在语境中综合运用主题词汇和句型，描述小鸟的外形以及学飞的过程。 (3) 能理解小鸟学飞的故事内容，并用正确的语音语调朗读对话。 (4) 感悟不怕困难、勇于尝试的精神，学会支持鼓励他人，并演绎相关主题的故事。

（二）单元作业内容

1. 第一课时作业内容

（1）第一课时作业内容设计属性表（表11）

表 11 第一课时作业内容设计属性表

作业项	项目	内容			
作业1	对应作业目标	单元作业目标1、2			
	作业类型	形式	☑听 □说	☑读	□写
		水平	☑记忆性 ☑理解性	□应用性	
	作业时间（分钟）	5分钟			
	完成方式	☑独立完成　□合作完成			
	提交时间	☑当天　　□___天后			

作业项	项目	内容			
作业2	对应作业目标	单元作业目标1、2、4			
	作业类型	形式	□听 ☑说	□读	□写
		水平	☑记忆性 ☑理解性	☑应用性	

续　表

作业项	项　目	内　　容
作业2	作业时间（分钟）	5分钟
	完成方式	☑独立完成　　□合作完成
	提交时间	☑当天　　　　□＿＿＿天后

（2）第一课时具体作业。

I. Listen and sing（听一听，唱一唱）

II. Think, sing and act（看图片，请选择一个你喜欢的小动物编一首歌曲，尝试唱一唱，演一演）

I can listen carefully.	Self-assessment	☆ ☆
I know some animals can fly.	Peer-assessment	☆ ☆
I can sing nicely.	Teacher's assessment	☆ ☆

2. 第二课时作业内容

（1）第二课时作业内容设计属性表（表12）。

表 12　第二课时作业内容设计属性表

作业项	项　目	内　　　容			
作业1	对应作业目标	单元作业目标1、2、3			
	作业类型	形式	☑听　□说	☑读	□写
		水平	☑记忆性	☑理解性	□应用性
	作业时间(分钟)	3分钟			
	完成方式	☑独立完成　□合作完成			
	提交时间	☑当天　□＿＿天后			

作业项	项　目	内　　　容			
作业2	对应作业目标	单元作业目标1、2、4			
	作业类型	形式	□听　☑说	□读	☑写
		水平	☑记忆性	☑理解性	☑应用性
	作业时间(分钟)	3分钟			
	完成方式	☑独立完成　□合作完成			
	提交时间	☑当天　□＿＿天后			

（2）第二课时具体作业。

I．Listen and read(听一听，读一读)

II. Number, say and act（鸭妈妈会如何指导鼓励小鸭子学会独立游泳？请你给图片排序，并尝试说一说，演一演）

I like the story.	Self-assessment	☆☆
I can act.	Peer-assessment	☆☆
I can number, say and act nicely.	Teacher's assessment	☆☆

案例5：《英语(牛津上海版)》2B Module 2 Unit 3 Animals I like
上海市闵行区平南小学　张燕

主题语境：人与自然——自然生态
语篇类型：韵文、配图对话
单元学习主题：Animals I like
单元授课时长：2课时

一、单元整体规划

（一）教材内容

本案例的教材内容来源于《英语(牛津上海版)》2B Module 2 Unit 3 Animals I like，内容由 Look and learn、Look and say、Say and act、Play a game、Listen and enjoy 和 Learn the sounds 这几部分组成(图1)。

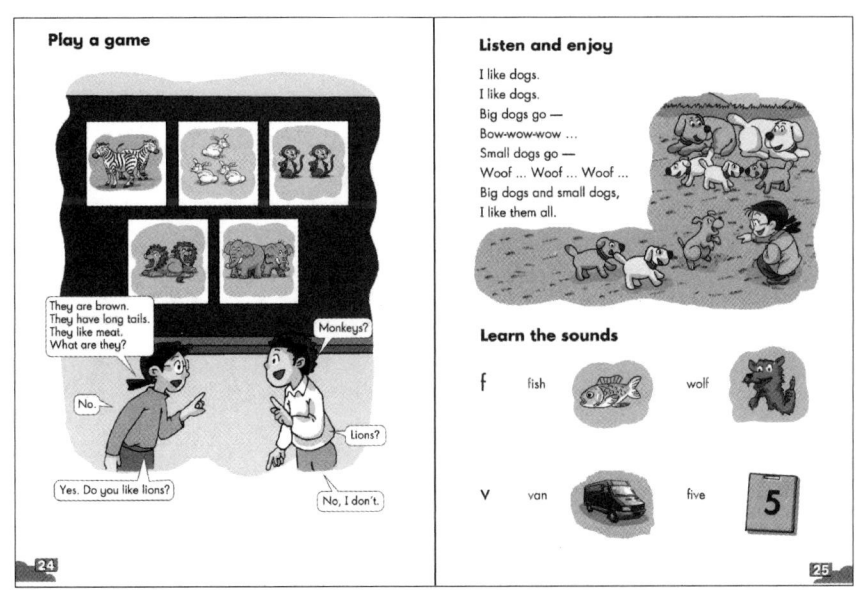

图 1 《英语(牛津上海版)》2B Module 2 Unit 3 Animals I like 教材内容

(二) 内容要求

英语课程的六要素彼此紧密相连,共同构建起核心素养培育的内容基石。依据新课标对课程内容六要素的学习要求和范围,对本单元展开如表 1 所示分析。

表 1 单元内容分析

主题	范畴	□ 人与自我　□ 人与社会　☑ 人与自然 (单元主题 Animals I like)
	主题群	自然生态
	子主题内容	常见的动物,动物的特征及生活环境
语篇	类型	☑ 连续性文本　□ 非连续性文本
语言知识	语音	感知字母 f、v 在单词中的发音 感知并模仿说英语,体会句子的升调与降调
	词汇	在语境中,借助图片理解核心词汇 giraffe、snake、elephant、zebra 的意思 根据单词的音、形、义学习词汇,体会词汇在语境中表达的意思
	语法	在语境中感知、体会核心句型"What are they? They are ..."的表意功能 围绕"Animals I like"主题,在语境中运用可数名词的复数描述动物,并进行简单交流
	语篇	识别对话中的话轮转换 体会语篇中图片与文字的关系
	语用	在"Zoo Animal Day"的语境中,围绕看到的和喜爱的动物,与他人进行得体的交流

续 表

语言技能	理解性技能	理解课堂中的简单指令并做出反应 在听、读、看的过程中有目的地提取、梳理有关动物园动物的基本信息 借助语气、语调、手势和表情等推断说话者的情绪、情感和态度 推断模态语篇中的画面、图像、声音、色彩等传达的意义
	表达性技能	在教师指导下进行简单的角色扮演 大声跟读音视频材料,正确朗读学过的韵文和对话 简单介绍自己喜爱动物的相关信息
文化知识		知晓不同国家和地区动物的简单信息
学习策略		☑ 元认知策略　☑ 认知策略　☑ 交际策略　☑ 情感管理策略

(三) 语篇分析

教师应把语篇研读当作实施有效教学设计的起始依据,围绕单元教学语篇,从主题内容维度(What)、文化意涵维度(Why)、文体结构维度(How)这三个关键方面进行剖析,以此推动教学目标的精准达成。语篇一是 Kitty 和 Ben 在动物园的对话,交流各自喜欢的动物的名称和外形等,引领学生感受不同动物的外形特征。语篇二是配图短文,Alice 和 Ben 分别介绍了自己喜欢的动物,从而激发学生对动物的喜爱之情。具体分析如表 2 所示。

表 2 单元语篇分析

语篇类型	What	Why	How
语篇一 Zoo animals I know 对话	对话在 Kitty 与 Ben 之间展开,他们交流了在参观动物园过程中所看到的各种动物的名称、外形等。	引领学生感受不同动物的外形特征。	该语篇为对话,Kitty 和 Peter 交流了他们看到的动物。主要涉及动物类词汇 giraffe、zebra、snake、elephant 和句型"What are they? They are …"。语篇结构清晰,具有重复性,易于学生模仿和记忆。
语篇二 Zoo animals I like 配图短文	Alice 和 Ben 从名称、外形特征、能力等方面描述了自己喜欢的动物,表达了自己的感受。	激发学生热爱动物之情。	该语篇为配图短文,Alice 和 Ben 分别从动物的名称、外形、能力等介绍自己喜欢的动物,表达自己的感受。该语篇架构明晰,具有重复性,其语言鲜活简洁,方便学生开展模仿与表达活动。

(四) 学情分析

1. 学生学习风格分析

二年级学生具有较强的好奇心,对新鲜事物表现出显著的兴趣倾向,在英语学习中展现出较高的积极性与参与度。该年龄段学生自主活跃,在轻松愉悦的学习环境中更易激发学习动力与潜能。然而,他们注意力的集中时间有限,更易于接受具体、直观且形象化的学习素材。

2. 学生语言能力分析

二年级学生模仿能力强,能很好地模仿录音中的语音语调,并且有了一年英语学习的基础,拥有一定的知识储备。通过梳理教材的学习内容,对学生语言能力作如表3所示分析。

表3 学生语言能力分析

	年 级 学 期	学习内容与教学要求
已知	1A M4 U1 On the farm	(1) 能运用核心词汇 chick、duck、cow、pig 介绍动物的名称。 (2) 能运用核心句型"What's this/that? It's..."交流动物的名称。
	1A M4 U2 In the zoo	(1) 能运用核心词汇 bear、tiger、monkey、panda 介绍动物的名称。 (2) 能运用核心句型"Is this/that...? Yes./No."交流动物的名称。
	1B M1 U1 Look and see	(1) 能运用核心词汇 frog、rabbit、bee、bird 介绍动物的名称。 (2) 能运用核心句型"What do you see? I see..."交流所见的动物。
	1B M1 U2 Listen and hear	(1) 能运用核心词汇 sheep、hen、dog、cat 介绍动物的名称。 (2) 能运用核心句型"What do you hear? I hear..."交流听到何种动物的声音。
应知	2A M4 U2 In the forest	(1) 能运用核心词汇 fox、hippo、meat、grass 介绍动物的名称和食性。 (2) 能运用核心句型"Look at..." "It likes..."介绍动物名称和食性。
	2B M2 U3 Animals I like	(1) 能运用核心词汇 giraffe、snake、elephant、zebra 介绍动物名称。 (2) 能运用核心句型"What are they? They are..."交流动物的名称。
预知	3A M4 U2 On the farm	(1) 能运用核心词汇 chick、hen、duck、pig、dog、cat 介绍动物名称。 (2) 能运用核心句型"What are they? They are..." "How many...?"交流动物的名称及数量。
	3B M2 U1 Animals	(1) 能运用核心词汇 tiger、lion、panda、monkey 介绍动物的名称。 (2) 能运用核心句型"Do you like...? Yes, I do./No, I don't."交流对动物的喜好。
	4B M2 U2 Cute animals	(1) 能运用核心词汇 parrot、fish、tortoise、bone、cat food、dog food 介绍动物的名称和食性。 (2) 能运用核心句型"What does...(do)?" "...(does)..."交流动物的食性。
	5B M1 U2 Watch it grow	(1) 能运用核心词汇 caterpillar、butterfly、chick、chicken、duckling、duck、puppy、dog 介绍动物的成长过程。 (2) 能运用核心句型"... was/were..."介绍动物的成长过程。

3. 学生学习能力分析

二年级学生处于英语学习启蒙阶段,听力与模仿能力较强,能快速跟读简单词汇和语句。教师的课堂用语和肢体语言能引导学生听懂简单的课堂指令；教师需要用积极正面的评价去鼓励他们，激发他们的学习兴趣和动力，帮助他们建立积极的学习态度。

4. 学生主题知识分析

动物是学生们熟悉的主题。动物园游览等直观的生活经验，为他们构建了一定的单元主题认知基础。绝大部分学生对动物园动物的外形比较熟悉，但用英语表述尚有困难，也尚未从内心真正形成对动物的喜爱之情。

二、单元整体设计

（一）单元主题内容框架图

在对本单元内容予以剖析并对语篇内容展开精细研读之后，教师精心设计了契合单元教学的主题内容框架图（图2）。本单元以主题 Animals I like 为引领，以任务 Introduce zoo animals I like 为驱动，通过两课时的学习，引领学生感受动物的不同外形，激发对动物的喜爱之情。

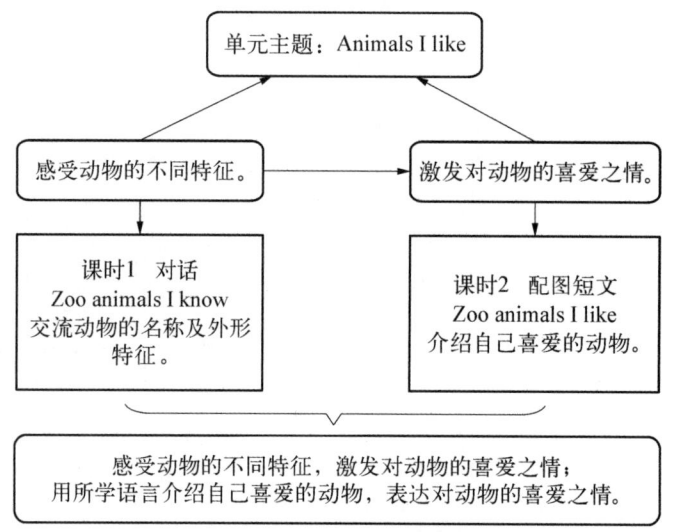

图 2 单元主题内容框架图

（二）确定单元学习目标

依据单元主题内容框架图，确定单元学习目标如下：

知识与技能目标：能认读字母 f 和 v，并能正确朗读含有字母 f 和 v 的单词；能在语境中运用核心词汇 giraffe、snake、elephant、zebra 介绍动物的名称，知晓其复数表达；能在语境中运用核心句型"What are they? They are . . ."交流动物的名称；能理解并朗读关于"Animals I like"的语篇，获取信息，梳理语篇结构，介绍自己喜爱的动物。

主题与文化目标：学生感受动物的不同特征，萌发对动物的喜爱之情。

思维与策略目标：学生能积极参与课堂学习活动，注意倾听，认真思考，大胆交流；通过图片观察、文本视听、角色扮演、交流问答、看图说话等形式，完成学习任务，形成理解力、观察力、分析力和综合力。

本单元的学习任务是：在参观动物园的语境中，感受动物的不同特征，并能借助思维导图，从动物名称、外形特征、能力和感受等方面有条理地介绍自己喜爱的动物，萌发对动物的喜爱之情。要求语音语调正确，内容达意，表达流利。

（三）确定分课时学习目标

依据单元学习目标，确定单课学习目标和学习任务（表4）。第一课时，学生学习如何交流自己看到的动物，简单介绍动物的名称和外形等。第二课时，学生学习如何有条理地从名称、外形、能力等方面介绍自己喜欢的动物，从而感受动物不同的外形特征，激发对动物的喜爱之情。

表4　分课时学习目标

	知识与技能	主题与文化	思维与策略	学习任务
第一课时	(1) 能认读字母 f 和 v，并能正确跟读含有字母 f 和 v 的单词。 (2) 能在语境中理解并尝试运用核心词汇 giraffe、snake、elephant、zebra 交流动物的名称，初步感知其复数表达。 (3) 能在语境中理解并尝试运用核心句型"What are they? They are …"交流动物的名称。 (4) 能理解并朗读语篇"Zoo animals I know"，获取信息，并借助语篇结构，交流自己了解的动物。	感受动物的不同特征。	(1) 能积极参与课堂学习活动，注意倾听，认真思考，大胆交流。 (2) 通过图片观察、交流问答、文本视听等形式，完成学习任务，形成理解力、观察力和分析力。	在参观动物园的语境中，感受动物的不同特征，并能借助动物拼图和语篇结构，交流动物的名称及外形特征。要求语音语调基本正确，内容基本达意，表达较流利。
第二课时	(1) 能正确朗读含有字母 f 和 v 的单词。 (2) 能在语境中运用核心词汇 giraffe、snake、elephant、zebra 介绍动物的名称，知晓其复数表达。 (3) 能在语境中运用核心句型"What are they? They are …"交流动物的名称。 (4) 能理解并朗读语篇"Zoo animals I like"，获取信息，并借助语篇结构，介绍自己喜爱的动物。	激发对动物的喜爱之情。	(1) 能积极参与课堂学习活动，注意倾听，认真思考，大胆交流。 (2) 通过图片观察、文本视听、角色扮演、交流问答、看图说话等形式，完成学习任务，形成理解力、观察力、分析力和综合力。	在"Animal Talk Show"的语境中，能借助思维导图，从动物名称、外形特征、能力和感受等方面有条理地介绍自己喜爱的动物，萌发对动物的喜爱之情。要求语音语调正确，内容达意，表达流利。

（四）单元学习评价设计

1. 确定评价目标

新课标提出，教师需明确教、学、评不同的育人作用，确立"教—学—评"整体育人观，使三者协同助力学生发展。教师依据单元学习目标，制定了单元评价目标（表5），从学习兴趣、学习习惯以及学业成果三个维度评价学生本单元的学习情况。单元学习评价以激励为导向,聚焦于学生在课堂中的参与度与完成度,激励学生树立自信,勇于表达。

表5 单元评价目标

评价维度	评 价 内 容
学习兴趣	对英语学习感兴趣、有积极性,乐于参与课堂活动。
学习习惯	(1)口头介绍时,举止大方,声音响亮。 (2)能认真倾听同伴与老师的交流,大胆与同伴交流。
学业成果	能借助思维导图,正确运用核心词汇、句型介绍自己喜欢的动物园动物。语音语调正确,内容基本达意,表达较为流利。

2. 设计评价工具

依据单元评价目标,教师设计了相应的评价工具(表6)。学习兴趣主要评价学生参与课堂学习活动的表现;学习习惯主要评价学生倾听、表达等的表现;学业成果主要评价学生能否借助思维导图,有条理地介绍自己喜欢的动物园动物,做到语音语调正确,内容基本达意,表达较为流利。评价兼顾学生自评、同伴互评和教师评价。

表6 单元评价工具

评价维度	观 察 点	等第标准(形式:星星)		评价主体	评价方式
		Good! ☆	Excellent! ☆☆		
学习兴趣	参与课堂学习活动的情况。	能在同伴或老师的提醒下,参与课堂活动。	对英语学习感兴趣、有积极性,乐于参与课堂活动。	学生自评	课堂表现
学习习惯	(1)口头表达时的仪态和音量。 (2)倾听与交流的情况。	(1)口头表达时,声音较轻。 (2)能在同伴或老师的帮助下,简单回应对方。	(1)口头介绍时,举止大方,声音响亮。 (2)能认真倾听同伴与老师的交流,大胆与同伴交流。	同伴互评	课堂观察
学业成果	口头介绍自己喜欢的动物园动物。	能在老师或同伴的帮助下,简单介绍自己喜欢的动物园动物。语音语调基本正确。	能正确运用核心词汇、句型介绍自己喜欢的动物园动物。语音语调正确,内容基本达意,表达较为流利。	学生自评 同伴互评 教师评价	倾听介绍观察表现

3. 明确评价内容

根据单元学习目标和评价目标,教师从学习兴趣、学习习惯和学业成果三个维度设计了单元评价内容(表7)。评价内容考虑到学生的认知水平和学习特点,通过画一画、说一说等形式,以喜闻乐见的方式激发学生的学习兴趣,激发他们对动物的热爱之情。重点关注学生对主题意义的理解、倾听习惯、口头表达。

表7 单元评价内容

项目	内容		
评价维度	☑ 学习兴趣　　☑ 学习习惯　　☑ 学业成果		
评价内容	1. Play and talk 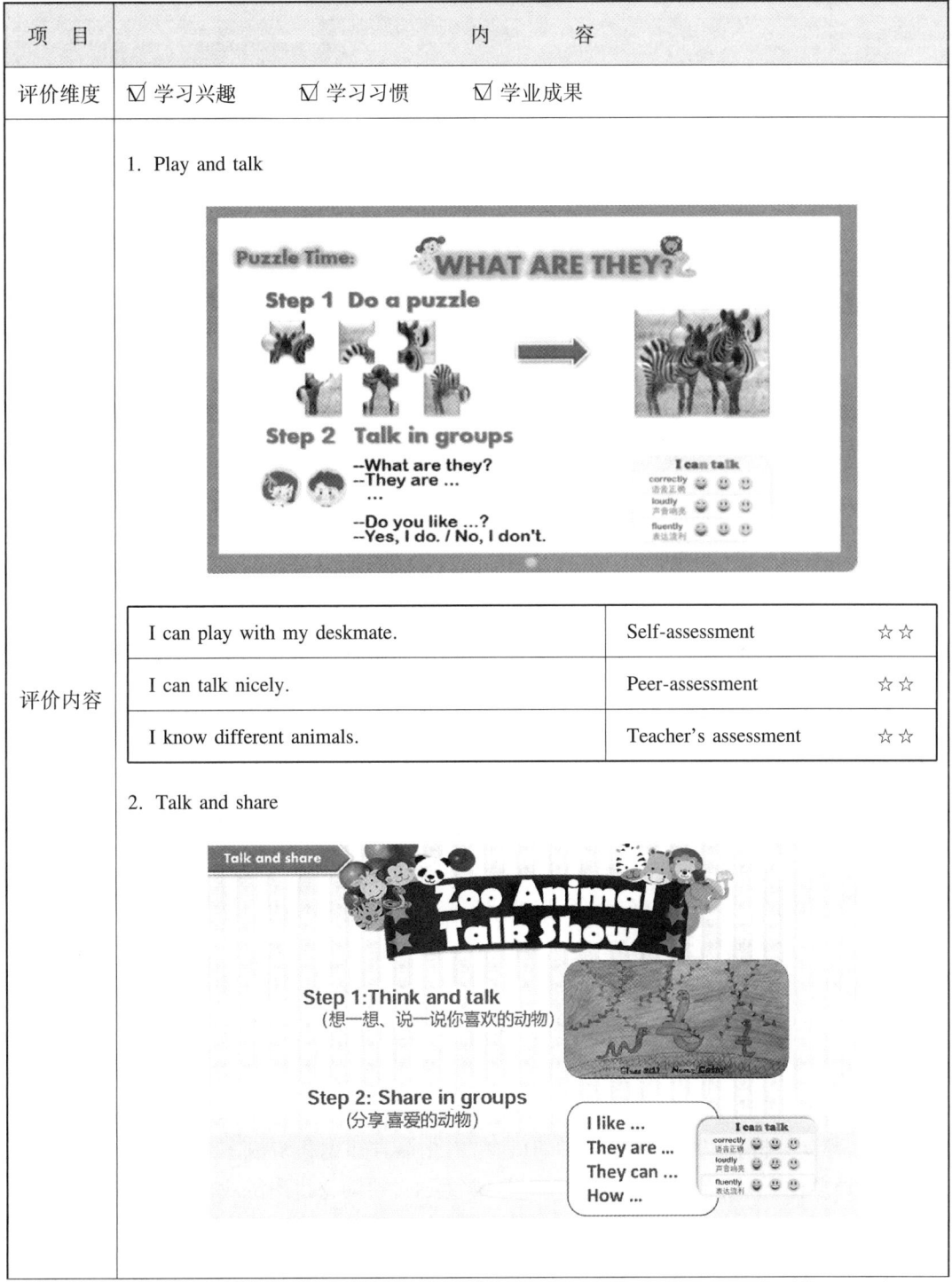		
	I can play with my deskmate.	Self-assessment	☆ ☆
	I can talk nicely.	Peer-assessment	☆ ☆
	I know different animals.	Teacher's assessment	☆ ☆
	2. Talk and share		

续　表

项　目	内　　容			
评价内容	I can talk nicely.	Self-assessment		☆ ☆
	I can share with my group.	Peer-assessment		☆ ☆
	I can introduce the animal I like.	Teacher's assessment		☆ ☆
结果呈现	□等第　　　□评语　　　☑星数			

三、单课教学设计

（一）第一课时教学设计

1. 第一课时学习语篇

Zoo animals I know

Kitty and Ben go to see animals at Rainbow Zoo.

Kitty：What are they?

Ben：They are zebras. They are black and white. They are nice.

Kitty：Do you like zebras?

Ben：Yes, I do.

Kitty：What are they?

Ben：They are giraffes. They are yellow and brown. They are very tall.

Kitty：Do you like giraffes?

Ben：No, I don't.

2. 过程设计

第一课时的主题为"Zoo animals I know"，教师创设了Kitty和Ben参观彩虹动物园这样一个真实的语境。在学习过程中，教师带领学生交流自己看到的动物，使学生能和同伴交流自己熟悉的动物的名称、外形等，表达自己的感受，感受动物的多样性。

在课堂教学过程设计时，教师践行学习活动观，让学生在各类活动中了解不同动物的名称和外形等，在表达的过程中感受动物世界的多样性，丰富学生的体验，促进学生核心素养的发展。在学习理解类活动中，学生观看有关斑马和长颈鹿的视频，提取有关斑马和长颈鹿外形的信息，模仿表达对斑马和长颈鹿外形的认识及感受。在应用实践类活动中，学生通过观察图片，判断分析有关蛇和大象外形的信息，内化语言知识和结构，尝试和同伴交流动物的名称和外形特征等。在迁移转换类活动中，学生通过拼动物拼图游戏，自主交流自己拼图上的动物，用所学的核心语言从名称、外形等方面描述并表达自己对动物的感受。学生在发展语言能力的同时，感知动物世界的多样性。

在此过程中,教师通过引入动物视频、音频、对话等多模态语篇,为学生提供跨学科知识,不仅丰富了他们的学习体验,还提升了他们的学习能力,有效促进了学生核心素养的养成与发展。第一课时教学过程设计如表8所示。

表8　第一课时学习过程设计

学习环节	活动目标	学习内容	学习方式	活动类型	学习资源
Pre-task	通过视频欣赏、看图说话等形式,感知与注意主题情境。	1. There are different kinds of animals in the world.	1-1 Watch and enjoy 1-2 Look and say	学习理解	视频图片
While-task	通过听读模仿等形式,认读字母 f 和 v,并跟读含有字母 f 和 v 的单词。	2. Children go to the Rainbow Zoo.	2-1 Look and learn 2-2 Look and listen	学习理解	音频图片
	通过观察图片、听说模仿、问答交流等形式,获取、分析并识别有关斑马的信息。梳理语篇结构,模仿表达。	3. Ben likes zebras.	3-1 Listen and follow 3-2 Listen and say 3-3 Listen and watch 3-4 Think and choose 3-5 Listen and read 3-6 Look and say	学习理解 实践体验	图片 音频 视频 板书 自然知识
	通过文本视听、问答交流、视频欣赏等形式,获取、分析并判断有关长颈鹿的信息,内化并巩固语言知识。	4. Ben doesn't like giraffes.	4-1 Listen and follow 4-2 Listen and sing 4-3 Watch and enjoy 4-4 Think and choose 4-5 Look and say 4-6 Try to talk	学习理解 实践体验	图片 音频 视频 板书 自然知识
	通过观察图片、合作交流等形式,获取、分析并比较有关蛇和大象的信息,扮演角色,表演对话。	5. Kitty and Ben talk about snakes and elephants.	5-1 Listen and circle 5-2 Think and say 5-3 Look and read	实践体验 构建运用	图片 音频 板书 学习单
Post-task	借助动物拼图和语篇结构,交流动物的名称及外形特征。	6. Talk about zoo animals I know.	6-1 Play and talk 6-2 Watch and enjoy	迁移转换	图片 视频 板书 音频 自然知识
课后作业	1. Listen and read 2. Look and say 3. Draw and colour				

3. 板书设计(图3)

图3 第一课时板书

4. 课中练习

(1) 学习任务一。

学生观看斑马视频(图4),从视频中提取信息,感知斑马的外形特征,对主题意义有初步的体验。图片和视频能直观地帮助学生建立语言和意义的联系。

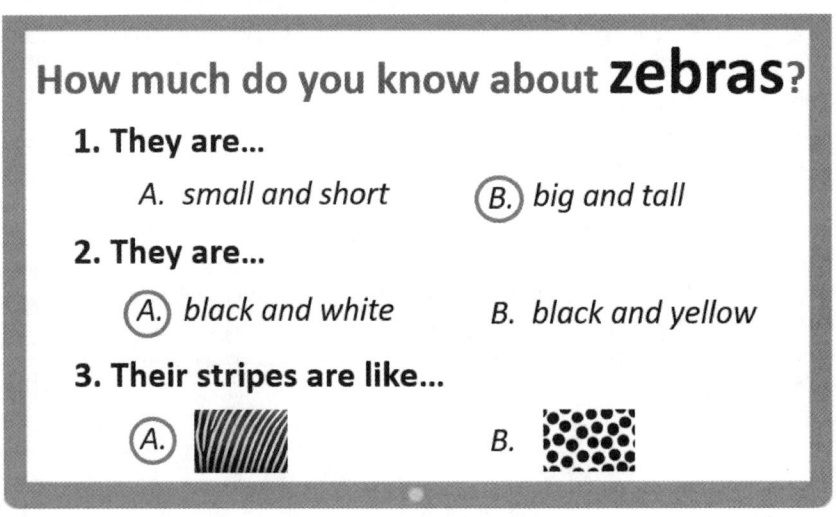

图4 第一课时学习任务一

(2) 学习任务二。

学生通过观看视频(图5),提取有关蛇和大象的外形的信息,然后和同伴进行对话交流,表达自己的感受。这个活动旨在让学生通过构建语言框架,实现语言输出,从而进一步体会本课时的主题意义。

图 5　第一课时学习任务二

（3）学习任务三。

学生通过和同伴玩拼图游戏,借助板书和拼图上的信息,和同伴一起交流拼图上的动物（图 6）。这个任务旨在检测学生是否能够运用所学语言进行迁移,完成其他语境下的语用输出交流,同时也让学生进一步体会主题意义,感受动物种类的多样性。

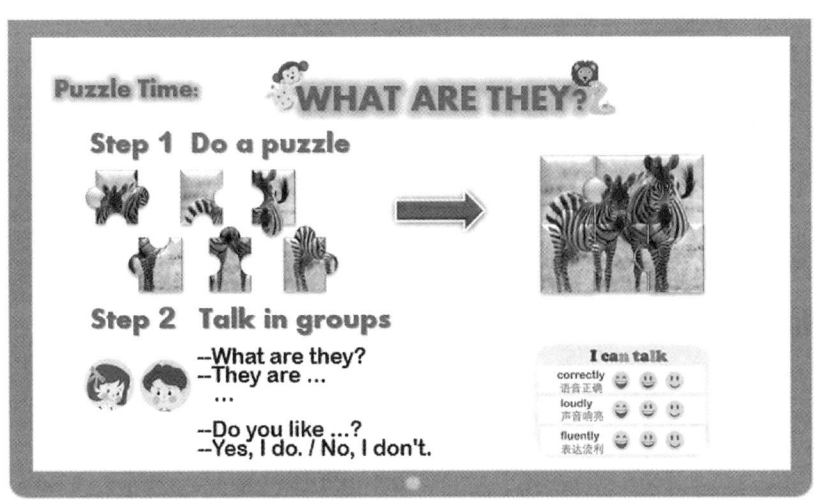

图 6　第一课时学习任务三

（二）第二课时教学设计

1. 第二课时学习语篇

Zoo animals I like

The children are talking about their favourite animals in the toy shop.

Alice：I like giraffes.

They are yellow and brown.

They are very tall.

They can run very fast.

They can eat leaves on tall trees.

How super!

2. 过程设计

第二课时的主题为"Zoo animals I like",延续了第一课时在彩虹动物园参观的语境,教师设计了在动物园举办"Zoo animal Talk Show"的活动,引导学生完成从名称、外形、能力等方面有条理地介绍自己喜欢的动物园动物的学习任务,从而激发他们对动物的热爱之情。

本课时在学习理解类活动中,学生通过文本视听、角色扮演、观看图片视频等形式提取信息,知晓喜欢动物的理由;在应用实践类活动中,通过板书框架的帮助,学生通过扮演角色对不同动物进行描述,感受动物之趣。在迁移转换类活动中,借助上一个课时的作业,学生画一画自己喜欢的动物,并在小组中相互交流,有条理地介绍自己喜欢的动物,感受动物世界的多样性,激发对动物的热爱之情。

对于本课时,教师采取了丰富多样、步骤清晰的教学组织形式,提升了学习活动的有效性,激发了学生的学习兴趣,提高了学生的课堂参与度,从而促进了学生核心素养的发展。第二课时过程设计如表9所示。

表9　第二课时学习过程设计

学习环节	活动目标	学习内容	学习方式	活动类型	学习资源
Pre-task	通过看图说话等形式,简单交流所见的动物,识别有关动物的图片。	1. Animals in the zoo.	1－1 Watch and enjoy 1－2 Talk and share 1－3 Look and say	复习引入	图片 作业单
While-task	通过看图问答等形式,朗读含有字母f和v的单词。	2. Kitty sees some toy animals in the toy shop.	2－1 Look and read 2－2 Look and say	学习理解	音频 图片
While-task	通过听读文本、猜测思考等形式,获取并分析Kitty与Ben对话中的信息,感受动物的不同特征。	3. Kitty likes dogs and lions.	3－1 Listen and enjoy 3－2 Listen and read 3－3 Play a game 3－4 Read and think	学习理解	图片 音频 自然知识
While-task	通过视听对话、问答交流等形式,获取信息,了解Tom喜爱动物的理由。	4. Tom wants to buy the toy pig.	4－1 Listen and think 4－2 Think and answer 4－3 Look and read	学习理解 实践体验	图片 音频 板书 自然知识

续 表

学习环节	活动目标	学习内容	学习方式	活动类型	学习资源
While-task	通过文本视听、问答交流、视频欣赏等形式，了解 Alice 喜爱动物的理由，识别、分析并归纳相关信息，梳理语篇结构，形成思维导图。	5. Alice likes giraffes.	5-1 Listen and say 5-2 Watch and enjoy 5-3 Look and say	学习理解 实践体验	音频 视频 图片 板书 自然知识
	通过图片观察，分析推测 Ben 喜爱动物的理由。借助思维导图，扮演 Ben，尝试有条理地介绍他喜爱的动物。	6. Ben likes elephants.	6-1 Think and say 6-2 Discuss and say	实践体验 构建运用	音频 图片 板书 自然知识
Post-task	借助思维导图，从动物名称、外形特征、能力和感受等方面有条理地介绍自己喜爱的动物。	7. Introduce zoo animals I like.	7-1 Watch and enjoy 7-2 Talk and share	迁移转换	板书 学习单 自然知识
课后作业	1. Read and circle 2. Think and talk				

3. 板书设计（图7）

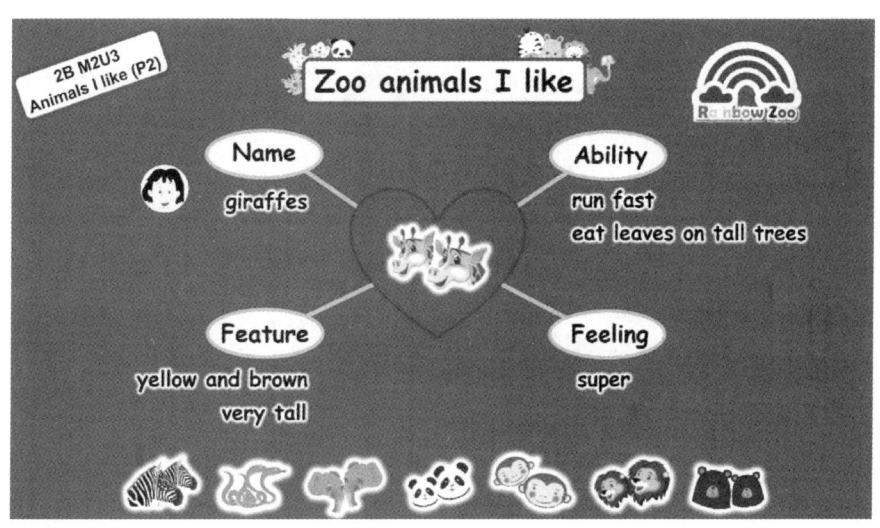

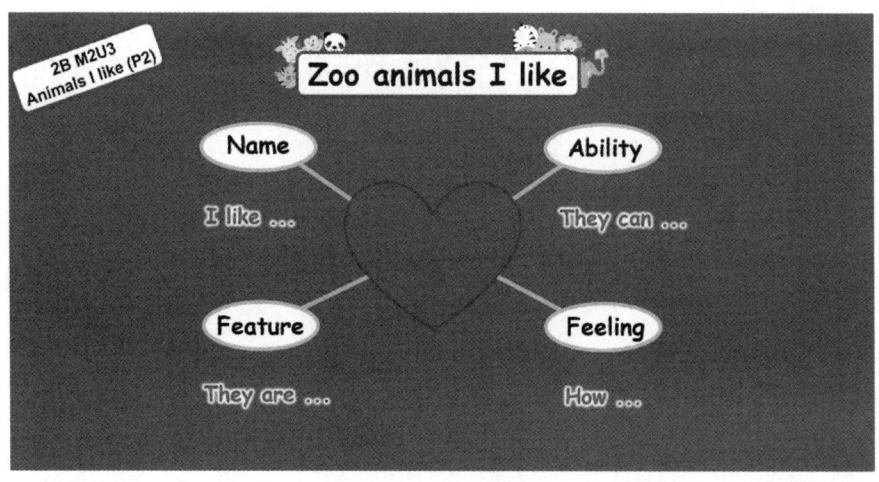

图 7　第二课时板书

4. 课中练习

（1）学习任务一。

学生借助语言框架和板书内容（图 8），完成模仿表达，扮演 Alice 介绍自己喜欢的动物。本任务检测学生看图片获取、识别信息的能力，整合语言的能力，让学生在活动中体会到动物外形的可爱，能力的强大，感受动物之趣，从而萌发对动物的喜爱之情。

图 8　第二课时学习任务一

（2）学习任务二。

学生通过观看视频（图 9），讨论大象会做的事情，然后扮演 Ben 说一说自己为什么喜欢大象,进一步构建语用框架,内化语言知识,输出语言,尝试表达。与此同时,学生体会到动物拥有的能力,感受动物世界的神奇,激发对动物的热爱。

图9　第二课时学习任务二

(3) 学习任务三。

学生通过课前准备,画一画自己喜欢的动物,然后课上从名称、外形、能力等方面描述自己喜欢的动物,和同伴进行交流(图10)。通过这个活动,学生发展了语言能力,提高了学习能力,更重要的是对动物有了更深刻的认识,感受到了动物的多样性,激发了对动物的热爱之情。

图10　第二课时学习任务三

四、单元作业设计

(一) 单元作业目标(表10)

表10 单元作业目标

项 目		内 容
学习内容		1.1 读音规则,1.3 朗读,2.1 核心词汇,3.1 名词,4.1 特殊疑问句,5.1 记叙文
	教材单元： M2 U3 Animals I like	教材栏目： Look and learn, Look and say, Learn the sounds
确定单元作业目标	单元学习目标	知识与技能： (1) 能认读字母 f 和 v,并能正确朗读含有字母 f 和 v 的单词。 (2) 能在语境中运用核心词汇 giraffe、snake、elephant、zebra 介绍动物的名称,知晓其复数表达。 (3) 能在语境中运用核心句型"What are they? They are . . ."交流动物的名称。 (4) 能理解并朗读关于"Animals I like"的语篇,获取信息,梳理语篇结构,介绍自己喜爱的动物。 主题与文化： 感受动物的不同特征,激发对动物的喜爱之情。 思维与策略： (1) 能积极参与课堂学习活动,注意倾听,认真思考,大胆交流。 (2) 通过图片观察、文本视听、角色扮演、交流问答、看图说话等形式,完成学习任务,形成理解力、观察力、分析力和综合力。
	单元作业目标	(1) 能认读字母 f 和 v,并能正确朗读含有字母 f 和 v 的单词。 (2) 能在语境中正确运用核心词汇和句型交流动物的名称。 (3) 能理解并朗读语篇,分析、识别相关信息,感受动物的不同特征。 (4) 能根据语篇结构,以口头方式有条理地介绍自己喜爱的动物,激发对动物的喜爱之情。

(二) 单元作业内容

1. 第一课时作业内容

(1) 第一课时作业内容设计属性表(表11)。

表11 第一课时作业内容设计属性表

作业项	项 目	内 容			
作业1	对应作业目标	单元作业目标1、2			
	作业类型	形式	☑听	□说	☑读	□写
		水平	☑记忆性	☑理解性	□应用性	

作业项	项 目	内 容						
作业1	作业时间（分钟）	2分钟						
	完成方式	☑独立完成　□合作完成						
	提交时间	☑当天　□____天后						

作业项	项 目	内 容						
作业2	对应作业目标	单元作业目标2、3						
	作业类型	形式	□听	☑说		□读		□写
		水平	☑记忆性		☑理解性		☑应用性	
	作业时间（分钟）	5分钟						
	完成方式	☑独立完成　□合作完成						
	提交时间	☑当天　□____天后						

作业项	项 目	内 容						
作业3	对应作业目标	单元作业目标4						
	作业类型	形式	□听	□说		□读		☑写
		水平	☑记忆性		☑理解性		☑应用性	
	作业时间（分钟）	5分钟						
	完成方式	☑独立完成　□合作完成						
	提交时间	☑当天　□____天后						

（2）第一课时具体作业。

I. Listen and read（听一听，读一读）

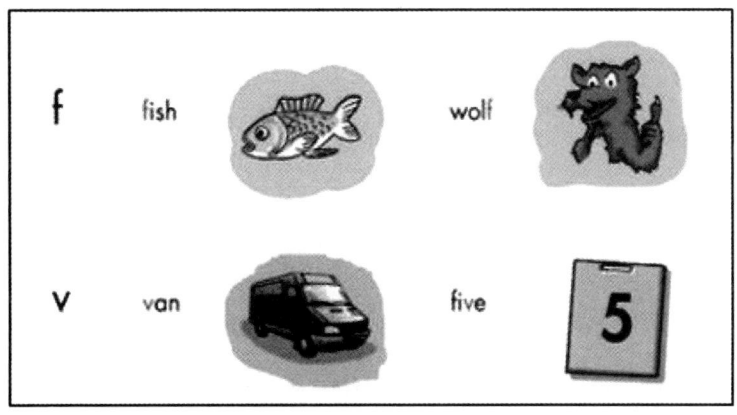

II. Look and say（看一看，说一说）

I can say fluently.	Self-assessment	☆ ☆
I can say nicely.	Peer-assessment	☆ ☆
I know animals are different.	Teacher's assessment	☆ ☆

III. Draw and colour（画一画你最喜欢的一种动物）

Class _____   Name _____

I can draw the animal.	Self-assessment	☆☆
I can colour nicely.	Peer-assessment	☆☆
I know animals are different.	Teacher's assessment	☆☆

2. 第二课时作业内容

(1) 第二课时作业内容设计属性表(表12)。

表12　第二课时作业内容设计属性表

作业项	项　目	内　　容			
作业1	对应作业目标	单元作业目标1			
	作业类型	形式	□听	□说	☑读	□写
		水平	□记忆性	☑理解性	☑应用性	
	作业时间(分钟)	2分钟			
	完成方式	☑独立完成　□合作完成			
	提交时间	☑当天　□＿＿＿天后			

作业项	项　目	内　　容			
作业2	对应作业目标	单元作业目标2、4			
	作业类型	形式	□听	☑说	□读	□写
		水平	□记忆性	☑理解性	☑应用性	
	作业时间(分钟)	3分钟			
	完成方式	☑独立完成　□合作完成			
	提交时间	☑当天　□＿＿＿天后			

(2) 第二课时具体作业。

I. Read and circle(读一读,圈出含有字母 f 和 v 的单词)

 I see fish! There are four.
I see a wolf, on the shelf.

 I see monkeys. There are five.
Drive the vans, very cool.

II. Think and talk（想一想，根据提示说一说你喜欢的动物）

I like …
They are …
They can …
How …

I can say fluently.	Self-assessment	☆ ☆
I can say nicely.	Peer-assessment	☆ ☆
I know animals are different.	Teacher's assessment	☆ ☆

案例6:《英语(牛津上海版)》2B Module 3 Unit 3 My clothes

上海市闵行区平南小学 华燕雯

主题语境:人与自然——服装着装
语篇类型:韵文、配图对话、配图故事
单元学习主题:My clothes
单元授课时长:2课时

一、单元整体规划

(一)教材内容

本案例的教材内容来自《英语(牛津上海版)》2B Module 3 Unit 3 My clothes,内容涵盖 Look and learn、Look and say、Play a game、Enjoy a story、Listen and enjoy、Learn the sounds (图1)。

图1 《英语(牛津上海版)》2B Module 3 Unit 3 My clothes 教材内容

(二) 内容要求

参照义务教育英语课程内容中的一级标准,围绕六要素,对本单元进行了如表1所示分析。

表1 单元内容分析

主题	范畴	□ 人与自我　□ 人与社会　☑ 人与自然 (单元主题 My clothes)
	主题群	服装着装
	子主题内容	常见的服装,服装的正确穿搭
语篇	类型	☑ 连续性文本　☑ 非连续性文本
语言知识	语音	感知字母 l、r 在单词中的发音 感知并模仿说英语,体会句子的升调与降调
	词汇	在语境中借助图片理解核心词汇 trousers、sweater、shirt、coat 的意思 根据单词的音、形、义学习词汇,体会词汇在语境中表达的意思
	语法	在语境中感知、体会核心句型"I have..."的表意功能 围绕"Clothes I have"主题,在谈论四季的天气的语境中描述自己的穿着,并进行简单交流
	语篇	识别对话中的话轮转换 体会语篇中图片与文字的关系
	语用	在"Clothes show"的语境中,围绕自己四季穿着的服装,与他人进行得体的交流

续 表

语言技能	理解性技能	在听、读、看的过程中有目的地提取、梳理信息 借助语气、语调、手势和表情等推断说话者的情绪、情感和态度 大声跟读音视频材料,正确朗读学过的对话和文段
	表达性技能	在教师指导下进行简单的角色扮演 简单介绍自己穿着服装的相关信息
文化知识		根据不同的季节和气候特征选择合适的服装
学习策略		☑ 元认知策略　☑ 认知策略　☑ 交际策略　☑ 情感管理策略

(三) 语篇分析

本单元共有三个语篇,教师从主题内容(What)、文化意涵(Why)、文本结构(How)三个方面对本单元主要教学语篇进行分析说明。语篇一是配图对话,对话交流了 Kitty、Alice、Tom、Ben 在不同的季节穿着不同的服装。语篇二是配图故事,讲述了天气寒冷,Kitty 借给 Alice 一件毛衣用来保暖,然后 Alice 和 Kitty 一起给 Sam 也穿上了毛衣的故事。语篇三是韵文,讲述了 Alice 和 Kitty 一起上学,Alice 关门时不小心夹到了 Kitty 的裙子的故事。具体分析如表 2 所示。

表 2　单元语篇分析

语篇类型	What	Why	How
语篇一 Look and say 配图对话	对话交流了 Kitty、Alice、Tom、Ben 在不同的季节穿着不同的服装。	引导学生认识不同服装的名称,思考不同季节的穿着区别。	该语篇为配图对话,分为四个部分,分别描述了四位主人公在四季中依据春季的温暖、夏季的炎热、秋季的凉爽以及冬季的寒冷选择四种不同的着装搭配。主要涉及简单句"I have a ... for ...",语篇结构清晰,联系学生实际生活,易于理解,便于模仿。
语篇二 Enjoy a story 配图故事	讲述了天气寒冷,Kitty 借给 Alice 一件毛衣用来保暖,然后 Alice 和 Kitty 一起给 Sam 也穿上了毛衣的故事。	引导学生知道服装在日常生活中的重要性。	该语篇为配图故事,分为两部分:第一部分是 Alice 穿错了衣服觉得非常寒冷,Kitty 借了一件暖和的毛衣给她;第二部分是 Kitty 和 Alice 帮助在寒风中的小狗 Sam,为它穿上了温暖的毛衣。该语篇语言生动有趣,符合学生的年龄特征,易于学生模仿和表演。
语篇三 Listen and enjoy 韵文	韵文讲述了 Alice 和 Kitty 一起上学,Alice 关门时不小心夹到了 Kitty 的裙子的故事。	引导学生了解生活中不同服装的特征。	该语篇为韵文,分为两部分:第一部分中 Kitty 和 Alice 穿着漂亮的短裙一起开心地去上学;第二部分中,Alice 不小心夹到了 Kitty 新买的短裙,感到非常抱歉。本语篇结构清晰,内容风趣活泼,配合韵律易于模仿和记忆。

（四）学情分析

1. 学生学习风格分析

二年级学生形象思维活跃，对色彩鲜艳、形象可爱的图片、动画等视觉资料兴趣浓厚，能借此快速理解知识。他们具备基础的学习能力，好动、爱玩，喜欢在游戏、歌曲、角色扮演等活动中学习，在欢快的英语儿歌里能轻松记住词汇与简单句型，在模仿角色对话中能提升口语表达，游戏化学习能让他们保持较高的学习热情与参与度。

2. 学生语言能力分析

二年级学生英语语言能力处于起步阶段，能掌握基础词汇，也可进行简单的日常问候与表达喜好。听力方面，能听懂语速较慢、指令明确的语句；口语方面，能用简短语句回应，但语法运用较为基础，句子结构较简单。通过梳理教材的学习内容，对学生语言能力作如表3所示分析。

表3 学生语言能力分析

	年级学期	学习内容与教学要求
已知	1B M3 U3 Clothes	(1) 能运用主题词汇 T-shirt、dress、shorts、blouse 介绍服装的名称。 (2) 能运用核心句型"I need ..."交流自己需要的服装。
应知	2B M3 U3 My clothes	(1) 能运用主题词汇 trousers、sweater、shirt、coat 介绍服装名称。 (2) 能运用句型"What do you have for spring/summer/autumn/winter?"询问四季所穿服装并用"I have ..."进行回答。
预知	3B M2 U3 Clothes	(1) 能运用主题词汇 hat、scarf、jacket、a pair of gloves、a pair of socks、a pair of shoes 介绍服装名称。 (2) 能运用核心句型"What are these/those? They're ..."交流服装信息。
	4A M2 U3 I have a friend	(1) 能运用主题词汇 coat、shirt、blouse、T-shirt、skirt、sweater、jeans、shorts 介绍服装名称。 (2) 能运用核心句型"He/She has ..."交流服装信息。
	5A M3 U2 Buying new clothes	(1) 能运用主题词汇 button、zip、pocket 介绍服装。 (2) 能运用核心句型"Which ... do you like, the ... one or the ... one? I like the ... one"交流喜欢的服装。

3. 学生学习能力分析

二年级学生学习英语的兴趣浓厚，模仿能力强，能快速跟读单词和简单的句子，对英语的语音语调感知敏锐。他们乐于进行小组合作学习，喜欢与同伴交流互动，处于合作意识逐渐形成，学习自信心与积极性逐渐增强的阶段，乐于尝试主动完成学习任务。

4. 学生主题知识分析

本单元主题源于生活，二年级学生对于不同季节穿着不同服装有一定的认知基础。但这种认知较为浅显直观，多基于自身感受。在学习经历方面，他们可能通过简单的绘本、儿歌接触过相关内容,但尚未形成系统的知识体系,理解还不够深入全面,需要在教学中结合实例、图片、视频等素材,帮助他们进一步梳理和深化认知。

二、单元整体设计

（一）单元主题内容框架图

依据本单元主题内容分析,教师设计了单元主题内容框架图(图2)。本单元以主题"My clothes"为引领,以任务"Designing my clothes"为驱动,借助语篇框架,让学生从服装名称、颜色及个人感受等方面有条理地介绍自己的服装,感受服装对日常生活的重要性。

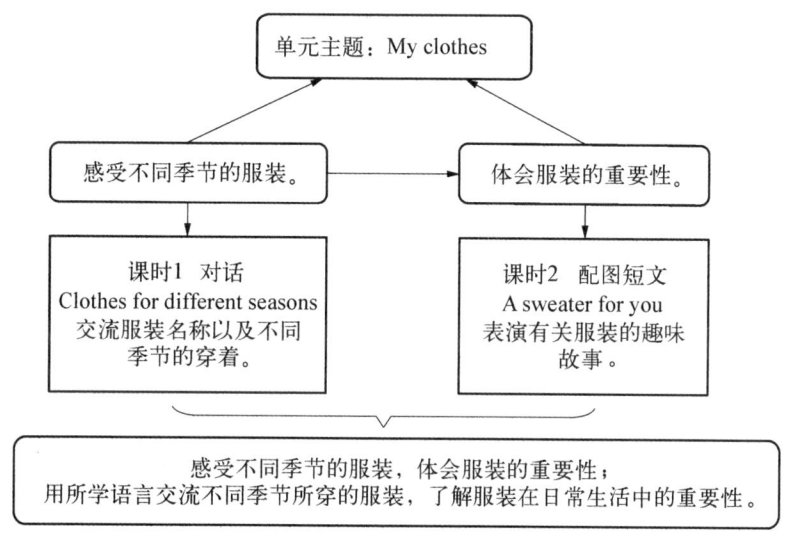

图2　单元主题内容框架图

（二）确定单元学习目标

依据单元主题内容框架图,确定单元学习目标如下:

知识与技能目标:学生能认读字母l和r,并能正确朗读含有字母l和r的单词;能在语境中运用核心词汇 trousers、sweater、shirt、coat 介绍服装的名称;能在语境中运用核心句型"I have ..."介绍服装的名称;能理解并朗读关于"My clothes"的语篇,获取信息,梳理语篇结构,介绍自己的服装。

主题与文化目标:用所学语言交流不同季节所穿的服装,了解服装在日常生活中的重要性。

思维与策略目标:学生能积极参与课堂学习活动,注意倾听,认真思考,大胆交流;通过图片观察、文本视听、角色扮演、交流问答、看图说话等形式,完成学习任务,形成理解力、观察力、分析力和综合力。

本单元的学习任务是:在介绍自己服装的语境中,感受不同季节的服装,并能借助语篇框架,从服装名称、颜色及个人感受等方面有条理地介绍自己的服装,感受服装对日常生活的重要性。要求语音语调正确,内容达意,表达流利。

（三）确定分课时学习目标

依据单元学习目标，确定单课学习目标和学习任务（表4）。第一课时，学生学习感受不同季节穿着不同的服装，并能借助语篇结构，交流服装的名称及颜色。第二课时，学生能借助语篇结构，从服装名称、外形、颜色和感受等方面有条理地介绍自己的服装，体会服装对日常生活的重要性。

表4 分课时学习目标

	知识与技能	主题与文化	思维与策略	学习任务
第一课时	（1）能认读字母l和r，并能正确跟读含有字母l和r的单词。 （2）能在语境中理解并尝试运用核心词汇trousers、sweater、shirt、coat交流服装的名称，初步感知单复数表达。 （3）能在语境中理解并尝试运用核心句型"What do you have? I have ..."交流服装的名称。 （4）能理解并朗读语篇"Clothes for different seasons"，获取信息，并借助语篇结构交流自己在不同天气所穿的服装。	感受不同季节的服装。	（1）能积极参与课堂学习活动，注意倾听，认真思考，大胆交流。 （2）通过图片观察、文本视听、角色扮演、交流问答、看图说话等形式，完成学习任务，形成理解力、观察力、分析力和综合力。	在"Clothes show"的语境中，感受不同季节穿着不同的服装，并能借助语篇结构交流服装的名称及颜色。要求语音语调基本正确，内容基本达意，表达较流利。
第二课时	（1）能正确朗读含有字母l和r的单词。 （2）能在语境中运用核心词汇trousers、sweater、shirt、coat介绍服装的名称，知晓其单复数表达。 （3）能在语境中运用核心句型"What do you have? I have ..."交流服装的名称。 （4）能理解并朗读语篇获取信息，借助语篇结构表演故事。	体会服装的重要性。	（1）能积极参与课堂学习活动，注意倾听，认真思考，大胆交流。 （2）通过图片观察、文本视听、角色扮演、交流问答、看图说话等形式，完成学习任务，形成理解力、观察力、分析力和综合力。	在语境中，能借助语篇结构，从服装名称、外形、颜色和感受等方面有条理地介绍自己的服装，体会服装对日常生活的重要性。要求语音语调正确，内容达意，表达流利。

（四）单元学习评价设计

1. 确定评价目标

新课标指出，教师要树立"教—学—评"的整体育人观念，注重对各教学要素相互关系的分析，设计并实施目标、活动、评价相统一的教学。依据单元学习目标，教师制定了单元评价目标（表5），从学习兴趣、学习习惯以及学业成果三个维度评价学生本单元的学习情况，体现了以学定教、以教定评，使评价镶嵌于教学之中，成为教学的有机组成部分。

表 5　单元评价目标

评价维度	评　价　内　容
学习兴趣	保持学习英语的兴趣,增加学习效能,增加学习自信心。
学习习惯	(1) 能积极参与课堂学习活动,注意倾听,认真思考。 (2) 能参与合作实践活动,在情境中围绕主题意义进行展示交流。
学业成果	能正确运用核心词汇和句型,从服装名称、外形、颜色和感受等方面有条理地介绍自己设计的服装,体会服装对日常生活的重要性。要求语音语调正确,内容达意,表达流利。

2. 设计评价工具

依据单元评价目标,教师设计了相应的评价工具(表6)。学习兴趣主要评价学生参与课堂学习活动的表现;学习习惯主要评价学生课堂观察、倾听、模仿及书写等的表现;学业成果主要评价学生根据季节设计的服装,介绍自己服装的名称及特点,说明服装的重要性。评价主体为学生自己、同伴和教师,评价兼顾了学习过程性评价和学习成果评价。

表 6　单元评价工具

评价维度	观察点	等第标准(形式：星数)			评价主体	评价方式
		Good job! ☆	Well done! ☆☆	Excellent ☆☆☆		
学习兴趣	参与课堂学习活动的表现。	能在同伴或老师的提醒下,参与课堂活动。	能主动参与课堂活动。	对英语学习感兴趣、积极且乐于参与课堂活动。	学生自评	课堂表现
学习习惯	(1) 观察与倾听情况。 (2) 口头表达交流情况。	(1) 经过提醒后能观察模仿老师口型及发音,认读学习内容。 (2) 能在老师或同伴帮助下,简单回应对方。	(1) 能主动观察口型及发音,能根据课堂指令对学习内容进行模仿及认读。 (2) 能认真倾听同伴与老师的交流,大胆与同伴交流。	(1) 积极观察老师口型及发音,认真倾听课堂指令,并及时做出反应。 (2) 能自信响亮地表达自己的观点,乐于与同伴进行合作交流。	自评互评	课堂观察
学业成果	(1) 根据季节设计的服装。 (2) 介绍自己服装的名称及特点,说明服装的重要性。	(1) 能知道不同季节所需要的不同服装。 (2) 能在老师或同伴的帮助下,简单介绍自己所需要的服装,语音语调基本正确。	(1) 能针对特定季节对所需服装进行初步设计。 (2) 能正确运用核心词汇、句型介绍自己设计的服装。语音语调正确,内容基本达意,表达较为流利。	(1) 能设计符合特定季节需求的服装。 (2) 能熟练运用核心词汇、句型介绍自己设计的服装。语音语调优美,内容达意,表达流利。	学生自评 同伴互评 教师评价	倾听介绍观察表现

基于主题意义探究的小学英语单元教学设计与实施

3. 明确评价内容

根据单元学习目标和评价目标,教师从学习兴趣、学习习惯和学业成果三个维度设计了单元评价内容(表7)。评价内容通过选一选、画一画、说一说等学习活动形式,从学生的年龄特征和学情实际出发,帮助学生了解四季需要的不同服装,引导学生正确描述自己的服装,明白服装在日常生活中的重要性。本评价项目及内容关注学生对于主题意义的理解、学习习惯的养成以及口头表达能力。

表7 单元评价内容

项 目	内 容			
评价维度	☑学习兴趣　　☑学习习惯　　☑学业成果			
评价内容	1. Talk about the clothes for different seasons 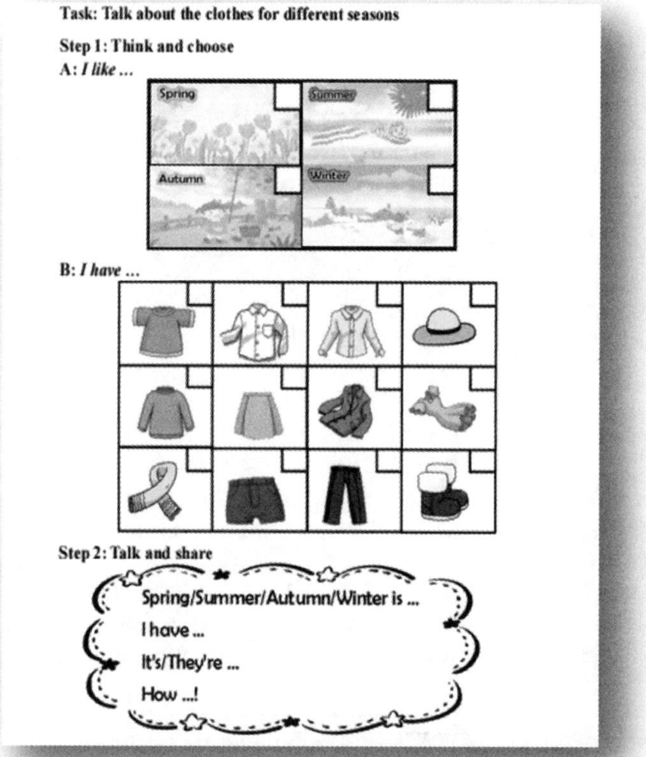 			
	I know the clothes for the four seasons.	Self-assessment		☆☆☆
	I can introduce the clothes.	Peer-assessment		☆☆☆
	I can say fluently and nicely.	Teacher's assessment		☆☆☆

续 表

项 目	内 容
评价内容	2. Draw and share Let's share! Task 1: Think and draw Task 2: Talk and share My clothes I have a ... for ... It's ... It has ... It's ... I like ...! | I can listen carefully.	Self-assessment	☆☆☆ | | I can design my clothes. | Peer-assessment | ☆☆☆ | | I can introduce my clothes nicely. | Teacher's assessment | ☆☆☆ |
结果呈现	☐等第 ☐评语 ☑星数

三、单课教学设计

（一）第一课时教学设计

1. 第一课时学习语篇

Clothes for different seasons

Miss Fang and the children are having a clothes show in the classroom.
They are talking about their clothes for the four seasons.

Tom：Spring is warm. I have a shirt. It's white.
      I have trousers. They are blue.
      I like my shirt and trousers. How nice！

Alice：Summer is very hot. I have a dress. It's yellow.
       I like my dress. How nice！

Kitty：Autumn is cool. I have a sweater. It's red.
       I like my sweater. How nice.

Ben：Winter is cold. I have a coat. It's green.
      I like my coat. How nice！

2. 过程设计

本课时的主题为四季的不同服装,学生探究的问题为四季应该如何穿搭。第一课时的学习活动设计如下:在学习理解部分,学生学唱儿歌了解四季变化,并根据四季的特征进行问答交流。首先,Tom 介绍自己衣橱中适合秋季穿搭的衬衫和长裤,然后,学生通过试听跟读、图片观察、角色扮演及游戏互动等活动,理解秋季的天气特征及穿搭方式。在实践体验部分,教师在 Ben 介绍冬季穿搭的情境中设计了看图猜一猜、跟读仿说及角色扮演等活动,学生尝试描述秋季的衣着穿搭。在构建运用部分,学生观察图片信息,通过扮演 Alice 和 Kitty 来描述春夏两季的服装穿搭。如此,坚持学用结合,通过必要的活动经历引导学生加深了理解并实现初步应用。

本课时运用了图片、音频、视频、韵文、游戏等多样资源,给予学生多维度的听说感受及必要学习经历,使他们能够运用主题词汇及句型来进行正确交流,并对探究问题产生浓厚的兴趣。第一课时具体教学过程设计如表 8 所示。

表 8　第一课时学习过程设计

学习环节	活动目标	学习内容	学习方式	活动类型	学习资源
Pre-task	通过演唱儿歌,复习已知。	1. The four seasons.	1-1 Sing a song 1-2 Look and say	复习引入	音频 视频 图片
While-task	通过听读模仿等形式,认读字母 l 和 r,并跟读含有字母 l 和 r 的单词。	2. The sounds: l, r.	2-1 Look and learn 2-2 Look and read	学习理解	音频 图片
	通过视频欣赏、看图说话等形式,感知主题语境。	3. Students are talking about their clothes for the four seasons.	3-1 Watch and match 3-2 Ask and answer	学习理解 实践体验	图片 视频 板书 生活经验
	通过听说模仿、问答交流等形式,获取信息,梳理语篇结构,模仿表达。	4. Tom has a T-shirt and trousers.	4-1 Listen and answer 4-2 Look and learn 4-3 Look and say 4-4 Listen and follow	学习理解 实践体验 构建运用	音频 图片 板书 学习经历
	通过文本视听、问答交流等形式,获取信息,内化并巩固语言知识。	5. Alice has a dress.	5-1 Listen and answer 5-2 Look and learn 5-3 Read a rhyme 5-4 Look and say 5-5 Try to talk	学习理解 实践体验 构建运用	图片 音频 儿歌 板书

续 表

学习环节	活动目标	学习内容	学习方式	活动类型	学习资源
While-task	通过观察图片、合作交流等形式,获取信息,扮演角色,朗读文本。	6. Kitty has a sweater. Ben has a coat.	6-1 Listen and choose 6-2 Look and learn 6-3 Try to talk	学习理解 实践体验 构建运用	音频 图片 板书 生活经验
Post-task	借助语篇结构,交流衣服名称及功能特点。	7. We have different clothes for different seasons.	6-1 Talk and show 6-2 Watch and enjoy	迁移转换	图片 视频 板书 生活经验
课后作业	1. Listen and read. 2. Listen, read and spell. 3. Look, choose and say.				

3. 板书设计(图 3)

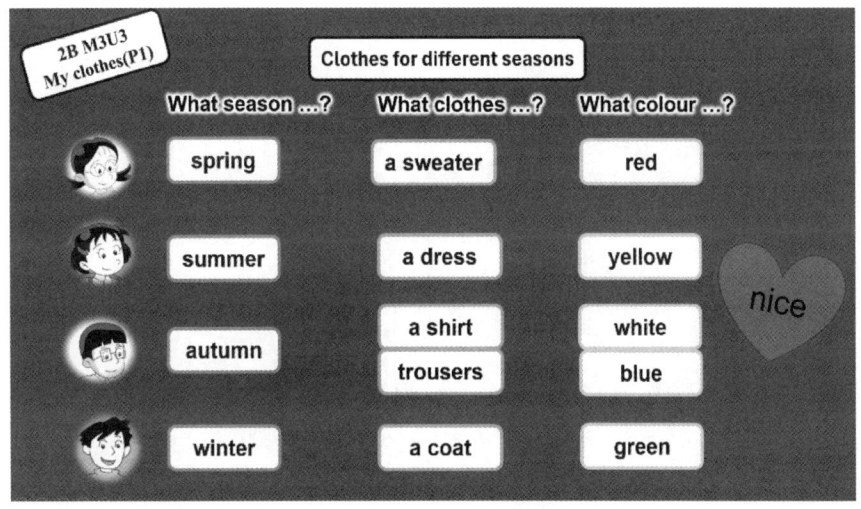

图 3　第一课时板书

4. 课中练习

(1) 学习任务一。

学生观察图片信息(图 4),扮演 Tom 进行不同颜色的 shirt 的替换练习。学生在此活动中感知秋季的服装,知道不同颜色的衬衫的表达。文字和图片直观地帮助学生联系旧知进行相关知识的迁移及运用。

图 4 第一课时学习任务一

(2) 学习任务二。

学生根据 Tom 对裤子的介绍,仔细观察并辨别图片中不同颜色的裤子,通过变装游戏的方式扮演 Tom 来说一说自己在秋季所穿的各种裤子(图5)。本任务是为了检查学生是否理解 trousers 的意思,帮助学生识别更多的秋季服装,并进行正确表达。

图 5 第一课时学习任务二

(3) 学习任务三。

学生借助语篇结构,尝试扮演 Alice 和 Kitty 分别介绍夏季和春季的服装,从颜色、特征以及感受等方面进行描述(图6)。本活动设计旨在检查学生能否通过阅读语篇,准确提取信息,依据生活经验完成对春夏两季服装的介绍。

附录 小学英语单元教学设计案例与解析

图6 第一课时学习任务三

（二）第二课时教学设计

1. 第二课时学习语篇

A sweater for you

Alice is at Kitty's home.

Alice：It's cold.

Kitty：I have a sweater for you.

Alice：Thank you.

Kitty：Do you like this sweater? It's black. It has a rabbit.

Alice：No. I don't like black.

Kitty：Do you like this sweater? It's green. It has a heart.

Alice：Yes. I like this sweater.

　　　I have a sweater. It's green. It has heart.

　　　It's nice and warm. I like this sweater.

Kitty and Alice hear a sound.

Kitty：Listen! What can you hear, Alice?

Alice：I can hear a dog.

Kitty：It's Sam.

Alice：Hi, Sam.

Kitty：I have a sweater for you.

Alice：It's pink and warm.

Sam：Woof!

Alice：Look! He has a sweater too.

177

2. 过程设计

第二课时探究主题为服装的重要性,学生尝试探究问题:如何根据日常生活设计所需服装?

学生通过 Kitty 在寒冷的冬天借给 Alice 一件毛衣帮助她保暖—Alice 和 Kitty 共同帮助一只受冻的小狗穿上毛衣—Kitty 和 Alice 选择自己适合的服装进行交流—学生互相介绍自己设计的服装,在场景转换和学习活动中梳理语言和文化知识,建立知识的关联。在迁移创新类活动中,学生能够联系个人的实际生活,体会服装在日常生活中的重要性,加以描述和交流。

学生通过文本视听、猜猜说说、角色扮演、画画说说等形式提取信息,相互交流,尝试表演配图故事,在有趣的故事表演中,了解到毛衣帮助了冬日中受寒的 Alice 和小狗,体会服装在日常生活中的重要性。最后借助语篇结构及板书支架交流自己设计的服装及其功能。第二课时过程设计如表 9 所示。

表 9 第二课时学习过程设计

学习环节	活动目标	学习内容	学习方式	活动类型	学习资源
Pre-task	通过小组合作、交流分享等活动复习旧知,引入本课时话题。	1. Clothes for the four seasons.	1－1 Look and say 1－2 Talk and share	复习引入	图片
While-task	通过文本试听、问答交流等形式,朗读含有字母 l 和 r 的单词。	2. The sounds: l, r.	2－1 Look and read 2－2 Look and say	实践体验 构建运用	音频 图片
	通过文本试听、朗读模仿等形式,了解 Kitty 和 Alice 之间发生的趣事。	3. Kitty and Alice go to school together.	3－1 Watch and enjoy 3－2 Read a rhyme	学习理解 实践体验 构建运用	视频 音频 图片 板书
	通过文本视听、角色扮演等形式获取信息,识别分析并归纳信息,梳理描述毛衣特点的语篇结构。	4. Alice doesn't like the black sweater.	4－1 Watch and answer 4－2 Listen and follow 4－3 Look and say 4－4 Say and act	学习理解 实践体验 构建运用	视频 音频 图片 板书 生活经验
	通过看图交流,描述 Alice 喜欢的毛衣,扮演角色,表演对话。	5. Alice likes the green sweater.	5－1 Look and guess 5－2 Listen and follow 5－3 Sing a song 5－4 Say and act	学习理解 实践体验	图片 音频 板书

续 表

学习环节	活动目标	学习内容	学习方式	活动类型	学习资源
While-task	借助描述衣服的语篇结构,交流 Sam 的毛衣。	6. Sam has a pink sweater.	6-1 Read and guess 6-2 Ask and answer 6-3 Look and say	实践体验 构建运用	视频 音频 图片 板书 生活经验
	看图交流,扮演角色,表演对话。	7. The story: A nice sweater for you.	7-1 Watch and review 7-2 Say and act	实践体验 构建运用	视频 图片 生活经验
Post-task	通过小组合作、同伴交流、看图说话等活动形式,借助语篇结构对自设计的服装进行介绍交流。	8. We have different clothes for four seasons. They are all very nice.	8-1 Think and draw 8-2 Talk and share	迁移转换	视频 板书 学习单 生活经验
课后作业	1. Listen and read 2. Draw and say				

3. 板书设计(图7)

图7 第二课时板书

4. 课中练习

(1)学习任务一。

学生观察图片中 Alice 服装和情感的变化(图8),选择正确的句子填入对话框中。该活动检测学生能否正确获取图片中的人物信息,结合上一课时对于服装的初步认识,进行信息处理和判断分析,初步感受服装对于日常生活的重要性。

图 8　第二课时学习任务一

（2）学习任务二。

在 Kitty 帮助 Alice 选毛衣的语境中,Alice 不喜欢黑色的毛衣,学生扮演 Kitty 用核心句型提问,同时扮演 Alice 加以正确回答（图9）。本活动检测学生是否扎实掌握本课时句型,通过演一演对话,表达自己对服装的需求。

图 9　第二课时学习任务二

（3）学习任务三。

学生扮演 Sam,正确描述和介绍所穿着的粉色毛衣（图10）。本项学习活动设计旨在检测学生能否正确表达服装名称,并且需要学生从颜色、款式、大小以及感受等多方面进行描述和交流。

Look and say

I have a sweater.
It's ...
It has ...
It's ...
I like this sweater!

图 10　第二课时学习任务三

四、单元作业设计

（一）单元作业目标（表 10）

表 10　单元作业目标

项　目		内　　　容
学习内容		1.1 读音规则,1.3 朗读,2.1 核心词汇,3.1 名词,3.3 形容词,4.2 陈述句
	教材单元： M3 U3 My clothes	教材栏目： Look and learn、Look and say、Enjoy a story
确定单元作业目标	单元学习目标	知识与技能： （1）能认读字母 l 和 r,并能正确朗读含有字母 l 和 r 的单词。 （2）能在语境中运用核心词汇 trousers、sweater、shirt、coat 介绍服装的名称。 （3）能在语境中运用核心句型"I have ..."介绍服装的名称。 （4）能理解并朗读关于"My clothes"的语篇,获取信息,梳理语篇结构,介绍自己的服装。 主题与文化： 用所学语言交流不同季节所穿的服装,了解服装在日常生活中的重要性。 思维与策略： （1）能积极参与课堂学习活动,注意倾听,认真思考,大胆交流。 （2）通过图片观察、文本视听、角色扮演、交流问答、看图说话等形式,完成学习任务,形成理解力、观察力、分析力和综合力。
	单元作业目标	（1）能认读字母 l 和 r,并能正确朗读含有字母 l 和 r 的单词。 （2）能在语境中运用核心词汇和句型交流衣服的名称。 （3）能理解并朗读语篇,分析和识别相关信息,感受不同季节应穿着不同的服装。 （4）能根据语篇结构,以口头方式介绍自己喜欢的衣服。

（二）单元作业内容

1. 第一课时作业内容

（1）第一课时作业内容设计属性表（表11）。

表11 第一课时作业内容设计属性表

作业项	项目	内容				
作业1	对应作业目标	单元作业目标1				
	作业类型	形式	☑听	☑说	□读	□写
		水平	☑记忆性	☑理解性	□应用性	
	作业时间（分钟）	2分钟				
	完成方式	☑独立完成　□合作完成				
	提交时间	☑当天　□＿＿天后				
作业项	项目	内容				
作业2	对应作业目标	单元作业目标2				
	作业类型	形式	☑听	☑说	☑读	□写
		水平	☑记忆性	☑理解性	□应用性	
	作业时间（分钟）	3分钟				
	完成方式	☑独立完成　□合作完成				
	提交时间	☑当天　□＿＿天后				
作业项	项目	内容				
作业3	对应作业目标	单元作业目标4				
	作业类型	形式	□听	☑说	☑读	□写
		水平	□记忆性	☑理解性	☑应用性	
	作业时间（分钟）	3分钟				
	完成方式	☑独立完成　□合作完成				
	提交时间	☑当天　□＿＿天后				

（2）第一课时具体作业。

I. Listen and read（听一听,读一读）

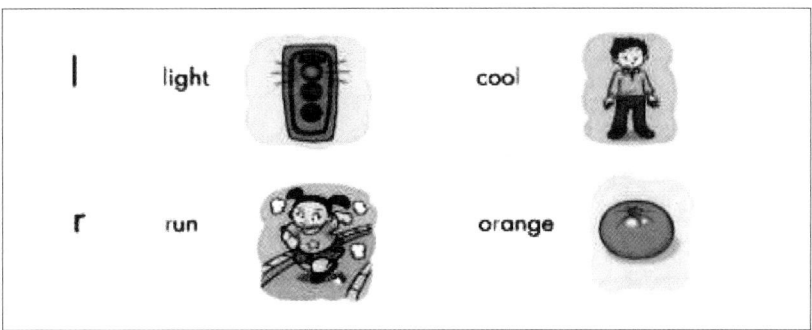

II. Listen, read and spell.（听一听,读一读,拼一拼）

III. Look, choose and say（看一看,选一选,说一说）

I know how to read 'l, r'.	Self-assessment	☆ ☆ ☆
I can read and spell clothes words.	Peer-assessment	☆ ☆ ☆
I can introduce the clothes nicely.	Teacher's assessment	☆ ☆ ☆

2. 第二课时作业内容

(1) 第二课时作业内容设计属性表(表12)。

表12 第二课时作业内容设计属性表

作业项	项 目	内 容			
作业1	对应作业目标	单元作业目标1			
	作业类型	形式	□听	□说	☑读	□写
		水平	☑记忆性	☑理解性	□应用性
	作业时间(分钟)	2分钟			
	完成方式	☑独立完成 □合作完成			
	提交时间	☑当天 □____天后			
作业项	项 目	内 容			
作业2	对应作业目标	单元作业目标2、3			
	作业类型	形式	☑听	☑说	☑读	□写
		水平	☑记忆性	☑理解性	☑应用性
	作业时间(分钟)	3分钟			
	完成方式	☑独立完成 □合作完成			
	提交时间	☑当天 □____天后			
作业项	项 目	内 容			
作业3	对应作业目标	单元作业目标4			
	作业类型	形式	□听	☑说	□读	☑写
		水平	□记忆性	☑理解性	☑应用性
	作业时间(分钟)	3分钟			
	完成方式	☑独立完成 □合作完成			
	提交时间	☑当天 □____天后			

（2）第二课时具体作业。

I. Read more words with letter l, r(读一读含有字母 l、r 的单词)

II. Read and act(读一读,演一演)

III. Design and talk about one of your clothes(设计并介绍一件你喜欢的衣服)

	I have a . . .（clothes） It's . . .（colour） It has . . . It's . . .（how） I have it for . . .（season）

I can read correctly.	Self-assessment	☆ ☆ ☆
I can act the story nicely.	Peer-assessment	☆ ☆ ☆
I can introduce my clothes clearly.	Teacher's assessment	☆ ☆ ☆

案例7:《英语(牛津上海版)》3A Module 4 The natural world Unit 3 Plants

上海市闵行区平南小学　黄橙赪

主题语境：人与自然——自然生态
语篇类型：对话、说明文、配图故事、韵文
单元学习主题：Plants
单元授课时长：3 课时

一、单元整体规划

（一）教材内容

本案例的教材内容来自《英语(牛津上海版)》Module 4 The natural world Unit 3 Plants，内容涵盖 Look and learn、Look and say、Ask and answer、Draw and write、Read a story、Listen and enjoy 和 Learn the sounds(图1)。

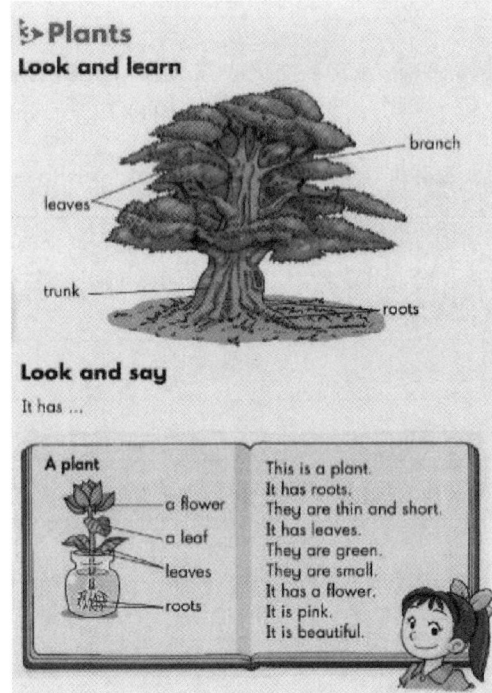

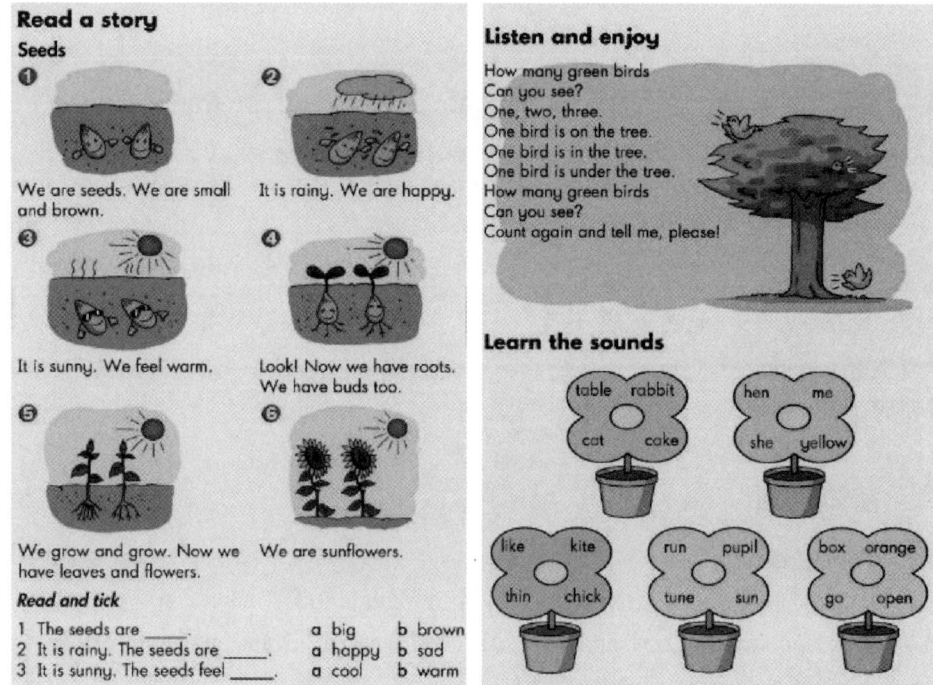

图 1 《英语(牛津上海版)》Module 4 The natural world Unit 3 Plants 教材内容

（二）内容要求

英语课程内容六要素是相互关联的有机整体，共同构成学生核心素养发展的内容基础。参照义务教育英语课程内容中的一级标准，围绕六要素，对本单元进行了如表 1 所示分析。

表 1　单元内容分析

主题	本单元聚焦"人与自然"主题下"自然生态"主题群，围绕"身边的自然现象与生态环境"子主题内容，通过完成任务"描述植物的基本结构及生长过程"，引导学生感受自然界植物的多样性，树立保护自然的意识，形成科学探究植物生长规律的态度		
语篇	Ask and answer	对话	感受自然界植物的多样性
	Look and say	配图短文	萌发对植物的喜爱之情
	Read a story	配图故事	形成科学探究植物生长规律的态度
	Listen and enjoy	韵文	感受大自然的美好
语言知识	语音	感知字母 a、e、i、o、u 在单词中的发音 感知简单的拼读规则，尝试借助拼读规则拼读单词 感知并模仿说英语，体会句子的升调与降调	
	词汇	在语境中，借助图片理解核心词汇 leaves、trunk、branch、root、plant 等的意思。 根据单词的音、形、义学习词汇，体会词汇在语境中表达的意思 根据图片或音视频提示，说出单词或短语	

续 表

语言知识	语法	在语境中感知、体会核心句型"It has ..."的表意功能 围绕主题 Plants,在语境中运用可数名词的单复数简单描述植物的基本结构
	语篇	识别对话中的话轮转换 知道本单元的语篇类型 体会语篇中图片与文字的关系
	语用	在学校植物周的语境中,围绕看到的和喜爱的植物,与他人进行得体的交流
文化知识	不同地区植物的基本结构和生长过程	
语言技能	Ask and answer	理解性技能:在听、读对话"The plant I see"的过程中,有目的地提取、梳理所见植物的信息,推断对话中的图像、声音、色彩等传达的意义 表达性技能:朗读对话"The plant I see",交流所见植物的基本结构
	Look and say	理解性技能:在听、读、看配图短文"The plant I like"的过程中,有目的地提取、梳理人物喜爱的植物外形特征 表达性技能:正确朗读配图短文"The plant I like",简单介绍自己喜爱的植物
	Read a story	理解性技能:在听、读、看配图故事"The plants I grow"的过程中,有目的地提取、梳理有关植物生长过程的信息 表达性技能:朗读配图故事"The plants I grow",简单描述自己种植的植物的生长过程
	Listen and enjoy	理解性技能:推断韵文"Green birds"中的画面、声音、色彩等传达的意义 表达性技能:大声跟读韵文"Green birds"
学习策略	积极运用所学语言介绍植物外形特征和生长过程,形成科学探究植物生长规律的态度	

（三）语篇分析

教师以培养学生核心素养为出发点,围绕 Plants 这一单元主题,对单元内各语篇材料进行深入的研读,分析主题内容和文体结构,挖掘语篇中蕴含的育人价值。语篇一是小学生日常生活对话,内容围绕 Alice 和 Tom 讨论植物的外形特征展开,引导学生感受自然界植物的多样性,对植物有初步的认识。语篇二是配图短文,描述了一个女孩看见的植物,引导学生萌发对植物的喜爱之情,树立保护自然的意识。语篇三是配图故事,讲述了向日葵的生长过程,引导学生形成科学探究植物生长规律的态度。语篇四是韵文,讲述了三只绿色的小鸟飞到树的不同位置的故事,引导学生感受大自然的美好。具体分析如表2所示。

表2 单元语篇分析

语篇类型	What	Why	How
语篇一 Ask and answer 对话	语篇是小学生日常对话,内容围绕 Alice 和 Tom 讨论植物的外形特征展开。	引导学生感受自然界植物的多样性,对植物有初步的认识。	本语篇为对话,呈现了 Alice 和 Tom 在教室交流植物外形特征的场景。涉及描述植物外形特征的核心词汇 leaves、root、plant 以及核心句型"It has ..."。语篇的语言生动,有助于学生围绕植物进行交流。

续 表

语篇类型	What	Why	How
语篇二 Look and say 配图短文	文本描述了女孩看见的植物。它有又细又短的根，又小又绿的叶子，还有一朵粉色的花。	引导学生萌发对植物的喜爱之情，树立保护自然的意识。	本语篇为配图短文，呈现了一个女孩介绍自己所见植物。涉及本单元描述植物外形特征的核心词汇 leaves、root、plant 以及核心句型"It has ..."。语篇文字精练、结构清晰，易于学生模仿介绍。
语篇三 Read a story 配图故事	故事讲述了向日葵的生长过程。它们的种子是小小的，它们喜欢水和阳光，很快就长出了叶子和芽。随后，它们长出了叶子和花。最终它们长成了向日葵。	引导学生形成科学探究植物生长规律的态度。	本语篇为配图故事，呈现了向日葵的生长过程。涉及本单元中描述植物外形特征的核心词汇 root、leaves 等。语篇情节生动形象，语言科学严谨，准确形象，有助于学生理解植物的生长过程。
语篇四 Listen and enjoy 韵文	文本讲述了三只绿色的小鸟飞到树的不同位置的故事。一只鸟在树上，一只鸟在树枝上，一只鸟在树下。	引导学生感受大自然的美好。	本语篇为韵文，概述了三只小鸟在树的不同位置。韵文中押韵的词汇是 tree、see、green、three、me。韵文句式简短，语言新颖，富有音韵美和节奏感，易于学生模仿朗读。

（四）学情分析

1. 学生学习风格分析

三年级学生对图像、颜色、图表等视觉信息特别敏感，他们喜欢直观、生动的教学方式，对看到和听到的信息记忆深刻。他们在学习上充满好奇心，愿意主动探究，喜欢通过动手实践、阅读思考、小组展示等方式开展学习活动。

2. 学生语言能力分析

在一、二年级关于"Plants"主题的学习中，学生已经知晓 flower 和 tree 的名称，以及一些描述植物外形特征的形容词，如 green、pink、brown、big、small、tall、short 等；学生能用句型"What colour is it? It's ..."交流所见植物的颜色。通过本单元的学习，学生能够运用核心词汇 leaves、trunk、branch、root、plant 及核心句型"It has ..."描述植物基本结构及生长过程。通过梳理教材的学习内容，对学生语言能力作如表3所示分析。

表3　学生语言能力分析

	年 级 学 期	学习内容与教学要求
已知	1A M4 U3 In the park	（1）能运用核心词汇 red、blue、yellow、green 描述颜色。 （2）能运用核心句型"What colour is it? It's ..."交流所见事物的颜色。
	2A M1 U2 I'm Danny	（1）能运用核心词汇 boy、girl、big、small 介绍人物或动物的外形特征。 （2）能运用核心句型"I'm ..." "You're ..."描述自己和他人的外形特征。

续　表

	年 级 学 期	学习内容与教学要求
已知	2A M4 U1 In the street	（1）能运用核心词汇 tree、flower 介绍植物的名称。 （2）能运用核心句型"Don't ..."表达不能做的事情。
应知	3A M4 U3 Plants	（1）能运用核心词汇 leaves、trunk、branch、root、plant 等描述植物的基本结构及生长过程。 （2）能运用核心句型"It has ..."描述植物基本结构。
预知	3B M4 U1 My body	（1）能运用核心词汇 head、shoulder、arm、hand、leg、finger、knee、foot 等描述自己的身体部位。 （2）能运用核心句型"I have ..."描述自己的身体部位。
	5A M4 U1 Water	（1）能运用核心词汇 first、next、then、finally 等描述事物的发展顺序。 （2）能运用核心句型"First/Next/Then/Finally, ..."描述事物的发展顺序。

3. 学生学习能力分析

三年级学生乐于交流，对英语学习很有兴趣，喜欢和同伴、老师用英语交流，注意倾听、敢于表达。学生喜欢参与课堂活动，能尝试借助多种渠道学习英语。学生能和同伴合作完成学习任务，并在学习过程中积极思考，发现并尝试解决语言学习中的问题。

4. 学生主题知识分析

本单元主题贴合学生生活实际，学生对于植物主题有一定的基本认知。大多数学生有去公园、植物园游览的经历，也会通过阅读课外绘本、观看有关植物的科普视频了解有关植物的知识。学生在自然学科中已经学习了植物生长所需条件，植物的基本结构及不同部位的作用，也在自然老师的带领下走进学校的花园，了解校园植物的名称。

二、单元整体设计

（一）单元主题内容框架图

通过梳理单元内各个语篇的内容和文体结构，教师提炼各语篇的主题意义，从而设计了单元主题内容框架图（图2）。本单元围绕主题"Plants"，通过单元学习，学生能用所学语言描述植物的基本结构及生长过程，以"善观察—乐分享—会探索"作为育人主线，引导学生感受自然界植物的多样性，树立保护自然的意识，形成科学探究植物生长规律的态度。

（二）确定单元学习目标

依据单元主题内容框架图，确定单元学习目标如下：

知识与技能目标：能知晓字母 a、e、i、o、u 的读音规则，并根据规则正确朗读含其的单词；能在语境中运用核心词汇 leaves、trunk、branch、root、plant 等描述植物的基本结构及生长过程；能在语境中运用核心句型"It has ..."描述植物基本结构；能理解并朗读关于 plants 的语篇，获取信息，梳理语篇结构，介绍自己喜爱的植物。

主题与文化目标：感受自然界植物的多样性，树立保护自然的意识，形成科学探究植物生长规律的态度。

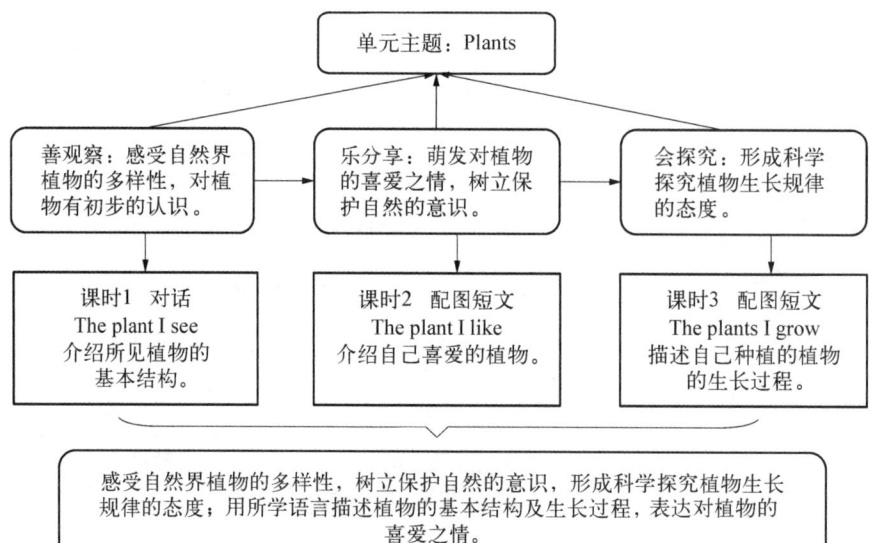

图 2　单元主题内容框架图

思维与策略目标：通过图片观察、文本视听、视频欣赏、角色扮演、交流问答、看图说话等形式，完成学习任务，形成理解力、观察力、分析力、比较力和综合力。

本单元的学习任务是：在学校植物周的语境中，感受自然界植物的多样性，并能借助植物生长记录表，从植物的基本结构、外形特征、生长过程和个人感受等方面有条理地介绍自己喜爱的植物，树立保护自然的意识，形成科学素养。要求语音语调正确，内容达意，表达流利，拼写及语法正确。

（三）确定分课时学习目标

依据单元学习目标，教师确定了单课学习目标和学习任务（表4）。第一课时，学生介绍所见植物的基本结构，感受自然界植物的多样性，对植物有初步的认识。第二课时，学生介绍自己喜爱的植物，萌发对植物的喜爱之情，树立保护自然的意识。第三课时，学生描述自己种植的植物的生长过程，形成科学探究植物生长规律的态度。

表 4　分课时学习目标

	知 识 与 技 能	主题与文化	思维与策略	学 习 任 务
第一课时	(1) 初步感知字母 a、e、i、o、u 的读音规则，能跟读含其的单词。 (2) 能在语境中初步运用核心词汇 leaves、trunk、branch、root、plant 等描述植物的基本结构。 (3) 能在语境中理解并初步运用核心句型"It has ..."描述植物基本结构。 (4) 能理解并朗读语篇"The plant I see"，获取信息，梳理语篇结构，介绍所见植物的基本结构。	感受自然界植物的多样性，对植物有初步的认识。	通过角色扮演、听读模仿、儿歌朗读、图片观察、合作讨论等形式，完成学习任务，形成理解力、观察力、分析力和比较力。	在学校植物周的语境中，借助植物信息卡，介绍所见植物的基本结构，感受自然界植物的多样性。要求语音语调基本正确，表达较流利。

	知识与技能	主题与文化	思维与策略	学习任务
第二课时	(1) 能根据发音规则正确朗读含有字母 a、e、i、o、u 的单词。 (2) 能在语境中正确运用核心词汇 leaves、trunk、branch、root、plant 等描述植物的基本结构及生长过程。 (3) 能在语境中正确运用核心句型 "It has . . ." 描述植物基本结构。 (4) 能理解并朗读语篇 "The plant I like",获取信息,梳理语篇结构,介绍自己喜爱的植物。	萌发对植物的喜爱之情,树立保护自然的意识。	通过文本视听、视频欣赏、阅读思考、交流问答、观察猜测、看图说话等形式,完成学习任务,形成理解力、观察力、分析力和综合力。	在学校植物周的语境中,借助思维导图,从植物的基本结构和外形特征等方面有条理地介绍自己喜爱的植物,树立保护自然的意识。要求语音语调正确,内容达意,表达较流利。
第三课时	(1) 能知晓字母 a、e、i、o、u 的读音规则,并根据规则正确朗读含其的单词。 (2) 能在语境中运用核心词汇和核心句型描述植物的基本结构及生长过程。 (3) 能理解并朗读语篇 "The plants I grow",获取信息,梳理语篇结构,描述自己种植的植物生长过程。	形成科学探究植物生长规律的态度。	通过图片观察、文本视听、视频欣赏、交流问答、合作讨论等形式,完成学习任务,形成理解力、观察力、分析力、比较力和综合力。	在学校植物周的语境中,借助植物生长记录表,从植物的基本结构、外形特征和个人感受等方面有条理地描述自己种植的植物生长过程,形成科学探究植物生长规律的态度。要求语音语调正确,内容达意,表达流利,拼写及语法正确。

(四)单元学习评价设计

1. 确定评价目标

新课标指出,"评"主要发挥监控教与学的过程和效果的作用,为促教、促学提供参考和依据。教师要注重"教—学—评"相互依存、相互影响、相互促进的作用,发挥其协同育人的功能。教师依据单元学习目标,参考语言能力、文化意识、思维品质和学习能力的一级目标,制定了单元评价目标(表5),从学习兴趣、学习习惯以及学业成果三个维度评价学生本单元的学习情况。

表5 单元评价目标

评价维度	评价内容
学习兴趣	对英语学习感兴趣,在学习中认真思考,主动探究,乐意与同伴合作共同完成学习任务。
学习习惯	(1) 口头表达流利,举止自信大方,声音响亮。 (2) 能认真倾听同伴与老师的交流,大胆与同伴交流。 (3) 书写认真、规范,页面整洁。

续 表

评价维度	评 价 内 容
学业成果	(1) 能介绍所见植物的基本结构,语音语调正确,表达流利。 (2) 能从植物的基本结构和外形特征等方面有条理地介绍自己喜爱的植物,语音语调正确,内容达意,表达流利。 (3) 能从植物的基本结构、外形特征和个人感受等方面有条理地描述自己种植的植物生长过程,语音语调正确,内容达意,表达流利,拼写及语法正确。

2. 设计评价工具

基于单元评价目标,教师设计了相应的评价工具(表6),为评价提供了具体的参考依据。学习兴趣主要评价学生参与课堂学习活动和完成学习任务的表现;学习习惯主要评价学生口头表达、倾听与交流以及书写表达的表现;学业成果主要评价学生介绍自己喜爱的植物以及描述植物生长过程的情况。通过课堂表现、课堂观察等方式,由学生、同伴和教师作为评价主体开展评价。

表6 单元评价工具

评价维度	观 察 点	等第标准(形式:星数)			评价主体	评价方式
		Good job! ☆	Well done! ☆☆	Great! ☆☆☆		
学习兴趣	(1) 参与课堂学习活动的情况。 (2) 完成学习任务的情况。	(1) 能在同伴或老师的提醒下,参与课堂活动。 (2) 能在同伴或老师的帮助下,合作完成学习任务。	(1) 对英语学习比较感兴趣,愿意参与课堂活动。 (2) 在学习中认真思考,主动探究,愿意与同伴合作共同完成学习任务。	(1) 对英语学习感兴趣、有积极性,乐于参与课堂活动。 (2) 在学习中认真思考,主动探究,乐意与同伴合作共同完成学习任务。	学生自评	课堂表现
学习习惯	(1) 口头表达的情况。 (2) 倾听与交流的情况。 (3) 书面表达的情况。	(1) 能在同伴或老师的帮助下进行口头表达,声音较轻。 (2) 能在同伴或老师的帮助下,简单回应对方。 (3) 有个别书写问题,页面基本整洁。	(1) 口头表达较流利,声音较响亮。 (2) 能较认真地倾听同伴与老师的交流,愿意与同伴交流。 (3) 书写较认真,页面较整洁。	(1) 口头表达流利,举止自信大方,声音响亮。 (2) 能认真倾听同伴与老师的交流,大胆与同伴交流。 (3) 书写认真、规范,页面整洁。	同伴互评	课堂观察

续 表

评价维度	观察点	等第标准(形式：星数)			评价主体	评价方式
		Good job! ☆	Well done! ☆☆	Great! ☆☆☆		
学业成果	(1) 介绍所见植物的情况。 (2) 介绍自己喜爱植物的情况。 (3) 描述植物生长过程的情况。	(1) 能介绍所见植物的基本结构，语音语调基本正确。 (2) 能简单介绍自己喜爱的植物，语音语调基本正确，内容基本达意。 (3) 能简单描述自己种植的植物的生长过程，语音语调基本正确，内容基本达意，拼写及语法基本正确。	(1) 能介绍所见植物的基本结构，语音语调基本正确，表达较流利。 (2) 能从植物的基本结构和外形特征等方面介绍自己喜爱的植物，语音语调正确，内容达意，表达流利。 (3) 能从植物的基本结构、外形特征和个人感受等方面描述自己种植的植物的生长过程，语音语调正确，内容达意，表达流利，拼写及语法基本正确。	(1) 能介绍所见植物的基本结构，语音语调正确，表达流利。 (2) 能从植物的基本结构和外形特征等方面有条理地介绍自己喜爱的植物，语音语调正确，内容达意，表达流利。 (3) 能从植物的基本结构、外形特征和个人感受等方面有条理地描述自己种植的植物的生长过程，语音语调正确，内容达意，表达流利，拼写及语法正确。	学生自评 同伴互评 教师评价	成果展示 倾听介绍 观察表现

3. 明确评价内容

根据单元学习目标和评价目标，教师从学习兴趣、学习习惯和学业成果三个维度设计了单元评价内容(表7)。评价内容从学习目标和核心素养出发，兼顾学生的认知特点和学习兴趣。第一课时通过剪一剪、贴一贴、说一说所见植物的形式，激发学生的学习兴趣；第二课时学生写一写思维导图，介绍自己喜欢的植物，引导学生学会提取、梳理信息，然后有条理地进行介绍；第三课时通过撰写植物生长记录表，培养学生识别、比较信息的能力，有助于学生有条理地介绍植物的生长过程，促进学生深入理解主题意义。

表7 单元评价内容

项　目	内　　　容		
评价维度	☑ 学习兴趣　　☑ 学习习惯　　☑ 学业成果		
评价内容	1. Stick, write and say 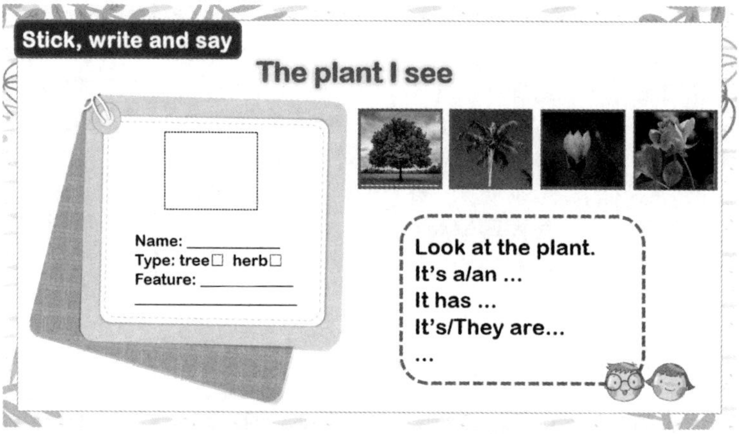 *Stick, write and say — The plant I see* Name: _____ Type: tree ☐ herb ☐ Feature: _____ Look at the plant. It's a/an … It has … It's/They are… …		
	I know the parts of the plant.	Self-assessment	☆ ☆
	I can make the plant information card.	Peer-assessment	☆ ☆
	I can introduce the plant I see.	Teacher's assessment	☆ ☆
	2. Think, write and say *Think, write and say — The plant I like* I like the plant. It has … It's … It has … They are … … How …!		
	I like plants.	Self-assessment	☆ ☆
	I can make a mind map of my favourite plant.	Peer-assessment	☆ ☆
	I can introduce my favourite plant.	Teacher's assessment	☆ ☆

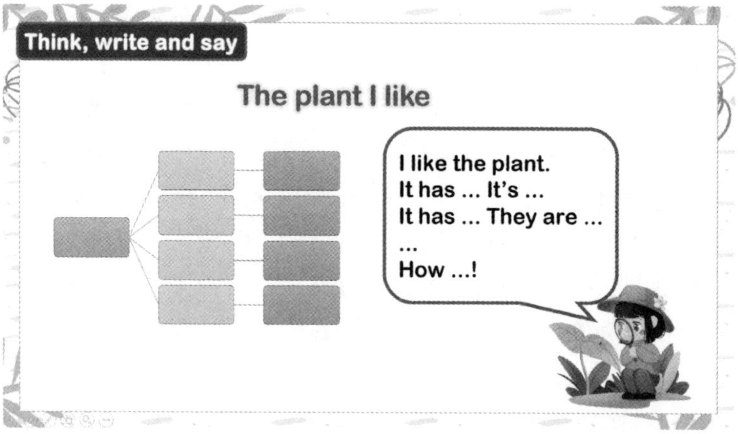

续 表

项 目	内 容
评价内容	3. Draw, write and say 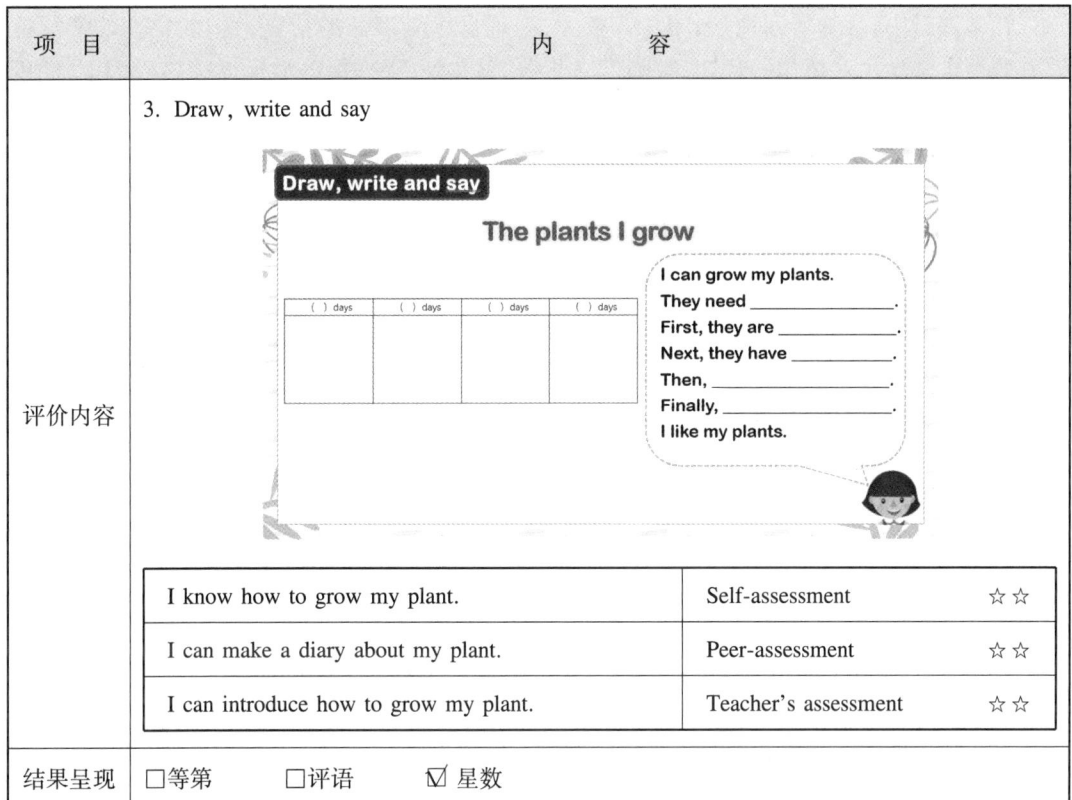 | I know how to grow my plant. | Self-assessment | ☆☆ | | I can make a diary about my plant. | Peer-assessment | ☆☆ | | I can introduce how to grow my plant. | Teacher's assessment | ☆☆ |
结果呈现	□等第　　□评语　　☑星数

三、单课教学设计

（一）第一课时教学设计

1. 第一课时学习语篇

The plant I see

The children are talking about the plants they see.

　Ben：Look at the plant. It is a tree. It has a trunk.

　Kitty：Yes. It's thick.

　Ben：It has branches. They are thin.

　Kitty：Yes. And it has leaves too. They are green.

　Ben：Look! It has roots. They are brown.

2. 过程设计

本课时的语境是学生在班级中讨论参观植物园所见的植物，学生在学习过程中感受自然界植物的多样性，对植物形成初步的认识。学生在听读文本、问答交流、视频欣赏等学习理解类活动中，学习草本类植物和乔木类植物的部位名称，尝试借助语篇结构，介绍所见植物；在观察填空、看图说话、角色扮演等应用实践类活动中，学生探究草本类植物和乔木类植物的异同，合作介绍植物的基本结构，感受自然界植物的多样性；在迁移创新类活动中，学生完成自己所见植物的信息卡,并在小组和班级中分享。

在本课时中,教师借助视频、图片等资源,展现自然界多样的植物,直观、生动的资源能够有效地丰富学生对植物的认知;教师借助儿歌、韵文等资源,帮助学生操练核心词汇,朗朗上口的韵律易于学生模仿,学生乐于在轻松的学习氛围中学习英语;教师借助音频、文本等资源,帮助学生理解介绍植物的语篇结构,内化所学的语言知识和自然知识。第一课时教学过程设计如表8所示。

表8 第一课时学习过程设计

学习环节	活动目标	学习内容	学习方式	活动类型	学习资源
Pre-task	通过文本视听、视频欣赏等形式,初步认识自然界的植物。	The children are talking about plants.	1-1 Listen and say 1-2 Watch and enjoy	复习引入	视频 图片 自然知识
While-task	通过听读模仿等形式,复习元音字母的发音。	The plants we see.	2-1 Listen and follow 2-2 Look and read	学习理解	音频 图片 自然知识
	通过听读模仿、儿歌朗读等形式,获取并分析信息,初步感知植物的基本结构。	Ben and Kitty see a plant.	3-1 Listen and answer 3-2 Look and learn 3-3 Say a chant 3-4 Look and label 3-5 Listen and follow 3-6 Look and say	学习理解 实践体验	图片 音频 板书 学习单 自然知识
	通过文本视听、角色扮演等形式,获取、分析并辨别信息,知晓其他植物的结构。	Danny sees a plant.	4-1 Listen and choose 4-2 Think and answer 4-3 Listen and sing 4-4 Think and choose 4-5 Listen and read 4-6 Say and act	学习理解 实践体验 构建运用	音频 图片 板书 学习单 自然知识
	通过图片观察、角色扮演等形式,观察、分析并比较信息,辨别不同类别植物的异同。	Alice sees a plant.	5-1 Choose and say 5-2 Listen and read	实践体验 构建运用	图片 音频 板书 学习单 自然知识
Post-task	交流所见植物的基本结构,感受自然界植物的多样性,对植物有初步的认识。	The plant I see.	6-1 Watch and enjoy 6-2 Say and share	迁移转换	图片 视频 板书 学习单 自然知识
课后作业	1. Listen and read 2. Write and say				

3. 板书设计(图3)

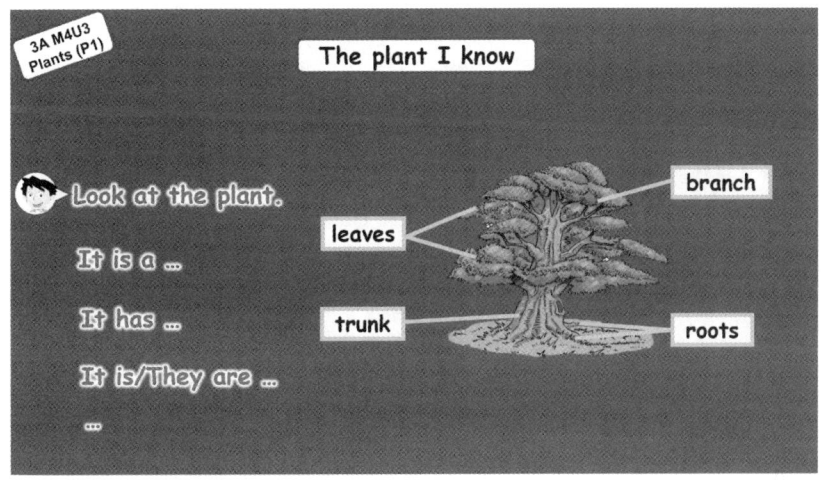

图3 第一课时板书

4. 课中练习

(1) 学习任务一。

在 Ben 讨论他所见植物的语境中,学生帮助 Ben 完成植物信息卡(图4)。学生观察植物图片,标记植物的各个部位。此任务检测学生是否理解植物各个部位的名称,使学生进一步巩固对单词形和义的理解与掌握,形成对乔木类植物的初步认识。

图4 第一课时学习任务一

(2) 学习任务二。

学生通过观察 Danny 和 Ben 所见的植物图片,分析、比较它们的外形特征,将所给词汇填在合适的位置(图5)。学生在此活动中主动探究草本类植物和乔木类植物的异同,知晓不同植物的外形特征。

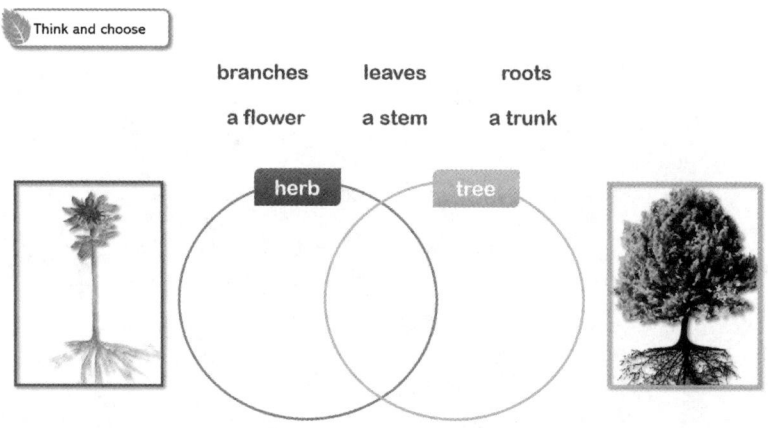

图 5　第一课时学习任务二

（3）学习任务三。

学生在 Alice 介绍她所见植物的语境中,扮演角色,选择一个植物进行介绍(图 6)。通过介绍不同的植物,学生可体会到同一种类植物有着不同的外形特征,感受自然界植物的多样性。

图 6　第一课时学习任务三

（二）第二课时教学设计

1. 第二课时学习语篇

The plant I like

Kitty, Alice and Danny are talking about their favourite plants.

Kitty：I like the plant.

　　　　It has roots. They are thin and short.

　　　　It has leaves. They are small and green.

It has a flower too. It's pink.
How beautiful!

2. 过程设计

第二课时在学校植物周"评选最受欢迎植物"的语境中开展,教师以驱动型问题"如何介绍你最喜爱的植物"引领学生开展学习。教师注重学生思维品质的发展,以英语学习活动观为指导组织教学。学生在听读文本、问答交流等学习理解类活动中,提取 Kitty 所喜欢植物的信息,将零散的信息整合在一起形成思维导图,初步感受如何有条理地介绍自己喜欢的植物。学生在阅读填空、看图说话、合作介绍等应用实践类活动中,学会从文字和图片中提取信息,自主完善思维导图,尝试有条理地介绍 Alice 和 Danny 喜欢的植物。最后,学生选择喜欢的植物,小组合作完成思维导图,从植物的基本结构和外形特征等方面有条理地进行介绍。

在本课时,教师引导学生借助多种资源探究主题意义。学生观察植物图片,初步感受植物外形之美;学生阅读文本,了解植物的特别之处;学生自主选择观看自己喜爱的植物视频,了解世界各地植物的外形之美、之奇,萌发对植物的喜爱之情;学生通过观看植物因气候、污染等原因遭到破坏的视频,树立保护自然的意识。第二课时过程设计如表9所示。

表9 第二课时学习过程设计

学习环节	活动目标	学习内容	学习方式	活动类型	学习资源
Pre-task	通过交流分享、视频欣赏等形式,感知与注意主题语境。	The plant I grow.	1-1 Look and say 1-2 Watch and enjoy	复习引入	视频 图片 自然知识
While-task	通过问答交流、听读文本等形式复习语音。	We like plants.	2-1 Look and say 2-2 Listen and read	学习理解 实践体验	图片 音频
	通过文本视听、问答交流等形式,获取、分析并识别 Kitty 喜欢植物的理由,梳理语篇结构,模仿表达。	Kitty talks about her favourite plant.	3-1 Listen and choose 3-2 Read and answer 3-3 Listen and read 3-4 Look and say	学习理解 实践体验 构建运用	图片 音频 板书 学习单 自然知识
	通过阅读思考、看图说话等形式,获取、分析并识别 Alice 喜欢植物的理由。	Alice talks about his favourite plant.	4-1 Read and write 4-2 Think and answer 4-3 Look and say 4-4 Listen and follow	实践体验 构建运用	图片 音频 板书 学习单 自然知识

续 表

学习环节	活动目标	学习内容	学习方式	活动类型	学习资源
While-task	通过观察猜测、同伴讨论等形式,获取、分析并推测 Danny 喜欢植物的原因。	Danny talks about his favourite plant.	5-1 Listen and guess 5-2 Watch and enjoy 5-3 Look and say 5-4 Listen and read	实践体验 构建运用	图片 板书 学习单 自然知识
Post-task	借助语篇结构,描述自己喜爱的植物。通过观看视频,树立保护自然的意识。	The plant I like.	6-1 Watch and enjoy 6-2 Write, talk and share 6-3 Watch and think	迁移转换	视频 板书 学习单 自然知识
课后作业	1. Look and read 2. Write and say				

3. 板书设计(图7)

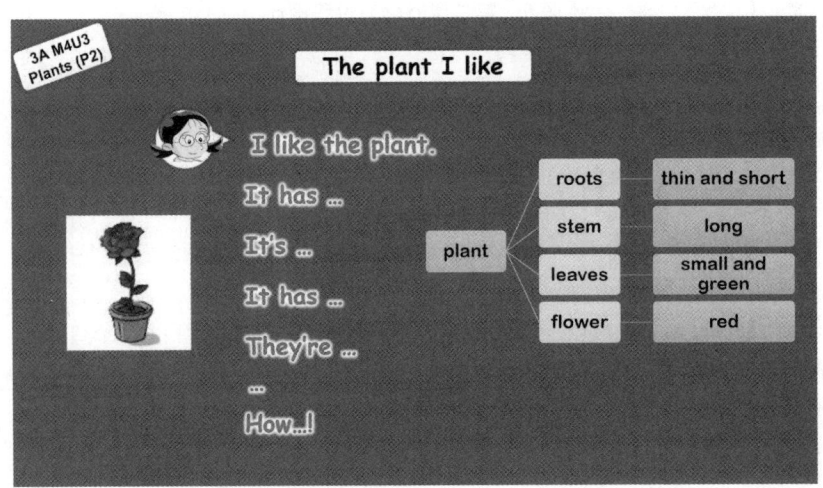

图7 第二课时板书

4. 课中练习

(1) 学习任务一。

在 Kitty 和 Tom 讨论自己最喜欢的植物的语境中,学生听对话,选择正确的图片(图8)。此任务检测学生提取信息、识别相应图片的能力,学生初步感知 Kitty 喜爱植物的理由。

(2) 学习任务二。

学生阅读 Alice 的介绍,填写思维导图,了解 Alice 喜爱这株植物的原因(图9)。在此学习任务中,学生从语篇中提取有关植物外形特征的信息,形成完整的思维导图,从而有条理地介绍植物。

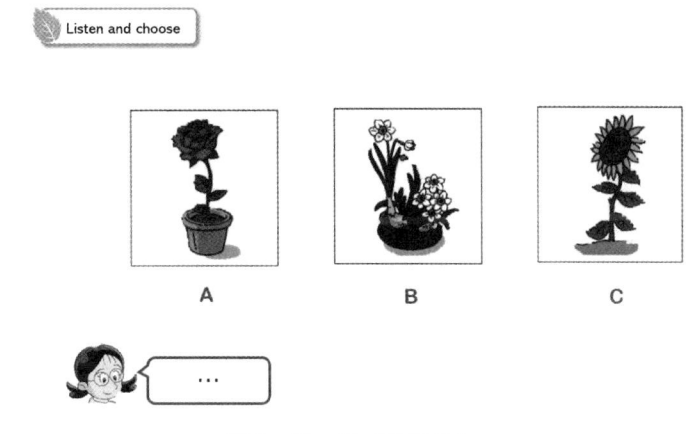

图 8　第二课时学习任务一

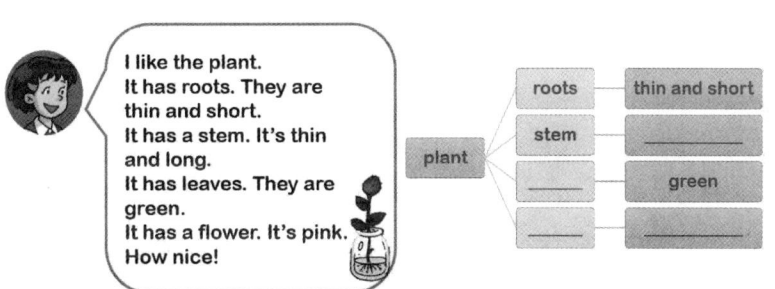

图 9　第二课时学习任务二

（3）学习任务三。

学生借助思维导图,扮演 Danny,介绍自己喜欢的植物(图 10)。学生运用语篇结构,有逻辑地介绍自己喜欢的植物,进一步内化语言知识和自然知识,萌发对植物的喜爱之情。

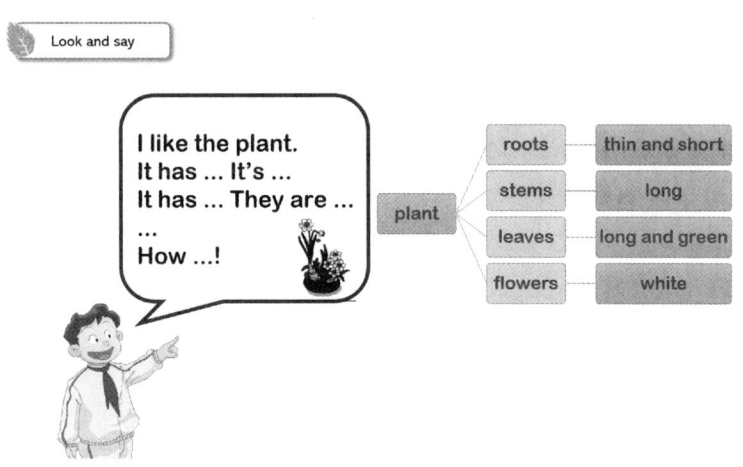

图 10　第二课时学习任务三

(三)第三课时教学设计

1. 第三课时学习语篇

The plants I grow

Kitty is talking about the plant she grows in the classroom.

Kitty：I can grow my plants.

They need water, light and soil.

First, they are seeds. They are small.

Next, they have roots. They are thin. They have buds too. They are small.

Then, they have stems. They are long. They have leaves. They are green.

Finally, they have flowers. So beautiful!

I like my plants.

2. 过程设计

第三课时的语境是在学校植物周的活动中,学生介绍自己种植的植物。本课时的教学始终围绕"形成科学探究植物生长规律的态度"这一育人目标开展,通过组织丰富的学习活动,加深学生对科学规律的认识,使学生能运用科学方法与同伴合作学习。

在学习理解类活动中,学生观看自己种植植物的视频,通过视频中呈现的植物生长顺序片段,感知与注意主题语境。然后,通过呈现 Alice 种植植物的生长记录,带领学生探究植物的生长过程。教师以问题"How do they grow? What do the plants need?"引导学生推测植物生长的基本条件,然后通过阅读文本,获取信息,印证学生的预测。随后,教师借助问题"What do the plants have? How are they?"进一步引导学生探究植物幼苗期和现蕾期的特点。学生带着问题阅读文本,提取信息,知晓在植物的幼苗期和现蕾期分别有 roots、buds、leaves、stems 等基本特征。在实践应用类活动中,学生以两人为一组合作探究,运用数学知识和自然知识,得到植物不同部位的客观数据,比较植物在不同生长阶段的不同特征,加深对植物生长规律的认识。在迁移创新类活动中,学生以四人为一组,依据个人的种植经验,在学习单上画出自己种植的植物在四个阶段的特征变化。学生能够运用所学,基于自己的个人经历以及自然等学科的知识,在了解植物生长规律的基础上,有条理地介绍自己种植的植物,实现本课时的育人目标。第三课时过程设计如表 10 所示。

表10 第三课时学习过程设计

学习环节	活动目标	学习内容	学习方式	活动类型	学习资源
Pre-task	通过文本视听等形式,感知与注意语境。	Kitty grows the plants.	1-1 Watch and enjoy	复习引入	视频 自然知识
While-task	通过思考选择等形式,复习元音字母的发音。	The plants we grow.	1-1 Think and choose 1-2 Look and read	学习理解 实践体验	图片 音频

续 表

学习环节	活动目标	学习内容	学习方式	活动类型	学习资源
While-task	通过视频欣赏、问答交流等形式,获取并分析信息,推测并分析植物生长必须的外部条件。梳理结构,尝试表达。	The plants need water, light and soil. The seeds are small and brown.	3－1 Think and guess 3－2 Look and order 3－3 Watch and read 3－4 Discuss and answer 3－5 Read and tick 3－6 Listen and say	学习理解 实践体验 构建运用	图片 音频 板书 自然知识
	通过实物观察、合作讨论等形式,观察、分析并比较信息,描述植物在幼苗期和现蕾期的外形特征。	The plants have roots and buds. The plants have stems and leaves.	4－1 Choose and write 4－2 Think and say 4－3 Listen and read	实践体验 构建运用	图片 音频 板书 学习单 数学知识 自然知识
	通过交流问答、文本视听等形式,获取、分析信息,描述植物在开花期的外形特征。	The plants have flowers.	5－1 Look and answer 5－2 Listen and read 5－3 Try to say	实践体验 构建运用	图片 音频 板书 学习单 自然知识
Post-task	借助植物生长记录表,描述植物生长过程,体悟植物生长的科学规律。	The plants I grow	6－1 Watch and read 6－2 Try to say	迁移转换	视频 图片 板书 学习单 自然知识
课后作业	1. Read and underline 2. Look and say 3. Draw, write and say				

3. 板书设计(图11)

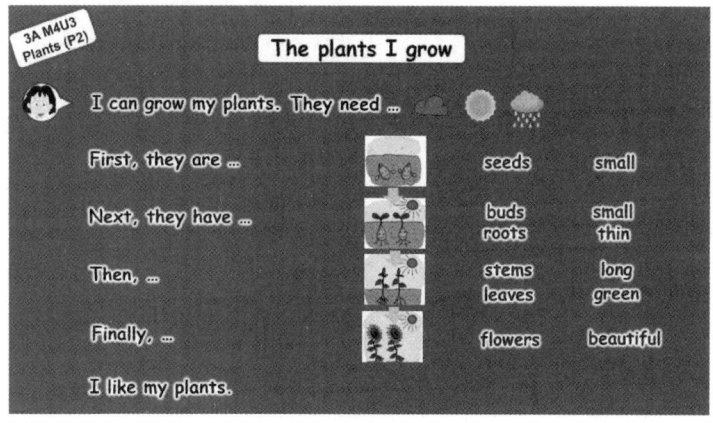

图11 第三课时板书

4. 课中练习

（1）学习任务一。

学生思考问题"How do the plants grow?"观察四张植物生长的图片,然后进行排序（图12）。在此过程中,学生依据生活经验和自然知识,提取、分析有关植物生长的信息,初步感知植物的生长规律。

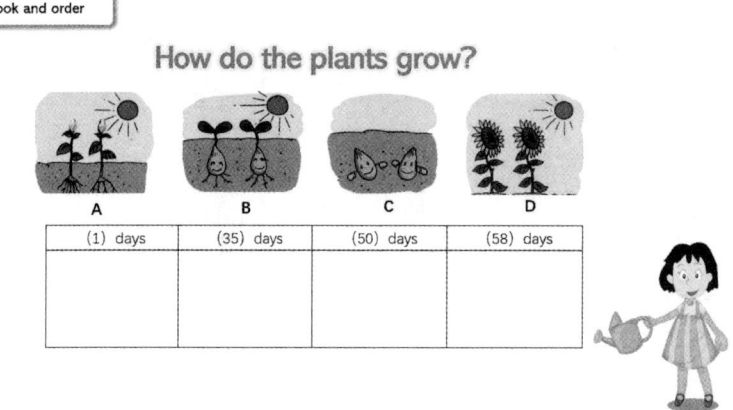

图12　第三课时学习任务一

（2）学习任务二。

学生围绕问题"What do the plants need?"阅读 Alice 的介绍,选择植物生长所需的条件（图13）。本任务检测学生阅读语篇提取、识别信息的能力,学生在活动中建立了生活经验和语篇学习的关联性,有助于获取关于植物生长条件的相关知识。

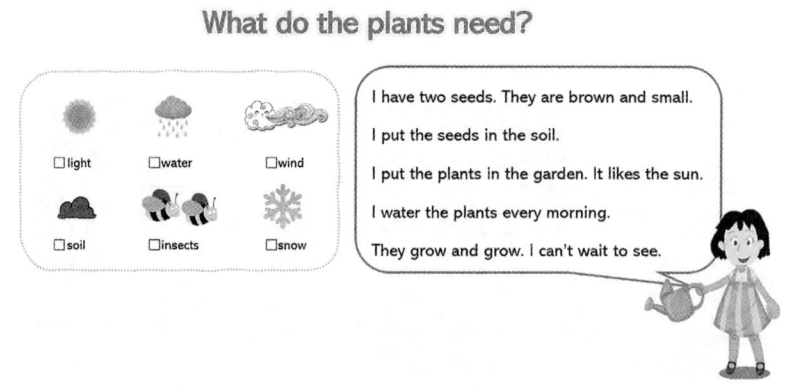

图13　第三课时学习任务二

（3）学习任务三。

学生以四人为一组,两两合作（图14）,学生1、2用尺量植物的 stem,可以知晓它们的长度;学生 3、4 用数网格的方法,估算植物的 bud 和 leaf 的面积,知晓它们的大小。学生在学习单上记录下具体的数值,借助科学的数据辨别植物的幼苗期和现蕾期,加深对植物生长规律的认识。

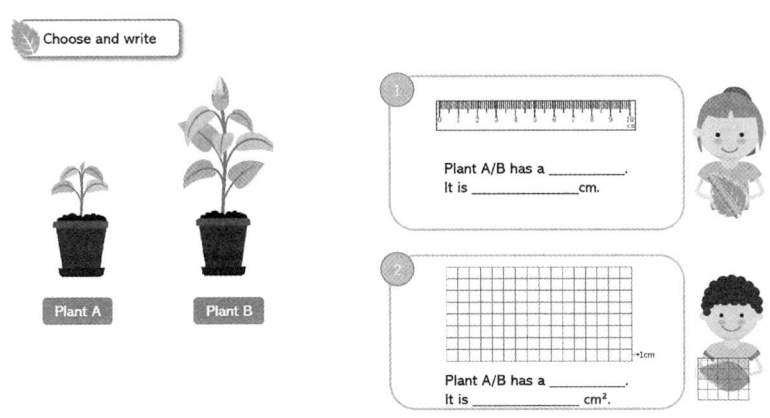

图 14　第三课时学习任务三

四、单元作业设计

(一) 单元作业目标(表 11)

表 11　单元作业目标

项　目			内　　容
学习内容			1.1 读音规则,2.1 核心词汇,4.2.1 陈述句,5.1 记叙文
	教材单元: 3A M4 U3 Plants		教材栏目: Look and learn、Look and say、Read a story
确定单元 作业目标	单元学习 目标		知识与技能: (1) 能知晓字母 a、e、i、o、u 的读音规则,并根据规则正确朗读含其的单词。 (2) 能在语境中运用核心词汇 leaves、trunk、branch、root、plant 等描述植物的基本结构及生长过程。 (3) 能在语境中运用核心句型"It has . . ."描述植物基本结构。 (4) 能理解并朗读关于"Plants"的语篇,获取信息,梳理语篇结构,介绍自己喜爱的植物。 主题与文化: 感受自然界植物的多样性,树立保护自然的意识,形成科学探究植物生长规律的态度。 思维与策略: 通过图片观察、文本视听、视频欣赏、角色扮演、交流问答、看图说话等形式,完成学习任务,形成理解力、观察力、分析力、比较力和综合力。

续　表

项目		内　容
确定单元作业目标	单元作业目标	（1）能正确朗读含有字母 a、e、i、o、u 的单词。 （2）能在语境中正确运用核心词汇和句型描述植物的基本结构及生长过程。 （3）能理解并朗读语篇，识别、比较信息，感受自然界植物的多样性。 （4）能借助语篇结构，仿说仿写，形成科学探究植物生长规律的态度。

（二）单元作业内容

1. 第一课时作业内容

（1）第一课时作业内容设计属性表（表12）。

表 12　第一课时作业内容设计属性表

作业项	项　目	内　容			
作业1	对应作业目标	单元作业目标1			
	作业类型	形式	☑听　　□说	☑读　　□写	
		水平	☑记忆性	☑理解性	□应用性
	作业时间（分钟）	2分钟			
	完成方式	☑独立完成　□合作完成			
	提交时间	☑当天　　□＿＿天后			

作业项	项　目	内　容			
作业2	对应作业目标	单元作业目标2、4			
	作业类型	形式	□听　　☑说	□读　　☑写	
		水平	☑记忆性	☑理解性	☑应用性
	作业时间（分钟）	5分钟			
	完成方式	☑独立完成　□合作完成			
	提交时间	☑当天　　□＿＿天后			

（2）第一课时具体作业。

I. Listen and read（听一听，读一读）

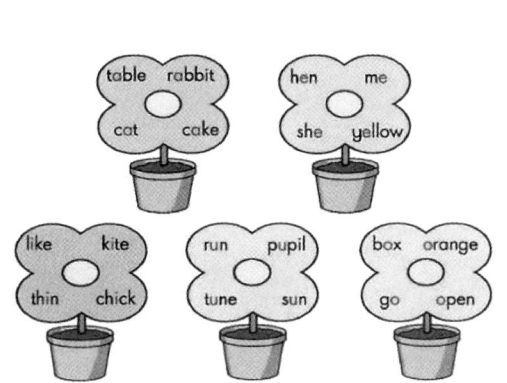

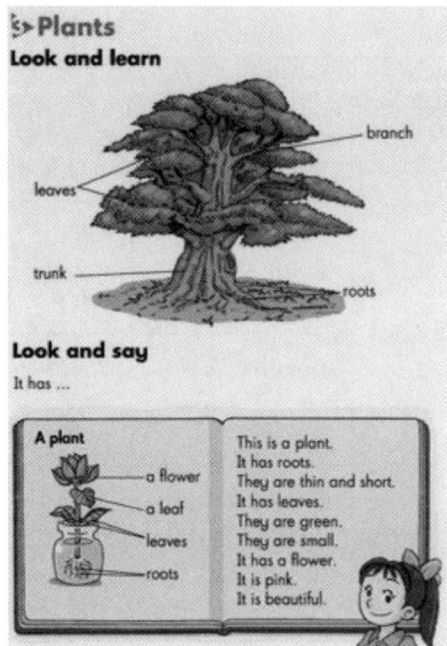

II. Write and say（写一写，说一说）

Assessment：

I know the parts of the plant.	Self-assessment	☆☆
I can make the plant information card.	Peer-assessment	☆☆
I can introduce the plant I see.	Teacher's assessment	☆☆

209

2. 第二课时作业内容

(1) 第二课时作业内容设计属性表(表13)。

表13 第二课时作业内容设计属性表

作业项	项 目	内 容				
作业1	对应作业目标	单元作业目标1				
	作业类型	形式	□听	□说	☑读	□写
		水平	☑记忆性	☑理解性	□应用性	
	作业时间(分钟)	2分钟				
	完成方式	☑独立完成　□合作完成				
	提交时间	☑当天　□____天后				

作业项	项 目	内 容				
作业2	对应作业目标	单元作业目标2、3				
	作业类型	形式	□听	☑说	□读	☑写
		水平	☑记忆性	☑理解性	☑应用性	
	作业时间(分钟)	6分钟				
	完成方式	☑独立完成　□合作完成				
	提交时间	☑当天　□____天后				

(2) 第二课时具体作业。

I. Look and read (看一看,读一读)

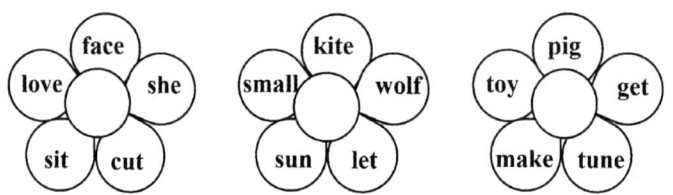

210

II. Write and say（写一写，说一说）

I like the plant.
It has ... It's ...
It has ... They are ...
...
How ...!

Assessment：

I like plants.	Self-assessment	☆☆
I can make a mind map of my favourite plant.	Peer-assessment	☆☆
I can introduce my favourite plant.	Teacher's assessment	☆☆

3. 第三课时作业内容

(1) 第三课时作业内容设计属性表(表14)。

表14　第三课时作业内容设计属性表

作业项	项　目	内　　容			
作业1	对应作业目标	单元作业目标1、3			
	作业类型	形式	□听　　□说	☑读	□写
		水平	☑记忆性　☑理解性		□应用性
	作业时间(分钟)	2分钟			
	完成方式	☑独立完成　□合作完成			
	提交时间	☑当天　　□＿＿天后			

续 表

作业项	项 目	内 容				
作业2	对应作业目标	单元作业目标2、4				
	作业类型	形式	□听	□说	☑读	□写
		水平	☑记忆性	☑理解性	☑应用性	
	作业时间(分钟)	3分钟				
	完成方式	☑独立完成 □合作完成				
	提交时间	☑当天 □___天后				

作业项	项 目	内 容				
作业3	对应作业目标	单元作业目标2、4				
	作业类型	形式	□听	☑说	□读	☑写
		水平	☑记忆性	☑理解性	☑应用性	
	作业时间(分钟)	5分钟				
	完成方式	☑独立完成 □合作完成				
	提交时间	☑当天 □___天后				

(2)第三课时具体作业。

Ⅰ. Read and underline(读一读,画线标出含有字母 a、e、i、o、u 的单词)

> I am a plant. I am nice.
> I like the sun. I feel warm.
> I like the rain. I need water.
> I have leaves. Small and green.
> I have flowers. Big and yellow.
> Who am I?

II. Look and say（看一看，说一说）

III. Draw, write and say（画一画，写一写，介绍你所种植植物的生长过程）

Assessment：

I know how to grow my plant.	Self-assessment	☆ ☆
I can make a diary about my plant.	Peer-assessment	☆ ☆
I can introduce how to grow my plant.	Teacher's assessment	☆ ☆

案例8:《英语(牛津上海版)》4B Module 4 Unit 1 A Music class

上海市闵行区平南小学　杨心逸

主题语境：人与社会——文学、艺术与体育
语篇类型：对话、故事
单元学习主题：A Music class
单元授课时长：4课时

一、单元整体规划

(一) 教材内容

本案例的教材内容来自《英语(牛津上海版)》4B Module 4 Unit 1 A Music class，内容涵盖 Listen and say、Look and learn、Ask and answer、Say and act、Read a story、Make and play、Listen and enjoy(图1)。

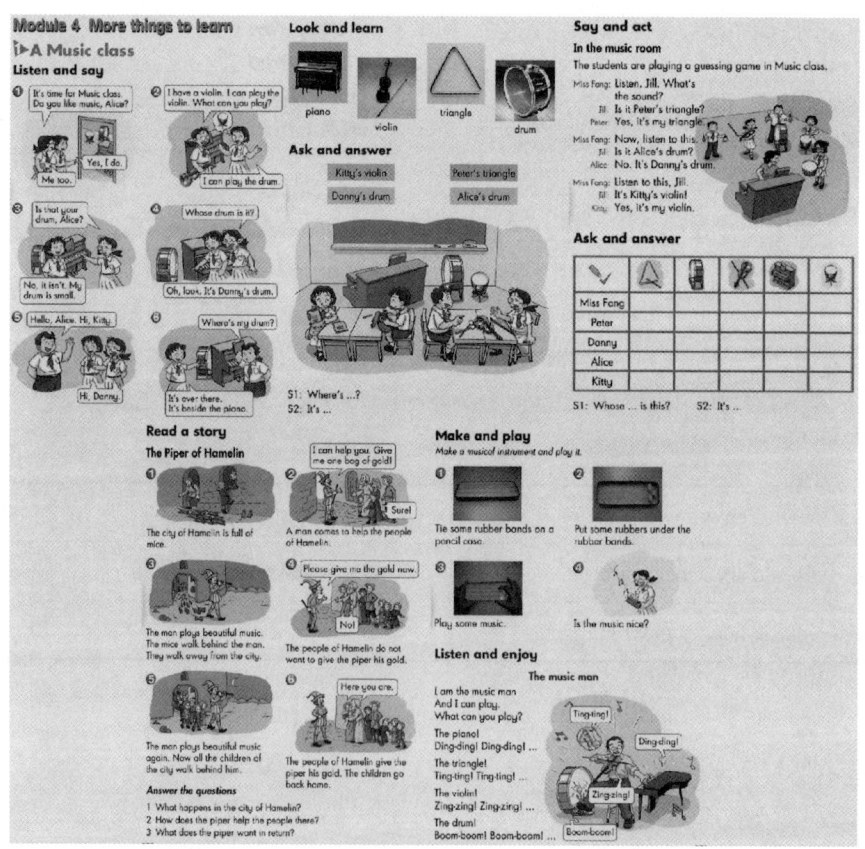

图1　《英语(牛津上海版)》4B Module 4 Unit 1 A Music class 教材内容

（二）内容要求

英语课程内容六要素是一个相互关联的有机整体，共同构成核心素养发展的内容基础。参照义务教育英语课程内容中的二级标准，围绕六要素，对本单元进行了如表 1 所示分析。

表 1 单元内容分析

主题	范畴	☐ 人与自我　　☑ 人与社会　　☐ 人与自然 （单元主题 A Music class）
	主题群	文学、艺术与体育
	子主题内容	运动、文艺等社团活动，潜能发掘
语篇	类型	☑ 连续性文本　　☐ 非连续性文本
语言知识	语音	使用正确的语调朗读对话 感知并模仿说英语，体会意群、语调与节奏 在口头表达中做到语音基本正确，语调自然、流畅
	词汇	在语境中，理解核心词汇 piano、violin、triangle、drum 的含义，在运用中逐步积累词汇
	语法	在语境中理解核心句型"What can you play? Whose . . . is it? Where's . . . ?"的表意功能 在语境中运用所学语法知识描述具体事件的发生、发展和结局
	语篇	辨识故事类语篇的时间、地点、人物，以及事件的发生、发展和结局 利用语篇的标题、图片等信息辅助语篇理解
	语用	在"A Music class"的语境中，初步运用所学语言，得体地表达自己的情感、态度和观点
语言技能	理解性技能	借助图片、图像等，理解有关"A Music class"的语篇，提取、梳理、归纳主要信息 在听和读的过程中，根据上下文线索猜测语篇中词汇的意思 归纳故事类语篇中主要情节的发生、发展与结局 比较乐器的相似性和差异性，尝试从不同视角认识乐器
	表达性技能	完整、连贯地朗读所学语篇，借助语言支架，简单复述语篇大意 围绕"A Music class"进行简单交流，表达个人的情感、态度和观点 简单描述事件或讲述简单的小故事 模仿范文的结构和内容写几句意思连贯的话，并尝试使用描述性词语添加细节，使内容丰富、生动
文化知识		简单的童话故事及其蕴含的价值观 中外音乐领域有造诣的人物及作品
学习策略		☑ 元认知策略　　☑ 认知策略　　☑ 交际策略　　☑ 情感管理策略

（三）语篇分析

本单元主要有三个语篇，教师分别就语篇的主题和内容、语篇传递的意义、语篇的文体特征、内容结构和语言特点进行深入的研读。语篇一是对话，内容围绕 Kitty 和 Alice 在音乐教室讨论乐器的主人而展开，引导学生认识乐器的特点，感受音乐之美。语篇二是对话，内容围绕学生在音乐教室玩猜谜游戏而展开，使学生体验音乐的乐趣。语篇三是故事，讲述了吹笛人在哈默林吹奏笛子，最终取回了自己的报酬的故事，旨在引导学生品味音乐的魅力。具体分析如表 2 所示。

表 2　单元语篇分析

语篇类型	What	Why	How
语篇一 Listen and say 对话	本语篇为小学生的日常对话，内容围绕 Kitty 和 Alice 在音乐教室讨论乐器的主人而展开。	通过 Kitty 和 Alice 在音乐教室讨论乐器的主人，引导学生认识乐器的特点，感受音乐之美。	本语篇以对话的方式呈现，涉及本单元有关乐器名称词汇，如 piano、violin、triangle、drum；交流乐器的名称、主人和位置，如"What can you play? Whose ... is it? Where's ...?"。对话使用了一般现在时，情节较为简单，易于理解，内容贴近学生生活。
语篇二 Say and act 对话	本语篇为小学生的日常对话，内容围绕学生在音乐教室玩猜谜游戏而展开。	通过 Miss Fang 和学生之间玩的猜谜游戏，体验音乐的乐趣。	本语篇以对话的形式呈现，涉及一般现在时和有关乐器的核心词汇和句型，如 piano、violin、triangle、drum。对话情节简单，内容易于理解，贴近学生生活。
语篇三 Read a story 故事	本语篇是关于吹笛人在哈默林吹奏笛子，取回自己报酬的故事。	通过了解吹笛人在哈默林吹奏笛子的不同目的，引导学生品味音乐的魅力。	本语篇是一则故事，涉及一般现在时和有关乐器的核心词汇和核心句型。故事脉络清晰，内容生动，有一定的育人意义。

（四）学情分析

1. 学生学习风格分析

五年级的学生活泼好动，对新话题充满兴趣，喜欢表现自我，勇于挑战，探索知识的欲望很强烈。他们已有较强的个人荣誉感，渴望得到老师和同伴的认可。通过新颖、活泼、有趣的教学活动，可以持续调动学生的学习兴趣，培养积极的学习态度。

2. 学生语言能力分析

在知识层面上，五年级的学生已有了四年的英语学习基础，已经具备一定的英语学习能力，已基本养成较好的听、说、读、写英语的习惯。具有一定的抽象思维能力和逻辑推理能力，批判能力也在逐步发展。学生能读懂语言简单、与主题相关的简短语篇，获取具体信息，理解主要内容。在学习本单元内容之前，学生能介绍自己和他人会做的事情。通过梳理教材的学习内容，对学生语言能力作如表 3 所示分析。

表3 学生语言能力分析

年级学期		学习内容与教学要求
已知	1A M2 U1 Activities	(1) 能运用核心词汇 dance、read、sing、draw 介绍活动的名称。 (2) 能运用核心句型 "I can ..." 介绍自己会做的事情。
	1B M4 U1 Activities	(1) 能运用核心词汇 ride、skip、play、fly 介绍活动的名称。 (2) 能运用核心句型 "What can she/he do? He/She can ..." 交流他人会做的事情。
	2B M4 U1 Activities	(1) 能运用核心词汇 play football、play basketball、play ping-pong、play cards 交流他人会做的事情。 (2) 能运用核心句型 "Can he/she ...? Yes, he/she can. No, he/she can't." 交流他人会做的事情。
	3B M1 U1 Seeing and hearing	(1) 能运用核心词汇 aeroplane、bus、ship、car 介绍交通工具的名称。 (2) 能运用核心句型 "What can you hear/see? I can hear/see ..." 交流听到和看到的交通工具。
	4A M1 U2 Abilities	(1) 能运用核心词汇 paint、draw、read、write、swim、jump 介绍自己会做的事情。 (1) 能运用核心句型 "Can he/she ...? Yes, he/she can. No, he/she can't." 交流他人会做的事情。
应知	4B M4 U1 A music class	(1) 能运用核心词汇 piano、violin、triangle、drum 介绍乐器的名称。 (2) 能运用核心句型 "What can you play? Whose ... is it? Where's ...?" 交流乐器的名称、主人及位置。
预知	5B M1 U1 What a mess!	(1) 能运用核心词汇 notebook、paints、crayon、school bag、brush、tape、glue 介绍学习用品的名称。 (2) 能运用核心句型 "Whose ...? It's/They're mine/yours/his/hers/ours/theirs." 交流学习用品的主人。

3. 学生学习能力分析

五年级学生对英语学习有较浓厚的兴趣和自信心，能积极参与课堂活动，注意倾听，大胆尝试用英语进行交流；能了解自己英语学习中的不足，并做出适当调整；能借助多种渠道或资源学习英语；能在学习活动中与他人合作，共同完成学习任务；能在学习过程中认真思考，主动探究，尝试通过多种方式发现并解决语言学习中的问题。

4. 学生主题知识分析

本单元的主题为"A Music class"，贴合学生实际，因此学生对于乐器有一定的认知，符合他们的学习经历。此外，这一单元主题还贴合学生的校内外兴趣课程，有一部分学生在校内参加弦乐、打击乐等学生社团，在校外有学习乐器的经历，他们对自己所学习的乐器有着更深入的了解。

二、单元整体设计

（一）单元主题内容框架图

结合教材与语篇研读，教师建立了四个相互关联、逐步递进的课时，梳理课时育人元素，明确本单元的育人价值,构建单元主题内容框架图(图2)。本单元以主题"A Music class"为引领,通过四课时的学习,引导学生了解乐器之声,感受音乐之美,品味音乐之力,体验音乐之趣。

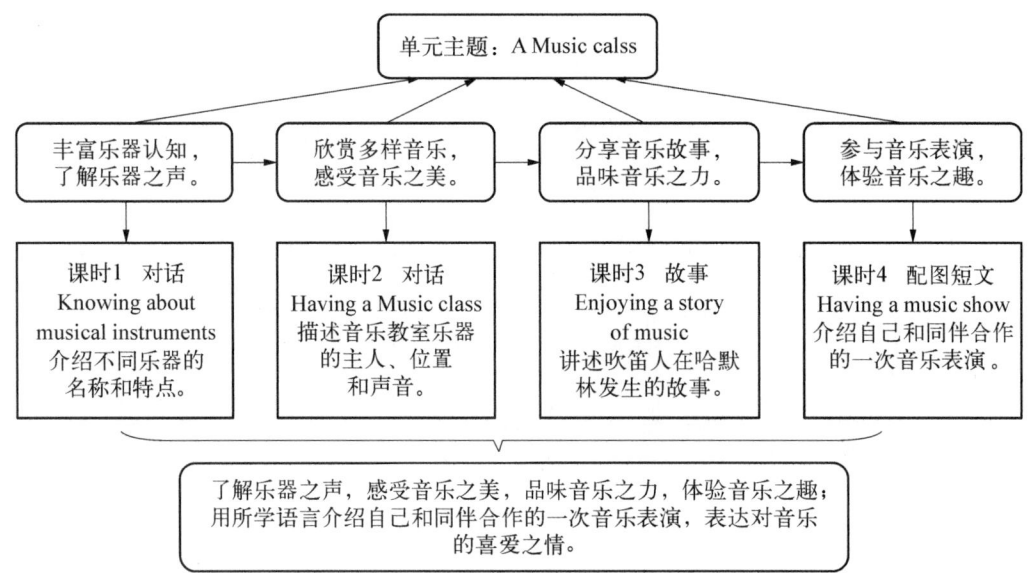

图2 单元主题内容框架图

(二)确定单元学习目标

本单元学习目标如下:

知识与技能目标:学生能用降调朗读核心句型"What can you play? Whose ... is it? Where's ...?";能在语境中运用核心词汇piano、violin、triangle、drum介绍乐器的名称;能在语境中运用核心句型"What can you play? Whose ... is it? Where's ...?"交流乐器的名称、主人和位置;能理解并朗读关于"A Music class"的语篇,获取信息,梳理语篇结构,介绍自己和同伴合作的一次音乐表演。

主题与文化目标:学生能了解乐器之声,感受音乐之美,品味音乐之力,体验音乐之趣。

思维与策略目标:学生能积极参与课堂学习活动,认真思考,注意倾听,主动探究;通过图片观察、文本视听、视频欣赏、角色扮演、交流问答、看图说话等形式,完成学习任务,逐步形成理解力、观察力、分析力、比较力和综合力。

本单元的学习任务是:在举办音乐周的语境中,丰富对乐器的认知。能借助思维导图,从乐器的名称、特点、声音和个人感受等方面介绍自己与同伴合作的一次音乐表演,体验音乐的美妙和乐趣。要求语音语调正确,内容完整达意,表达流利,拼写及语法正确。

(三)确定分课时学习目标

依据单元学习目标,确定单课学习目标和学习任务(表4)。第一课时,学生学习乐器的名称和特点,借助乐器信息卡介绍不同乐器的名称和特点。第二课时,学生学习乐器的主人、位置和声音,借助海报描述音乐教室乐器的主人、位置和声音。第三课时,学生学习吹笛人在哈默林发生的故事,讲述该故事。第四课时,学生借助思维导图介绍自己和同伴合作的一次音乐表演。

表 4　分课时学习目标

	知 识 与 技 能	主题与文化	思维与策略	学 习 任 务
第一课时	（1）能用降调跟读核心句型"What can you play?"。 （2）能在语境中理解、听懂并朗读核心词汇 piano、violin、triangle、drum。 （3）能在语境中理解、听懂核心句型"What can you play?"。 （4）能理解并朗读语篇"Knowing about musical instruments"，获取信息，并梳理语篇结构，介绍不同乐器的名称和特点。	丰富乐器认知，了解乐器之声。	（1）能积极参与课堂学习活动，认真思考，注意倾听，主动探究。 （2）通过观察判断、欣赏选择、听读文本等形式，完成学习任务，逐步形成理解力、观察力、分析力和比较力。	学生在参观音乐社团的语境中，丰富乐器认知，并能借助乐器信息卡，介绍不同乐器的名称和特点。要求语音语调基本正确，表达较流利。
第二课时	（1）能用降调朗读核心句型"What can you play? Whose ... is it? Where's ...?"。 （2）能在语境中尝试运用核心词汇 piano、violin、triangle、drum 介绍乐器的名称。 （3）能在语境中尝试运用核心句型"What can you play? Whose ... is it? Where's ...?"交流乐器的名称、主人和位置。 （4）能理解并朗读语篇"Having a Music class"，获取信息，并借助海报描述音乐教室乐器的主人、位置和声音。	欣赏多样音乐，感受音乐之美。	（1）能积极参与课堂学习活动，认真思考，注意倾听，主动探究。 （2）通过视频欣赏、角色扮演、看图说话等形式，完成学习任务，逐步形成理解力、观察力、分析力和比较力。	学生在上音乐课的语境中，能借助海报，描述音乐教室乐器的主人、位置和声音，感受音乐之美。要求语音语调正确，内容基本达意，表达较流利。
第三课时	（1）能正确运用核心词汇和句型围绕主题进行交流。 （2）能理解并朗读语篇"The piper of Hamelin"，获取相关信息，梳理结构，讲述故事。	分享音乐故事，品味音乐之力。	（1）能积极参与课堂学习活动，认真思考，注意倾听，主动探究。 （2）通过听读故事、问答交流、角色扮演等形式，完成学习任务，逐步形成理解力、观察力、分析力、比较力和综合力。	学生在阅读音乐故事的语境中，能讲述吹笛人在哈默林发生的故事，品味音乐之力。要求语音语调正确，内容完整达意，表达较流利，拼写及语法基本正确。
第四课时	（1）能熟练运用核心单词和句型围绕主题进行交流。 （2）能理解语篇"Having a music show"，获取相关信息，并借助思维导图仿说仿写，介绍自己和同伴合作的一次音乐表演。	参与音乐演出，体验音乐之趣。	（1）能积极参与课堂学习活动，认真思考，注意倾听，主动探究。 （2）通过文本视听、问答交流、角色扮演、看图排序等形式，完成学习任务，逐步形成理解力、观察力、分析力、比较力和综合力。	学生在参与音乐演出的语境中，能借助思维导图，从乐器的名称、特点、声音和个人感受等方面，介绍自己和同伴合作的一次音乐表演，体验音乐之趣。要求语音语调正确，内容基本达意，表达流利，拼写及语法正确。

（四）单元学习评价设计

1. 确定评价目标

新课标指出，教师要把握教、学、评在育人过程中的不同功能，树立"教—学—评"的整体育人观念。教师依据单元学习目标，制定了单元评价目标（表5），评价从学习兴趣、学习习惯和学业成果三个维度展开，强调学科特征和学生的学习素养。

表5　单元评价目标

评价维度	评价内容
学习兴趣	（1）对英语学习感兴趣、有较高积极性和探索欲，乐于参与课堂的听读活动。 （2）能与他人进行交流，参与语言运用，复述基本信息，进行个人观点表达。
学习习惯	（1）能认真倾听同伴与老师的交流。 （2）能积极与同伴进行有意义的、连续的交流与合作，举止大方，声音响亮。 （3）能模仿跟读，基于理解进行朗读，在阅读过程中结合上下文语境。 （4）能根据要求进行书写，用句子进行描述。
学业成果	（1）能介绍并书写乐器的名称、特点、声音、主人、位置和个人感受。语音语调正确，内容完整达意，表达流利，拼写及语法正确。 （2）能讲述并书写吹笛人在哈默林发生的故事。语音语调正确，内容完整达意，表达流利，拼写及语法正确。 （3）能正确运用核心词汇、句型介绍自己和同伴合作的一次音乐表演。语音语调正确，内容完整达意，表达流利，拼写及语法正确。

2. 设计评价工具

依据单元评价目标，教师设计了相应的评价工具（表6）。学习兴趣主要评价学生参与课堂学习活动的表现。学习习惯主要评价学生倾听、表达、朗读、书写等的表现。学业成果主要评价学生在每一课时的表现，分别为：介绍不同乐器的名称和特点；描述音乐教室乐器的主人、位置和声音；讲述吹笛人在哈默林的故事；介绍自己和同伴合作的一次音乐表演。评价兼顾学生自评、同伴互评和教师评价。

表6　单元评价工具

评价维度	观察点	等第标准（形式：星数）			评价主体	评价方式
		Good job! ☆	Well done! ☆☆	Excellent! ☆☆☆		
学习兴趣	（1）参与课堂学习活动的情况。 （2）与他人讨论、交流的情况。	（1）能在同伴或老师的提醒下，参与课堂活动。 （2）能在同伴或老师的提醒下，参与讨论、交流。	（1）对英语学习感兴趣，乐于参与课堂的听读活动。 （2）能主动参与讨论、交流。	（1）对英语学习有积极性和探索欲，善于参与课堂的听读活动。 （2）能主动参与且带动同伴讨论、交流。	学生自评	课堂表现

续 表

评价维度	观察点	等第标准(形式：星数)			评价主体	评价方式
		Good job! ☆	Well done! ☆☆	Excellent! ☆☆☆		
学习习惯	(1) 口头表达时的仪态和音量。 (2) 倾听与交流的情况。 (3) 朗读的情况。 (4) 书写的质量。	(1) 口头表达时，体态较扭捏，声音较轻。 (2) 能在同伴或老师的帮助下，简单回应对方，参与度一般。 (3) 能大致模仿跟读，完成朗读。 (4) 能按照要求进行规范书写。	(1) 口头介绍时，举止大方，声音响亮。 (2) 能认真倾听同伴与老师的交流，大胆与同伴进行有意义的、连续的交流与合作。 (3) 能模仿跟读，基于理解有感情地进行朗读。 (4) 能按照要求进行规范书写，且内容正确达意。	(1) 口头介绍时，举止大方，声音响亮，富有感情。 (2) 能认真倾听同伴与老师的交流，与同伴进行交流与合作。 (3) 能流利朗读所学内容，语音语调正确，停顿适切。 (4) 能规范书写，页面整洁，拼写正确。	同伴互评	课堂观察
学业成果	(1) 介绍不同乐器的名称和特点。 (2) 描述音乐教室乐器的主人、位置和声音。 (3) 讲述吹笛人在哈默林的故事。 (4) 介绍自己和同伴合作的一次音乐表演。	(1) 能在老师或同伴的帮助下，简单介绍乐器的名称和特点。 (2) 能在老师或同伴的帮助下，描述音乐教室乐器的主人、位置和声音。 (3) 能在老师或同伴的帮助下，大致讲述吹笛人在哈默林的故事。 (4) 能在老师或同伴的帮助下，简单介绍自己和同伴合作的一次音乐表演。	(1) 能独立且正确运用核心词汇、句型，较有感情地介绍乐器的名称和特点。语音语调正确，内容较完整达意，表达较流利。 (2) 能独立且正确运用核心词汇、句型，较有感情地描述音乐教室乐器的主人、位置和声音。语音语调正确，内容较完整达意，表达较流利。 (3) 能自主借助板书句型，较有感染力地讲述吹笛人在哈默林的故事。语音语调正确，内容较完整达意，表达较流利。 (4) 能独立且正确运用核心词汇、句型，较有感染力地介绍自己和同伴合作的一次音乐表演。语音语调正确，内容较完整达意，表达较流利。	(1) 能独立且正确运用核心词汇、句型，有感情地介绍乐器的名称和特点。语音语调正确，内容完整达意，表达流利。 (2) 能独立且正确运用核心词汇、句型，有感情地描述音乐教室乐器的主人、位置和声音。语音语调正确，内容完整达意，表达流利。 (3) 能自主借助板书句型，有感染力地讲述吹笛人在哈默林的故事。语音语调正确，内容完整达意，表达流利。 (4) 能独立且正确运用核心词汇、句型，有感染力地介绍自己和同伴合作的一次音乐表演。语音语调正确，内容完整达意，表达流利。	学生自评 同伴互评 教师评价	倾听介绍 观察表现

3. 明确评价内容

根据单元学习目标和评价目标,教师从学习兴趣、学习习惯和学业成果三个维度设计了单元评价内容(表7)。评价内容考虑到学生的认知水平、学习经历和学习特点,通过说一说、写一写等形式,以较为实际和有趣味性的任务激发学生的学习兴趣,引导学生表达对音乐的喜爱之情。重点关注学生对于主题意义的理解,对于核心词汇和核心句型的掌握情况,以及口头表达和书写能力。

表7 单元评价内容

项 目	内 容		
评价维度	☑ 学习兴趣　　☑ 学习习惯　　☑ 学业成果		
评价内容	1. Write and say 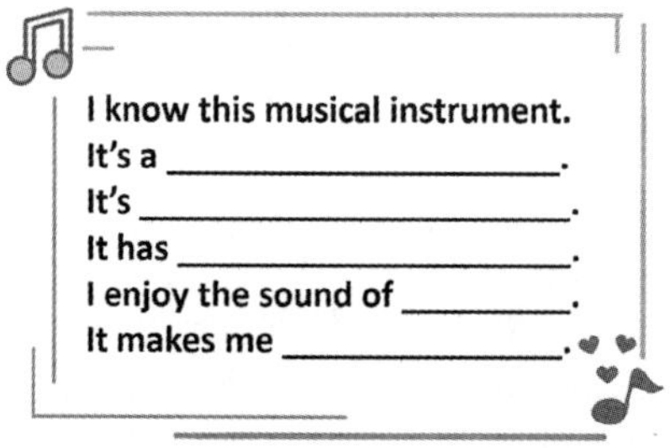 I know this musical instrument. It's a _____. It's _____. It has _____. I enjoy the sound of _____. It makes me _____.		
	I know this musical instrument.	Self-assessment	☆☆☆
	I can introduce this musical instrument correctly, clearly and fluently.	Peer-assessment	☆☆☆
	I can write clearly and nicely.	Teacher's assessment	☆☆☆
	2. Write and say Look at our music room. There are some musical instruments in it. _____ has a _____. It's _____. (place) It's _____. (feature) He/She can play the _____. It goes _____. (sound) So _____!　　(feeling)		
	I know the information of the musical instrument.	Self-assessment	☆☆☆
	I can introduce the musical instrument correctly, clearly and fluently.	Peer-assessment	☆☆☆
	I can write clearly and nicely.	Teacher's assessment	☆☆☆

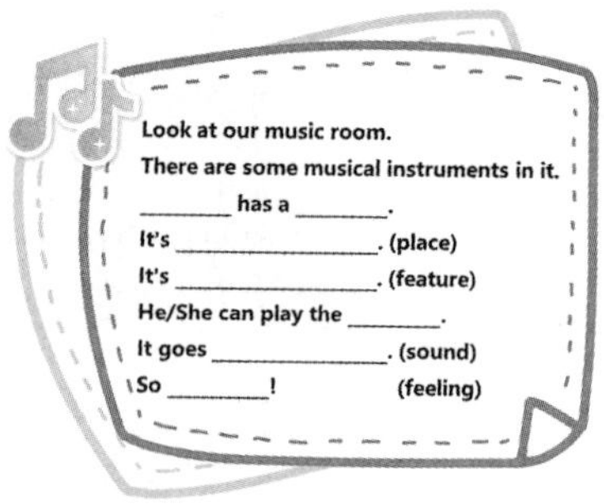

续 表

项　目	内　　　容
评价内容	3. Write and retell **The piper of Hamelin** 1. The city of Hamelin is ＿＿＿＿＿＿.A piper ＿＿＿＿＿＿＿＿. 　 He ＿＿＿＿＿＿＿. The piper plays music. The rats ＿＿＿＿＿＿. 2. The people of Hamelin ＿＿＿＿＿＿. The piper ＿＿＿＿＿＿. 　 He plays music. The children ＿＿＿＿＿＿＿. 3. The people of Hamelin ＿＿＿＿＿＿. The piper ＿＿＿＿＿＿. 　 He plays music again. The children ＿＿＿＿＿＿＿. | I know the information of the story. | Self-assessment | ☆ ☆ ☆ | | I can retell the story correctly, clearly and fluently. | Peer-assessment | ☆ ☆ ☆ | | I can write clearly and nicely. | Teacher's assessment | ☆ ☆ ☆ | 4. Write and say **Our music show** ＿＿＿＿＿＿＿ and I have a music show together. 　 I can play the ＿＿＿＿＿. It's ＿＿＿＿＿＿. 　 It goes ＿＿＿＿＿＿＿＿＿. So ＿＿＿＿＿! | I know the information of the music show. | Self-assessment | ☆ ☆ ☆ | | I can introduce the music show correctly, clearly and fluently. | Peer-assessment | ☆ ☆ ☆ | | I can write clearly and nicely. | Teacher's assessment | ☆ ☆ ☆ |
结果呈现	□等第　　　□评语　　　☑星数

三、单课教学设计

（一）第一课时教学设计

1. 第一课时学习语篇

Knowing about musical instruments

Alice is talking about the musical instruments in the music room.

Alice：I know this musical instrument.	I know this musical instrument.
It's a piano.	It's a violin.
It's big and heavy.	It's small and light.
It has 88 keys.	It has 4 strings.
I enjoy the sound of the piano.	I enjoy the sound of the piano.
It makes me happy.	It makes me warm.

2. 过程设计

本课时的语境为彩虹小学举办了音乐周，Alice 在跟随 Kitty 参观音乐社团的过程中，认识和了解了不同乐器的名称和特点。学生在第一课时开展如下活动：认识和了解钢琴这一乐器的名称和特点—认识和了解小提琴这一乐器的名称和特点—分析、归纳并辨别鼓和三角铁这两个乐器的名称和特点—介绍自己了解的乐器的名称和特点。

本课时充分利用文本、音频、视频的多模态语篇，使学生在听、说、看、读、写五个不同的环节中，学习核心词汇和核心句型。本课时巧妙关联跨学科资源，学生在享受与乐器相关的音频、视频的同时，充分感受到不同乐器的声音特点和背后蕴含的不同情感，从而丰富学生的情感体验，达到学科育人的效果。

学生在高效掌握英语新知的同时，也能利用已知和学习经历，充分投入课堂，对英语产生浓厚的学习兴趣。第一课时教学过程设计如表 8 所示。

表 8　第一课时学习过程设计

学习环节	活动目标	学习内容	学习方式	活动类型	学习资源
Pre-task	通过视频欣赏、思考选择等形式，感知与注意主题语境。	1. There is a Music Week in Rainbow Primary School.	1－1 Look and listen 1－2 Think and choose 1－3 Watch and answer 1－4 Look and read	主题引入	视频 图片 智慧笔1 音乐知识
While-task	通过听读模仿、思考选择、视频欣赏等形式，提取、分析钢琴的特点，梳理语篇结构，感知并理解如何介绍乐器，模仿表达。	2. Miss Fang is talking about the piano.	2－1 Look and learn 2－2 Think and say 2－3 Listen and say 2－4 Think and choose 2－5 Watch and answer 2－6 Watch and enjoy 2－7 Look and say 2－8 Listen and follow 2－9 Think and say	学习理解 实践体验	视频 音频 图片 板书 音乐知识

224

续 表

学习环节	活动目标	学习内容	学习方式	活动类型	学习资源
While-task	通过观察判断、欣赏选择、听读文本等形式，提炼、比较小提琴的特点，内化语言知识，尝试扮演 Kitty 介绍小提琴。	3. Kitty is talking about the violin.	3－1 Think and choose 3－2 Look and learn 3－3 Watch and tick 3－4 Think and say 3－5 Listen and read	学习理解 实践体验 构建运用	视频 音频 图片 板书 智慧笔2 音乐知识
	通过阅读填空、思考介绍等形式，识别、分析三角铁及鼓的特点，并做介绍。	4. Danny and Peter are talking about the triangle and the drum.	4－1 Look and learn 4－2 Read and complete 4－3 Choose and say	学习理解 实践体验 构建运用	图片 学习单 智慧笔3 音乐知识
Post-task	通过视频欣赏、小组合作、分享交流等形式，丰富乐器认知，运用所学知识介绍自己了解的乐器。	5. The musical instrument I know.	5－1 Watch and say 5－2 Think and choose 5－3 Look and introduce 5－4 Share and talk 5－5 Watch and enjoy	迁移转换	视频 图片 板书 信息卡 音乐知识
课后作业	1. Listen and read 2. Think and write				

3. 板书设计（图 3）

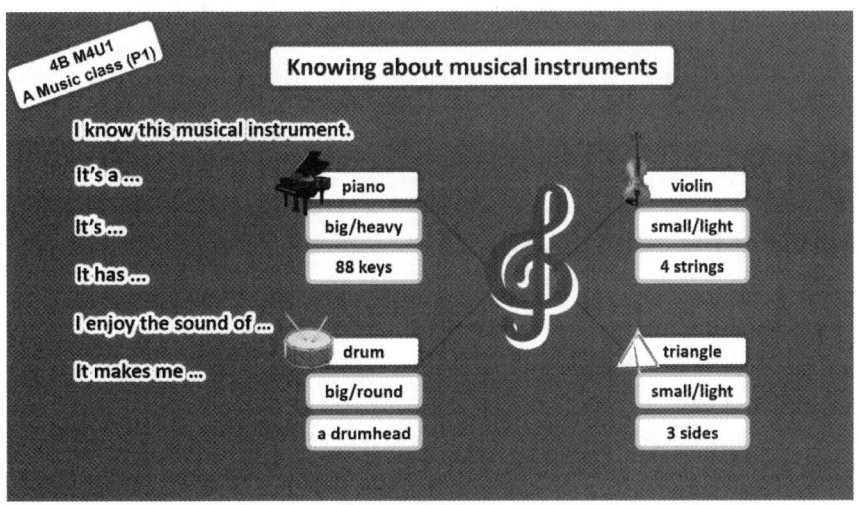

图 3　第一课时板书

4. 课中练习

(1) 学习任务一。

学生在观看"乐器科普视频"前,思考并选择有关乐器的信息和特点(图4)。这个任务是为了检查学生的元认知储备,更好地引导学生理解乐器的含义,关联本单元主题。

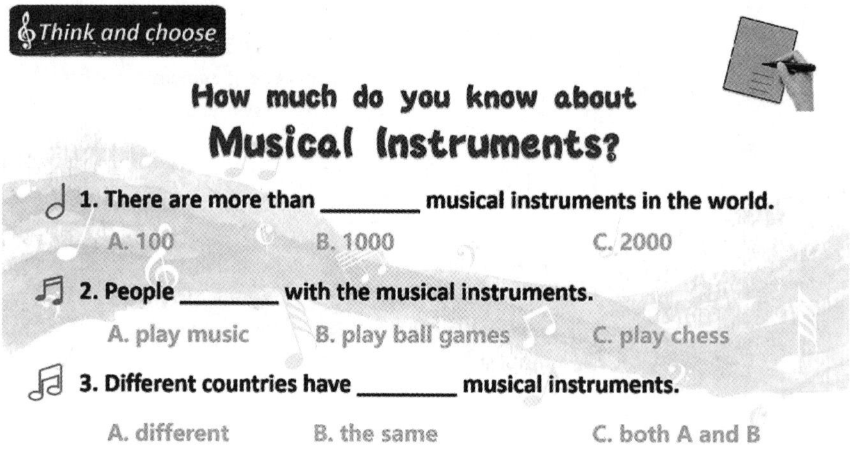

Think and choose

How much do you know about Musical Instruments?

1. There are more than _____ musical instruments in the world.
   A. 100   B. 1000   C. 2000

2. People _____ with the musical instruments.
   A. play music   B. play ball games   C. play chess

3. Different countries have _____ musical instruments.
   A. different   B. the same   C. both A and B

图4 第一课时学习任务一

(2) 学习任务二。

学生观看视频,思考并选择钢琴有多少个琴键(图5)。这个任务是为了检查学生能否通过观看视频,听懂并提取视频中的关键信息,引导学生认识钢琴的特点。

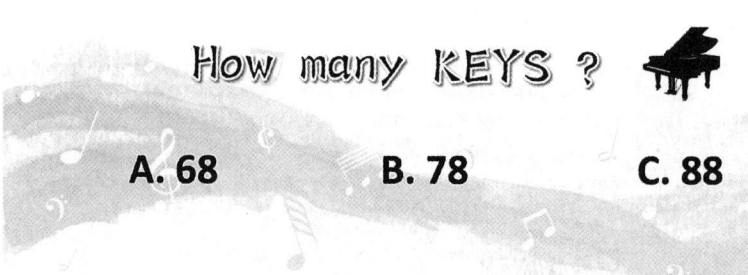

Think and choose

How many KEYS?

A. 68   B. 78   C. 88

图5 第一课时学习任务二

(3) 学习任务三。

学生观看三段小提琴演奏的音乐片段(图6),判断并勾选每一段小提琴音乐背后蕴含的情感。这个任务检查学生能否通过观看视频,准确判断音乐所传递的不同感情,进一步引导学生体验同一种乐器的不同声音和带来的不同感受。

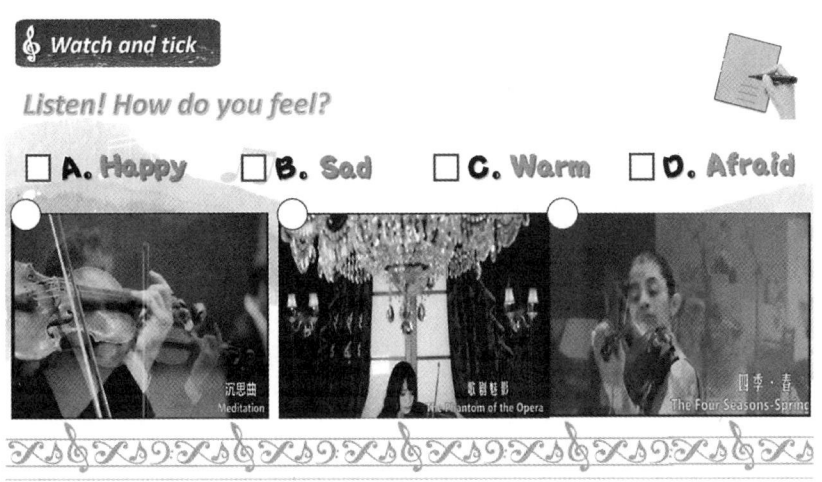

图 5　第一课时学习任务三

(4) 学习任务四。

学生阅读语篇,填写有关鼓和三角铁的信息,完成对这两个乐器的介绍(图6)。这个任务检查学生能否通过阅读思考,识别分析这两种乐器的特点并完成对乐器的介绍,引导学生认识这两种乐器的名称并比较其外形特点。

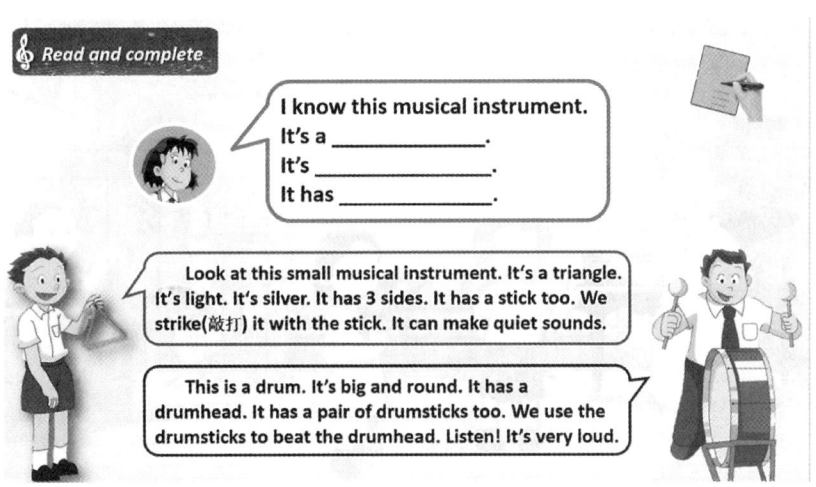

图 6　第一课时学习任务四

(二) 第二课时教学设计

1. 第二课时学习语篇

Having a Music class

Kitty and Alice are having a Music class in the music room.

Kitty：It's time for Music class. Do you like music，Alice?

Alice：Yes, I do.

Kitty: Me too. Look at our music room. There are some musical instruments in it. I have a violin. It's small and brown. I can play the violin. It goes 'Zing-zing'. So nice!

Alice: Where your violin, Kitty?

Kitty: It's beside the piano. What can you play, Alice?

Alice: I can play the drum. It's red. It goes 'Boom-boom'. So cool!

Kitty: Is that your drum, Alice?

Alice: No, it isn't. My drum is small.

Kitty: Whose drum is it?

Alice: Oh, look. It's Danny's drum.

Kitty: Where is your drum, Alice?

Alice: It's on the chair.

2. 过程设计

第二课时的语境为 Kitty 和 Alice 在上音乐课的过程中,通过问答知道了音乐教室中不同乐器的主人、位置和声音。学生在本课时开展如下活动:分析 Kitty 的小提琴的位置、特点等信息—获取并比较 Alice 的鼓的位置和特点—合作介绍音乐教室的其他乐器—借助海报,描述音乐教室乐器的主人、位置和声音。

学生通过听读文本、猜测思考、问答交流、角色对话等形式获取信息,和同伴探讨交流,学会掌握并运用"What can you play? Whose ... is it? Where's ..."等核心句型。最后在 Post-task 环节中,学生借助海报,描述音乐教室乐器的主人、位置和声音。这体现了学思结合的理念。第二课时过程设计如表9所示。

表9 第二课时学习过程设计

学习环节	活动目标	学习内容	学习方式	活动类型	学习资源
Pre-task	通过视频欣赏、歌曲演唱等形式,识别不同乐器的外形和声音。	1. The music man.	1-1 Watch and sing	构建运用	视频图片
	通过看图介绍等形式,复习不同乐器的表达。	2. The musical instruments I know.	2-1 Look and say 2-2 Look and read	构建运用	作业单图片
While-task	通过听读文本、猜测思考等形式,感知与注意主题语境。	3. The children are having a Music class.	3-1 Listen and think 3-2 Look and read	学习理解	音频图片
	通过视听对话、问答交流、角色扮演等形式,获取、分析 Kitty 乐器的位置、特点等信息,梳理语言结构,尝试模仿表达。	4. Kitty can play the violin. Her violin is beside the piano.	4-1 Watch and answer 4-2 Look and learn 4-3 Think and say 4-4 Listen and read 4-5 Say and act	学习理解 实践体验 构建运用	视频音频图片板书音乐知识

续　表

学习环节	活动目标	学习内容	学习方式	活动类型	学习资源
While-task	通过看图猜测、角色扮演等形式,获取并比较的 Alice 的鼓所在的位置和特点,扮演角色进行描述。	5. Alice can play the drum. Her drum is on the chair.	5-1 Think and guess 5-2 Listen and choose 5-3 Look and say 5-4 Say and act	实践体验 构建运用	音频 图片 板书 音乐知识
	通过看图说话等形式,内化语言结构,和同伴合作介绍音乐教室的其他乐器。	6. More musical instruments in the music room.	6-1 Look and say 6-2 Listen and read	实践体验 构建运用	图片 板书 学习单 音乐知识
Post-task	借助海报,描述音乐教室乐器的主人、位置和声音,感受音乐之美。	7. The musical instruments in our music room.	7-1 Think and say 7-2 Watch and enjoy	迁移转换	板书 图片 学习单 音乐知识 个人经历
课后作业	1. Listen and read 2. Write and say				

3. 板书设计(图7)

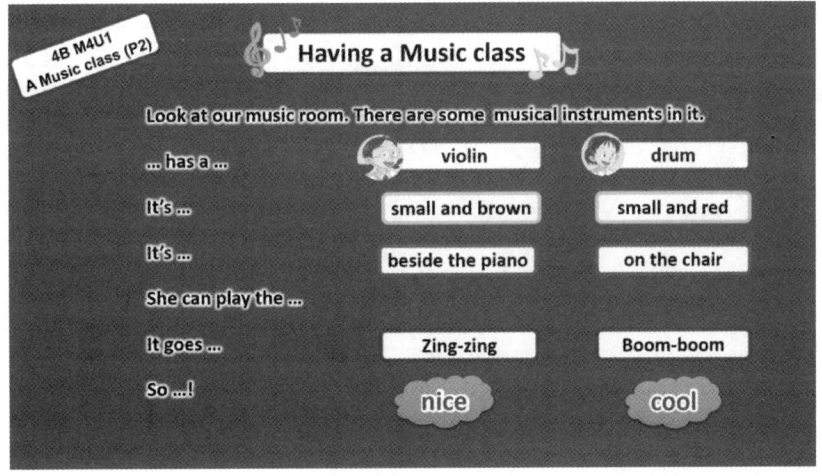

图7　第二课时板书

4. 课中练习

(1) 学习任务一。

学生听人物之间的对话,勾选各乐器的主人(图8)。这个任务检查学生能否听读对话文本,获取、分析不同乐器的声音和主人,引导学生感受不同乐器的不同声音的特点。

图 8　第二课时学习任务一

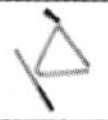

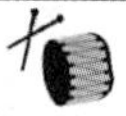

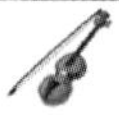

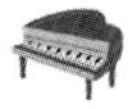

（2）学习任务二。

学生阅读对话语篇，思考并选择句子编号，使对话完整（图 9）。这个任务是为了检查学生能否联系上下文，找到对应的问句或答句，引导学生掌握并运用核心句型，学会询问乐器的主人、位置。

图 9　第二课时学习任务二

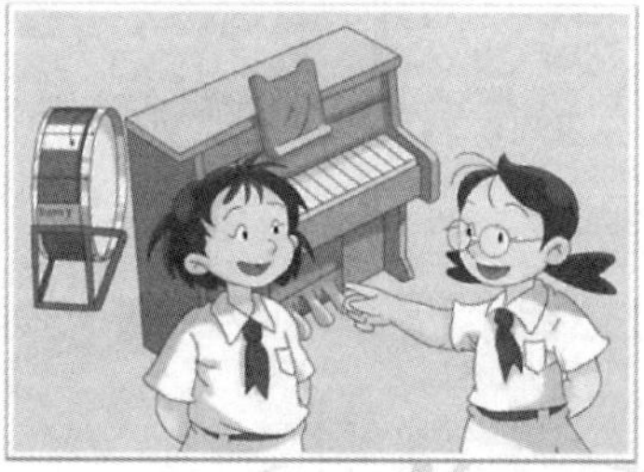

（三）第三课时教学设计

1. 第三课时学习语篇

The piper of Hamelin

The city of Hamelin is full of rats. People are so scared.

　　Man：So many rats！！！

　Woman：I hate rats！

Children：Oh，help！

A piper comes to help the people. He asks for a bag of gold.

  Piper：I can help you. Give me a bag of gold.

  People：Sure.

The piper plays beautiful music. The rats walk behind the man. They walk away from the city.

  People：Oh! No rats! Great!

The people don't want to give the piper his gold. They break their words.

  Piper：The rats go away. Please give me the gold now.

  People：No gold for you! Go away!

The piper gets angry. He plays music. Now all the children of the city walk behind him.

  Children：I can play the guitar. I can play the violin. I can play the drum. We like this music!

The people are sad and angry.

  People：I want my children!

The piper of Hamelin give the piper his gold.

  People：Here you are!

The piper gets his gold. He plays music again. The children go back home.

2. 过程设计

本课时让学生在阅读音乐故事的语境中,学习讲述吹笛人在哈默林发生的故事。本课时充分利用文本、音频、视频和故事书等多种资源,以吹笛人总共吹了几次笛子为故事脉络,带领学生共同探索吹笛人吹奏笛子的次数和不同目的,使学生品味音乐的魔力。

学生通过观察图片、角色扮演等形式了解吹笛人第一次吹奏音乐的原因,梳理故事脉络,讲述故事的起因。学生通过阅读思考、阅读填空等形式,获取并分享吹笛人第二、第三次吹奏音乐的原因,分析故事的经过和结果。学生最终借助板书,合作叙述该音乐故事,感悟音乐的魔力,丰富了情感体验,达到学科育人这一成效。第三课时教学过程设计如表10所示。

表10 第三课时学习过程设计

学习环节	活动目标	学习内容	学习方式	活动类型	学习资源
Pre-task	通过分享交流等形式,描述乐器的主人、位置及声音,复习所学知识。	1. There are some musical instruments in the music room.	1-1 Look and share	构建运用	作业单 音乐知识
While-task	通过问答交流、听读故事、思考选择等形式,获取与梳理故事的基本信息,感知故事主题。	2. The cover of the story.	2-1 Look and say 2-2 Listen and think 2-3 Think and choose	学习理解	图片 音频 智慧笔1 文化知识

续　表

学习环节	活动目标	学习内容	学习方式	活动类型	学习资源
While-task	通过观察图片、角色扮演、问答交流等形式，获取、分析吹笛人第一次吹奏音乐的原因，初步感知音乐的魔力。尝试讲述故事的起因。	3. The piper plays magic music. The rats walk away.	3–1 Read and answer 3–2 Listen and read 3–3 Read and complete 3–4 Look and retell	学习理解 实践体验 构建运用	音频 图片 板书
	通过阅读思考、问答交流等形式，获取、分析吹笛人第二次吹奏音乐的原因。讲述故事的经过。	4. The piper plays music. All the children walk behind him.	4–1 Read and answer 4–2 Read and think 4–3 Read and complete 4–4 Look and retell	实践体验 构建运用	音频 图片 板书 智慧笔2
	通过阅读填空、思考交流等形式，获取、分析吹笛人第三次吹奏音乐的原因，加深对音乐魔力的理解。讲述故事的结果。	5. The piper plays magic music. The children go back home.	5–1 Read and complete 5–2 Look and retell	实践体验 构建运用	音频 图片 板书 学习单 智慧笔3
Post-task	合作讲述故事，品味音乐之力。	6. The piper of Hamelin.	6–1 Look and retell 6–2 Think and say 6–3 Enjoy and share	迁移转换	图片 板书 学习单
课后作业	1. Listen and read 2. Write and retell 3. Enjoy and share（optional）				

3. 板书设计（图10）

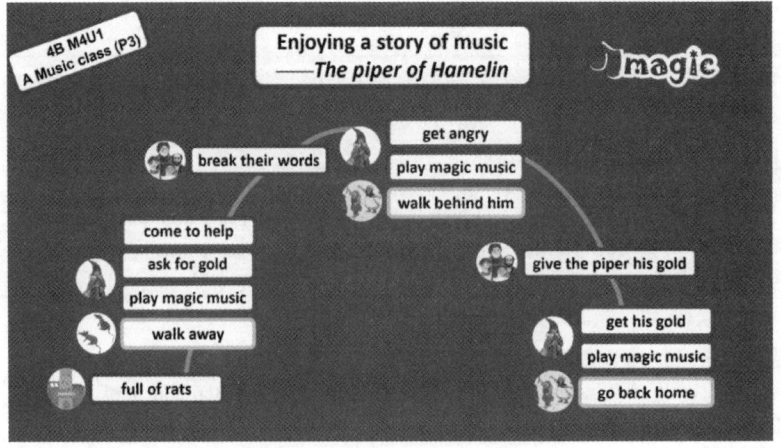

图10　第三课时板书

4. 课中练习

（1）学习任务一。

学生阅读并聆听故事书，思考并选择 Hamlin 发生了什么、吹笛人总共吹奏了几次笛子。（图11）这个任务检测学生通过自主阅读获取与梳理故事基本信息的能力，引导学生感知故事主题。

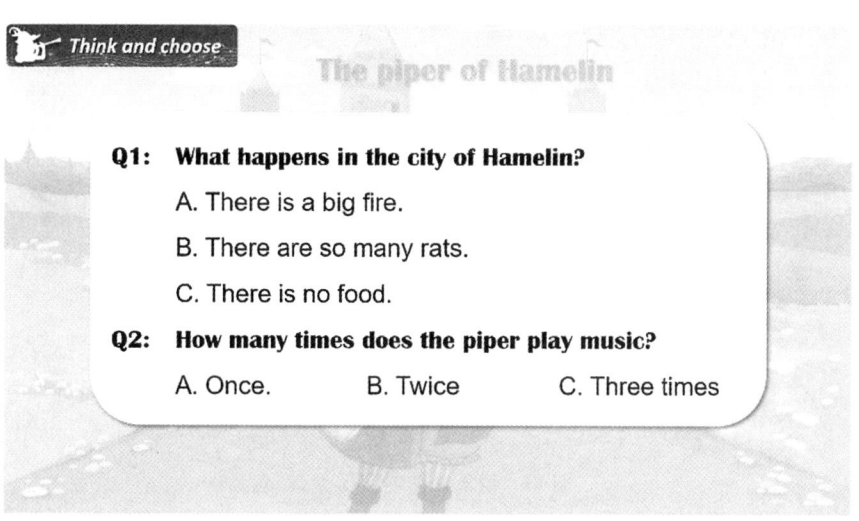

图11　第三课时学习任务一

（2）学习任务二。

学生阅读故事书，思考并回答：为什么吹笛人要第二次吹奏笛子？你认为吹笛人吹奏出的音乐是怎么样的？（图12）学生通过自主阅读解读故事内容，获取、分析吹笛人第二次吹奏音乐的原因，感受音乐的魔力。

图12　第三课时学习任务二

（3）学习任务三。

学生使用学习单，阅读故事书，思考并书写吹笛人第三次吹奏音乐的原因，然后与同伴进行交流（图13）。这个任务检测学生通过自主阅读解读故事内容、提取故事信息、讲述故事结果的能力，引导学生加深对"音乐具有魔力"的理解。

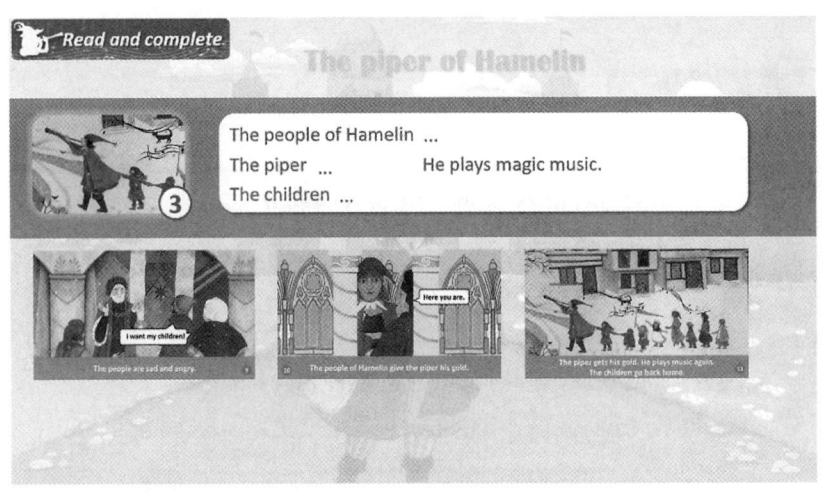

图13　第三课时学习任务三

（四）第四课时教学设计

1. 第四课时学习语篇

Having a music show

Miss Fang and children are preparing for a music show in the music room.

Miss Fang：Listen, Jill. What's the sound?

　　　Jill：Is it Peter's triangle?

　　Peter：Yes, it's my triangle.

　　　　　It's sliver and light.

　　　　　It goes 'Ting-ting'. So nice!

Miss Fang：Now, listen to this.

　　　Jill：Is it Alice's drum?

　　Alice：No. It's Danny's drum.

　　　　　It's red and big.

　　　　　It goes 'Boom-boom'. So exciting!

Miss Fang：Listen to this, Jill.

　　　Jill：It's Kitty's violin!

　　Kitty：Yes, it's my violin.

附录　小学英语单元教学设计案例与解析

It's brown and small.

It goes 'Zing-zing'. So amazing!

2. 过程设计

本课时继续沿用彩虹小学举办音乐周的语境，Miss Fang 和她的学生们准备举办一场音乐演出，学生们在乐队中担任不同的角色，演奏不同的乐器。学生在本课时开展如下活动：分析 Peter 演奏乐器的相关信息，模仿介绍 Peter 会演奏的乐器—识别 Danny 演奏乐器的相关信息，尝试介绍 Danny 会演奏的乐器—分析猜测有关 Kitty 演奏乐器的信息，自主介绍 Kitty 会演奏的乐器—介绍自己和同伴合作的一次音乐表演。

学生通过听读文本、问答交流、角色扮演等形式，识别分析了 Peter 演奏乐器的相关信息，从而梳理语篇结构，完成对 Peter 演奏的乐器的模仿和介绍。在语篇结构的帮助下，教师引导学生利用思维导图这一板书设计，鼓励学生尝试介绍其他学生会演奏的乐器，从而丰富学生学习体验。第四课时教学过程设计如表 11 所示。

表 11　第四课时学习过程设计

学习环节	活动目标	学习内容	学习方式	活动类型	学习资源
Pre-task	通过看图说话等形式，复述故事。	1. The piper of Hamelin.	1－1 Look and read 1－2 Look and retell	构建运用	图片 作业单
While-task	通过听读文本、问答交流等形式，感知并注意主题语境。	2. Miss Fang and children are preparing for a music show in the music room.	2－1 Listen and answer 2－2 Look and say	学习理解	音频 图片 音乐知识
	通过听读文本、问答交流、角色扮演等形式，识别、分析 Peter 演奏乐器的相关信息，梳理语篇结构，模仿介绍 Peter 会演奏的乐器。	3. Peter plays the triangle.	3－1 Listen and choose 3－2 Read and answer 3－3 Listen and read 3－4 Watch and follow 3－5 Say and act	学习理解 实践体验	视频 音频 图片 板书 音乐知识
	通过听读猜测、阅读配对等形式，识别 Danny 演奏乐器的有关信息，尝试借助思维导图，介绍 Danny 会演奏的乐器。	4. Danny plays the drum.	4－1 Listen and guess 4－2 Watch and match 4－3 Think and say 4－4 Look and read	实践体验 构建运用	音频 视频 图片 板书 音乐知识
	通过游戏猜谜、看图介绍等形式，分析、猜测有关 Kitty 演奏乐器的信息，自主介绍。	5. Kitty plays the violin.	5－1 Play a game 5－2 Look and say 5－3 Watch and say	实践体验 构建运用	音频 视频 图片 板书 音乐知识

235

续　表

学习环节	活动目标	学习内容	学习方式	活动类型	学习资源
Post-task	借助思维导图,从乐器的名称、特点、声音和个人感受等方面,介绍自己和同伴合作的一次音乐表演,体验音乐之趣。	6. Our music show.	6 – 1 Think and say 6 – 2 Watch and enjoy	迁移转换	板书 视频 学习单 音乐知识
课后作业		1. Listen and read 2. Write and say			

3. 板书设计(图 14)

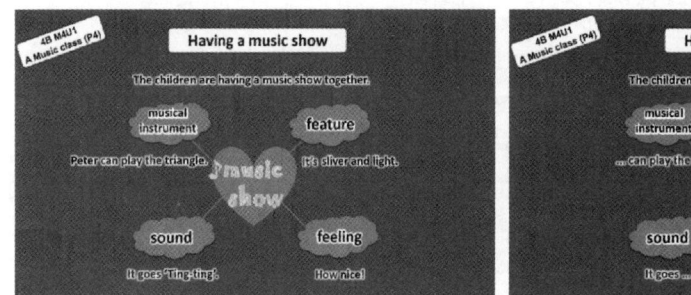
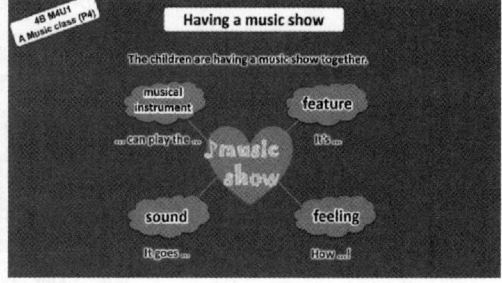

图 14　第四课时板书

4. 课中练习

(1)学习任务一。

学生聆听语篇介绍,连线配对并填空完成每一段语篇所缺内容(图 15)。这个任务检测学生对于乐器的名称、声音等旧知的掌握,引导学生在聆听文本时识别不同乐器的信息,从而在后续的模仿介绍时感受音乐带来的乐趣。

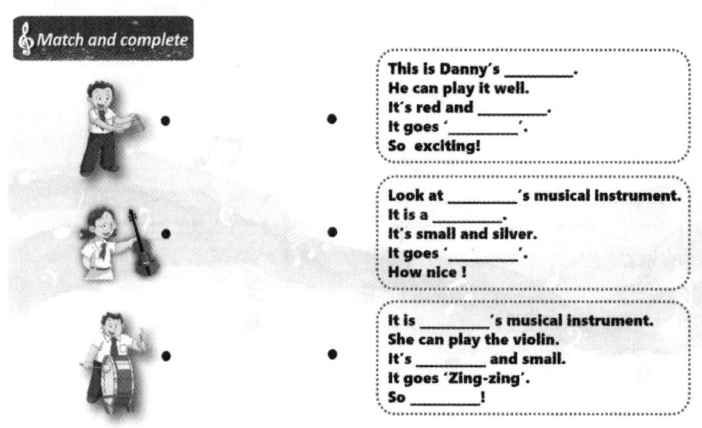

图 15　第四课时学习任务一

(2) 学习任务二。

学生以转转盘的形式进行游戏猜谜,通过聆听文本,分析、猜测Kitty演奏乐器的信息,并完成自主介绍(图16)。这个任务检测学生通过音频和图片获取、识别信息的能力,引导学生在活动中以游戏的方式获取信息,感受音乐带来的乐趣。

图16 第四课时学习任务二

四、作业设计

(一)单元作业目标(表12)

表12 单元作业目标

项目	内容	
学习内容	1.3朗读,2.1核心词汇,3.1名词,4.2.2.2特殊疑问句,5.1记叙文	
	教材单元: M4 U1 A Music class	教材栏目: Look and learn、Listen and say、Say and act、Read a story、Listen and enjoy
确定单元作业目标	单元学习目标	知识与技能: (1) 能用降调朗读核心句型"What can you play? Whose ... is it? Where's ... ?"。 (2) 能在语境中运用核心词汇piano、violin、triangle、drum介绍乐器的名称。 (3) 能在语境中运用核心句型"What can you play? Whose ... is it? Where's ... ?"交流乐器的名称、主人和位置。 (4) 能理解并朗读关于"A Music class"的语篇,获取信息,梳理语篇结构,介绍自己和同伴合作的一次音乐表演。 主题与文化: 了解乐器之声,感受音乐之美,品味音乐之力,体验音乐之趣。

续　表

项　目		内　容
确定单元作业目标	单元学习目标	思维与策略： (1) 能积极参与课堂学习活动,认真思考,注意倾听,主动探究。 (2) 通过图片观察、文本视听、视频欣赏、角色扮演、交流问答、看图说话等形式,完成学习任务,逐步形成理解力、观察力、分析力、比较力和综合力。
	单元作业目标	(1) 能在语境中正确运用核心词汇和句型交流乐器的名称、主人和位置。 (2) 能理解并朗读语篇,分析、识别相关信息,丰富对乐器的认知。 (3) 能根据语篇结构,围绕主题,仿说仿写,体验音乐的美妙和乐趣。

（二）单元作业内容

1. 第一课时作业内容

（1）第一课时作业内容设计属性表（表13）。

表13　第一课时作业内容设计属性表

作业项	项　目	内　容					
作业1	对应作业目标	单元作业目标1					
	作业类型	形式	☑听	□说	☑读	☑写	
		水平	☑记忆性	☑理解性	□应用性		
	作业时间(分钟)	2分钟					
	完成方式	☑独立完成　□合作完成					
	提交时间	☑当天　□＿＿＿天后					
作业项	项　目	内　容					
作业2	对应作业目标	单元作业目标1、2、3					
	作业类型	形式	□听	☑说	□读	☑写	
		水平	□记忆性	☑理解性	☑应用性		
	作业时间(分钟)	4分钟					
	完成方式	☑独立完成　□合作完成					
	提交时间	☑当天　□＿＿＿天后					

（2）第一课时具体作业。

I. Listen and read（听一听，读一读）

Look and learn

piano

violin

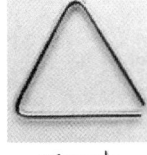
triangle

drum

II. Write and say（想一想，说一说，写一写你了解的某一乐器）

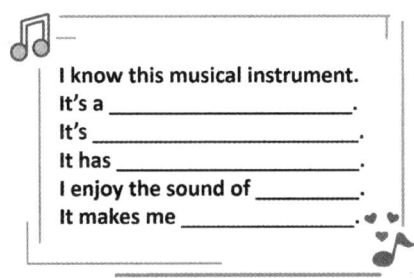

I know this musical instrument.
It's a _____.
It's _____.
It has _____.
I enjoy the sound of _____.
It makes me _____.

I know this musical instrument.	Self-assessment	☆☆☆
I can introduce this musical instrument correctly, clearly and fluently.	Peer-assessment	☆☆☆
I can write clearly and nicely.	Teacher's assessment	☆☆☆

2. 第二课时作业内容
（1）第二课时作业内容设计属性表（表14）。

表14　第二课时作业内容设计属性表

作业项	项目	内容			
作业1	对应作业目标	单元作业目标1、2			
	作业类型	形式	☑听　□说	☑读	☑写
		水平	☑记忆性　☑理解性	□应用性	
	作业时间（分钟）	3分钟			
	完成方式	☑独立完成　□合作完成			
	提交时间	☑当天　□___天后			

续 表

作业项	项 目	内 容						
作业2	对应作业目标	单元作业目标1、2、3						
	作业类型	形式	□听	☑说		□读		☑写
		水平	□记忆性		☑理解性		☑应用性	
	作业时间(分钟)	5分钟						
	完成方式	☑独立完成　　□合作完成						
	提交时间	☑当天　　□____天后						

(2) 第二课时具体作业。

I. Listen and read (听一听,读一读)

II. Write and say（写一写,说一说这间音乐教室的某一个乐器的具体信息）

I know the information of the musical instrument.	Self-assessment	☆ ☆ ☆
I can introduce the musical instrument correctly, clearly and fluently.	Peer-assessment	☆ ☆ ☆
I can write clearly and nicely.	Teacher's assessment	☆ ☆ ☆

3. 第三课时作业内容

（1）第三课时作业内容设计属性表（表15）。

表15 第三课时作业内容设计属性表

作业项	项 目	内 容			
作业1	对应作业目标	单元作业目标1、2			
	作业类型	形式	□听	□说	☑读	□写
		水平	☑记忆性	☑理解性	□应用性	
	作业时间（分钟）	3分钟			
	完成方式	☑独立完成　　□合作完成			
	提交时间	□当天　　☑　1　天后			
作业项	项 目	内 容			
作业2	对应作业目标	单元作业目标2、3			
	作业类型	形式	□听	☑说	□读	☑写
		水平	□记忆性	☑理解性	☑应用性	
	作业时间（分钟）	5分钟			

续　表

作业项	项　目	内　　　　容			
作业2	完成方式	☑独立完成　　□合作完成			
	提交时间	□当天　　☑__1__天后			
作业3	对应作业目标	单元作业目标2			
	作业类型	形式	□听　　□说　　☑读　　□写		
		水平	□记忆性　　☑理解性　　☑应用性		
	作业时间(分钟)	2分钟			
	完成方式	☑独立完成　　□合作完成			
	提交时间	□当天　　☑__1__天后			

(2) 第三课时具体作业。

I. Listen and read(听一听,读一读)

II. Write and retell(写一写,说一说吹笛人在哈默林的故事)

The piper of Hamelin

1. The city of Hamelin is _____. A piper _____.
   He _____. The piper plays music. The rats _____.

2. The people of Hamelin _____. The piper _____.
   He plays music. The children _____.

3. The people of Hamelin _____. The piper _____.
   He plays music again. The children _____.

I know the information of the story.	Self-assessment	☆☆☆
I can retell the story correctly, clearly and fluently.	Peer-assessment	☆☆☆
I can write clearly and nicely.	Teacher's assessment	☆☆☆

III. Enjoy and share（欣赏你喜欢的电影，并和同伴分享）

The sound of music
音乐之声

The legend of 1900
海上钢琴师

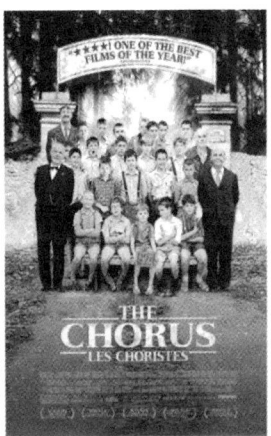
The chorus
放牛班的春天

4. 第四课时作业内容

（1）第四课时作业内容设计属性表（表16）。

表16　第四课时作业内容设计属性表

作业项	项　目	内　　容			
作业1	对应作业目标	单元作业目标1、2			
	作业类型	形式	☑听　　□说	☑读　　□写	
		水平	☑记忆性	☑理解性	□应用性
	作业时间（分钟）	4分钟			
	完成方式	☑独立完成　　□合作完成			
	提交时间	☑当天　　□___天后			
作业项	项　目	内　　容			
作业2	对应作业目标	单元作业目标1、2、3			
	作业类型	形式	□听　　☑说	□读　　☑写	
		水平	□记忆性	☑理解性	☑应用性

续 表

作业项	项 目	内　　容
作业2	作业时间（分钟）	5分钟
	完成方式	☑独立完成　　□合作完成
	提交时间	☑当天　　　　□＿＿＿天后

（2）第四课时具体作业。

I. Listen and read（听一听，读一读）

II. Write and say（写一写，说一说你和同伴一起举办的音乐表演）

Our music show

＿＿＿＿＿＿＿＿ and I have a music show together.

I can play the ＿＿＿＿＿＿. It's ＿＿＿＿＿＿＿＿.

It goes ＿＿＿＿＿＿＿＿＿＿. So＿＿＿＿＿＿!

＿＿＿＿＿＿＿＿＿＿＿＿＿＿＿＿＿＿＿＿

＿＿＿＿＿＿＿＿＿＿＿＿＿＿＿＿＿＿＿＿

＿＿＿＿＿＿＿＿＿＿＿＿＿＿＿＿＿＿＿＿

I know the information of the music show.	Self-assessment	☆ ☆ ☆
I can introduce the music show correctly, clearly and fluently.	Peer-assessment	☆ ☆ ☆
I can write clearly and nicely.	Teacher's assessment	☆ ☆ ☆

案例9:《英语(牛津上海版)》5A Module 2 Unit 1 Grandparents

上海市闵行区平南小学　华燕雯

主题语境: 人与社会——社会服务与人际沟通;历史、社会与文化
语篇类型: 韵文、配图对话、配图故事
单元学习主题: Grandparents
单元授课时长: 4课时

一、单元整体规划

(一) 教材内容

本案例的教材内容来自《英语(牛津上海版)》5A Module 2 Unit 1 Grandparents,内容涵盖 Look and say、Look and learn、Think and write、Say and act、Look and read、Listen and enjoy 以及 Learn the sounds(图1)。

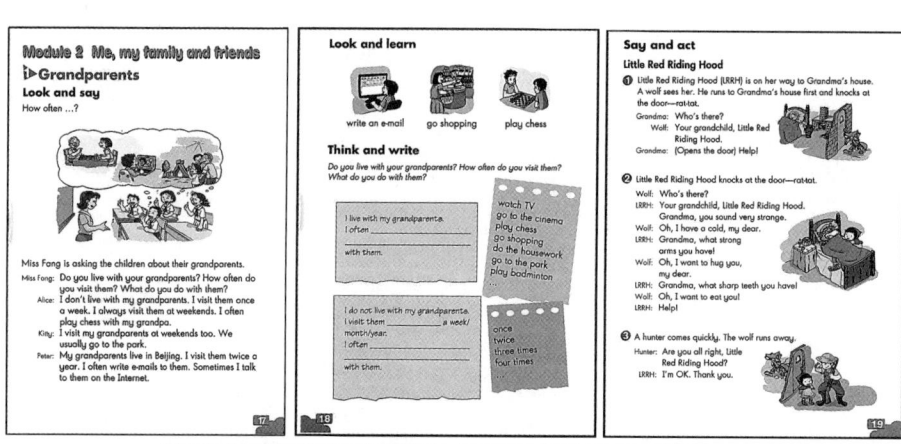

图1 《英语(牛津上海版)》5A Module 2 Unit 1 Grandparents 教材内容

（二）内容要求

参照义务教育英语课程内容中的一级标准,围绕六要素,对本单元进行了如表1所示分析。

表1　单元内容分析

主题	范畴	☐ 人与自我　☑ 人与社会　☐ 人与自然 （单元主题 Grandparents）
	主题群	社会服务与人际沟通；历史、社会与文化
	子主题内容	尊长爱幼,懂得感恩；常见节假日,文化体验
语篇	类型	☑ 连续性文本　☑ 非连续性文本
语言知识	语音	借助拼读规则拼读单词 感知并模仿说英语,体会意群、语调与节奏 在口头表达中做到语音基本正确,语调自然、流畅
	词汇	在语境中理解词汇 write an e-mail、go shopping 和 play chess 的含义,并正确运用在特定语境中；运用词汇描述事物、行为、过程和特征,表达与主题相关的主要信息和观点 能就"Grandparents"的主题进行交流与表达
	语法	围绕"Grandparents"的主题,在语境中理解核心句型"How often ...? What do you do with ...?"的基本结构和表意功能,并运用所学语法知识交流介绍自己探望(外)祖父母的频率和活动内容
	语篇	判断故事类语篇的开头、中间和结尾,辨识时间、地点、人物,以及事件的发生、发展和结局 发现语篇中段落主题句与段落内容之间的关系 利用语篇的标题、图片等信息辅助语篇理解
	语用	在"Grandparents"的语境中,根据语境需求初步运用所学语言,介绍自己和(外)祖父母的相处方式,得体地表达自己的情感、态度和观点
语言技能	理解性技能	借助图片、图像等,理解关于敬老相关主题的语篇,提取、梳理、归纳主要信息 在听和读的过程中,根据上下文线索和非文字信息猜测语篇中词汇的意思,推测未知信息 归纳故事类语篇中的主要情节的发生、发展与结局 完整、连贯地朗读所学语篇,在教师的指导下或借助语言支架,简单复述语篇大意 理解多模态语篇传达的意义,提取关键信息
	表达性技能	运用所学日常用语与他人进行简单交流,询问对方与(外)祖父母的相处方式 围绕"Grandparents"相关主题和所读内容进行简短叙述及交流,表达个人的情感、态度和观点 在教师帮助下表演小故事和短剧 简单描述事件或讲述简单的小故事 围绕图片内容,模仿范围的结构和内容写几句意思连贯的话,并尝试使用描述性词语如 on one's way to、knock at the door、hunter、strange、traditional、go on an outing、see flower shows、Double Ninth cakes 以及频率副词 once、twice、four times 等添加细节,使内容丰富、生动

文化知识	不同文化背景下,人们的行为举止和生活习俗;中国传统节日的名称、时间、庆祝方式及其意涵
学习策略	☑ 元认知策略　　☑ 认知策略　　☑ 交际策略　　☑ 情感管理策略

(三) 语篇分析

本单元共有四个语篇,教师从主题内容(What)、文化意涵(Why)、文本结构(How)三个方面对本单元主要教学语篇进行分析说明。语篇一是配图对话,对话交流了 Miss Fang 在课堂上询问同学们各自见(外)祖父母的频率和活动内容。语篇二是配图故事,讲述了小红帽的故事。语篇三是配图短文,内容讲述了中国的传统节日重阳节,介绍了人们在这天会去爬山登高,吃重阳糕,到敬老院看望老人的习俗。语篇四为韵文,描述了主人公和爷爷一起度过的快乐时光。具体分析如表 2 所示。

表 2　单元语篇分析

语篇类型	What	Why	How
语篇一 Look and say 配图对话	对话交流了 Miss Fang 在课堂上询问同学们各自见(外)祖父母的频率和活动内容。	引导学生交流与家中老人的活动信息,感受爱老氛围。	该语篇为配图对话,分为三部分,分别描述了三位主人公 Alice、Kitty 和 Peter 探望家中老人的频率以及与老人之间的活动信息内容。主要涉及学习内容有核心词汇 play chess、go shopping 及 write e-mails,特殊疑问句 "How often...?"。语篇结构清晰,联系学生实际生活,易于理解交流。
语篇二 Say and act 配图故事	语篇讲述了小红帽的故事。	引导学生体会故事寓意,增进尊老意识。	该语篇为配图故事,分为三部分。第一部分是小红帽在去看外婆的路上碰到了大灰狼,大灰狼抢先一步来到外婆家;第二部分是大灰狼吃掉外婆后假扮成外婆的样子,再吃掉小红帽;第三部分讲述了猎人击毙大灰狼解救小红帽祖孙俩的内容。该故事脍炙人口、生动有趣,易于学生模仿和表演。
语篇三 Look and read 配图短文	语篇内容讲述了中国的传统节日重阳节,介绍了人们在这天会爬山登高,吃重阳糕,到敬老院看望老人的习俗。	引导学生了解中国传统习俗,弘扬中华尊老敬老美德。	该语篇为配图短文,分为三部分。第一部分是重阳节的基本信息;第二部分描述了人们在重阳节这天登高、赏菊、吃重阳糕的习俗;第三部分介绍了重阳节探望老人的传统美德。本语篇文化气息厚重,联系学生生活经验,易于学生理解并建立文化自信。
语篇四 Listen and enjoy 韵文	韵文描述了主人公和爷爷一起度过的快乐时光。	引导学生探究敬老活动,传承传统文化。	该语篇为韵文,分为两部分。第一部分,主人公介绍了她爷爷的基本信息以及自己与爷爷相处的感受;第二部分,具体描述了她和爷爷的活动内容。本语篇结构清晰,配合韵律轻松活泼,贴近学生日常生活,学生易于模仿记忆。

（四）学情分析

1. 学生学习风格分析

五年级小学生在英语学习中呈现出多样化的学习风格。视觉型学习者对色彩、图像、文字等很敏感，他们在学习单词、课文时，精美的图片、彩色的板书能有效辅助记忆。听觉型学习者擅长通过听英语儿歌、对话来吸收知识，纯正的英语发音能加深他们的理解。动觉型学习者喜欢在活动中学习，比如边做动作边说英语短语。还有触觉型学习者，他们在书写、摆弄英语学习道具时学习效果更佳。

2. 学生语言能力分析

五年级学生经过前期学习，已具备一定英语语言能力。在词汇方面，能掌握常见的基础词汇，并尝试运用到简单的书面和口语表达中。例如描述日常活动、人物特征等。在语法上，对一般现在时、现在进行时等有初步理解与运用，已掌握简单的句子结构。在口语表达上，能够进行简短的日常对话交流，如询问时间、喜好等。在听力理解上，对于内容贴近生活的材料有一定的捕捉能力。阅读时，可理解简单的故事、短文大意，具备初步的文本信息提取能力。写作则多围绕熟悉的话题展开，能写出几句有逻辑的话。通过梳理教材的学习内容，对学生语言能力作如表3所示分析。

表3　学生语言能力分析

	年级学期	学习内容与教学要求
已知	1A M2 U1 My abilities	（1）能运用主题词汇 dance、read、sing、draw 介绍个人技能。 （2）能运用核心句型"What can you do? I can ..."交流各自的技能。
	1B M4 U1 Activities	（1）能运用主题词汇 ride、skip、play、fly 介绍不同活动。 （2）能运用核心句型"What can he/she do? He/she can ..."交流同伴的不同活动。
	2A M2 U1 I can swim	（1）能运用主题词汇 run、write、swim、fly 介绍自己的活动技能。 （2）能运用核心句型"Can you ...? Yes, I can. /No, I can't."交流各自的活动技能。
	2B M2 U1 Things I like doing	（1）能运用主题词汇 run、skate、hop、skip、ride a bicycle 介绍自己喜欢的活动。 （2）能运用核心句型"Do you like (doing) ...? Yes./No. I like (doing)..."交流各自喜欢的活动。
	3A M3 U2 Shopping	（1）能运用主题词汇 an apple、an orange、a banana、a peach、apples、oranges、bananas、peaches 购买自己喜欢的水果。 （2）能运用核心句型"May I have ..., please?"交流自己想要购买的水果。
	3B M4 U2 Children's Day	（1）能运用核心词汇 park、cinema、zoo 介绍儿童节活动场所。 （2）能运用所学语言知识交流各自的儿童节。

续 表

年级学期		学习内容与教学要求
已知	4A M1 U2 Abilities	（1）能运用核心词汇 paint、draw、read、write、swim、jump 介绍同伴的活动技能。 （2）能运用核心句型"Can he/she swim? Yes, he/she can. /No, he/she can't."交流各自活动技能。
	4B M3 U3 Days of the week	（1）能运用核心词汇 always、usually、often、sometimes、never 介绍一周的活动安排。 （2）能运用核心句型"What do/does ... do? How often ...?"交流各自的每周安排。
	4B M4 U2 Festivals in China	（1）能运用核心词汇 the Spring Festival、the Dragon Boat Festival、the Mid-Autumn Fsetival、the Double Ninth Festival 介绍中国传统节日。 （2）能运用所学语言知识交流中国传统节日信息。
应知	5A M2 U1 Grandparents	（1）能运用核心词汇 write an e-mail、go shopping、play chess 介绍与（外）祖父母的活动。 （2）能运用核心句型"How often ..."交流与（外）祖父母的活动信息。
预知	5B M4 U2 Western holidays	（1）能运用核心词汇 Christmas、Thanksgiving、turkey、pumpkin pie 介绍西方节日。 （2）能运用所学语言知识交流西方节日信息。

3. 学生学习能力分析

五年级小学生学习能力逐步发展。他们的模仿能力较强，能较快地跟读英语单词与句子，模仿语音语调；记忆力处于上升阶段，对于有趣的、有韵律的英语内容记忆效果较好；注意力开始有一定的稳定性，对感兴趣的英语活动能保持较好的专注度；思维能力从形象思维向抽象思维过渡，开始理解一些简单的英语语法规则背后的逻辑；自主学习意识有所萌芽，能在教师的引导下进行简单的预习和复习。

4. 学生主题知识分析

在"Grandparents"主题学习中，学生能联系生活实际。许多学生回忆起与祖父母相处的温馨时刻，如长辈讲的故事、做的美食。他们意识到老人的关爱无处不在，进而理解关心老人的重要性。中国尊老敬老的传统美德在家庭日常互动里有鲜活的体现。重阳节时，有的学生陪（外）祖父母登高，或为他们制作手工礼物，学生真切感受节日氛围，也更深刻地领悟到传承尊老文化的意义。

二、单元整体设计

（一）单元主题内容框架图

依据本单元主题，基于学生的生活经验和学习经历，教师设计了单元主题内容框架图（图2）。本单元以主题"Grandparents"为引领，以任务"运用所学语言交流自己的敬老爱老活动经历"为驱动,借助语篇框架,从拜访老人的频率、与老人的日常交流、重阳节的活动等方面有条理地介绍自己敬老爱老的活动经历,感受中国传统习俗,弘扬中华美德,传承优秀文化,增强文化自信。

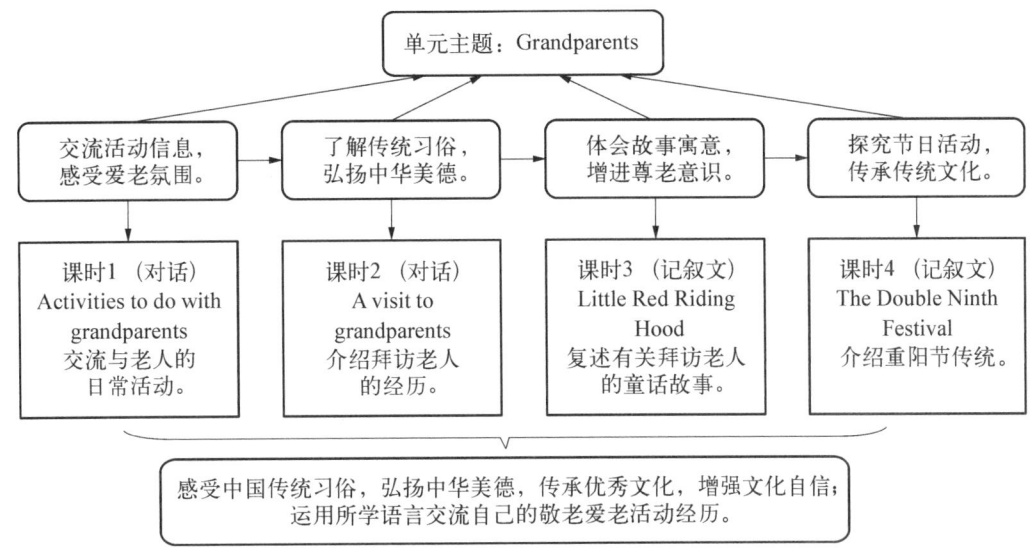

图 2　单元主题内容框架图

(二)确定单元学习目标

依据单元主题内容框架图,确定单元学习目标如下:

知识与技能目标:能知晓含有音素/ɑː/和/ʌ/的字母与字母组合的读音规则,尝试根据读音规则正确朗读和认读含有音素/ɑː/和/ʌ/的单词;能运用核心词汇 write an e-mail、go shopping、play chess 介绍与(外)祖父母的活动;能运用核心句型"How often ..."交流与(外)祖父母的活动信息;能理解和朗读关于敬老爱老的语篇,获取语篇信息,并借助语篇结构描述自己的(外)祖父母。

主题与文化目标:感受中国传统习俗,弘扬中华美德,传承优秀文化,增强文化自信。

思维与策略目标:通过文本试听、图片观察、视频赏析、角色扮演、问答交流及问卷调查等形式,完成学习任务,形成理解力、观察力、分析力和综合力。

本单元的学习任务是:在学校传统节日文化周的语境中,了解敬老爱老传统美德,感悟传统节日深远内涵,体验中华优秀传统习俗;借助调查问卷,从探望老人的频率、慰问品、活动内容及活动感受等方面,交流自己敬老爱老的活动经历。要求语音语调正确,内容完整达意,表达流利,拼写和语法基本正确。

(三)确定分课时学习目标

依据单元学习目标,确定单课学习目标和学习任务(表4)。第一课时,了解与老人进行的不同活动,感受敬老爱老的良好氛围。第二课时,体验丰富多样的敬老传统习俗,弘扬中华美德。第三课时,学习关于拜访老人的童话故事,增进尊老敬老意识。第四课时,感受中国传统节日的文化魅力,热爱传统文化,增强文化自信。

表 4　分课时学习目标

	知识与技能	主题与文化	思维与策略	学习任务
第一课时	(1) 能尝试朗读音素/ɑː//ʌ/以及含有音素/ɑː//ʌ/的单词。 (2) 能在语境中知晓核心词汇 write an e-mail、go shopping、play chess 的含义并能正确模仿跟读。 (3) 能在语境中理解并正确朗读核心句型"How often …?"。 (4) 能理解并朗读对话语篇"Activities to do with grandparents",提取相关信息并借助对话结构表述与(外)祖父母的活动。	了解与老人进行的不同活动内容,感受敬老爱老的良好氛围。	通过图片观察、文本试听、视频赏析、角色扮演等形式,完成学习任务,形成理解力、观察力和分析力。	在语境中,扮演文中人物,了解同伴与祖辈老人的日常活动,交流自己的相关活动。要求语音语调正确,内容基本达意,语法基本正确。
第二课时	(1) 能识别国际音标/ɑː/和/ʌ/,正确朗读含有这些音素的单词。 (2) 能正确拼读核心词汇 write an e-mail、go shopping、play chess,并熟练运用核心词汇介绍一次拜访老人的经历。 (3) 能运用核心句型"How often …?"交流拜访老人的频率和活动信息。 (4) 能理解并朗读语篇"A visit to grandparents",并借助语篇结构模仿文中人物介绍自己的拜访经历。	体验丰富多样的敬老传统习俗活动,弘扬中华美德。	通过图片观察、文本试听、视频赏析、角色扮演、问答交流等形式,完成学习任务,形成观察力、分析力和综合力。	在语境中,模仿文中人物,借助问卷表,从是否与老人同住、拜访老人的频率以及拜访老人的活动等方面向同伴介绍一次拜访老人的经历。要求语音语调正确,内容基本达意,表达较流利,语法基本正确。
第三课时	(1) 能根据/ɑː/和/ʌ/的读音规则,正确朗读相关单词和短句。 (2) 能背记并正确运用核心单词和句型进行主题交流。 (3) 能理解故事"The Little Red Riding Hood",获取相关信息,进行复述。	学习关于拜访老人的童话故事,增进尊老敬老意识。	能通过视听故事、问答交流、观察图片、复述故事等方式理解故事,形成观察力、理解力、分析力和综合力。	在语境中,借助板书复述关于小红帽拜访奶奶的故事。要求语音语调正确,内容基本达意,表达较流利,拼写及语法较正确。
第四课时	(1) 能辨析含有音素/ɑː/和/ʌ/的单词,并根据音标写出相应单词。 (2) 能熟练运用核心词汇介绍重阳节传统。 (3) 能熟练运用核心句型交流中国传统节日。 (4) 能理解并朗读语篇,获取关键信息,梳理语篇结构,仿说仿写自己的重阳节经历。	感受中国传统节日的文化魅力,热爱节日文化,增强文化自信。	能通过文本视听、信息梳理、小组合作等方式围绕主题交流表达,提升观察力、理解力、分析力和综合力。	在学校传统节日文化周的语境中,了解传统节日,体验节日习俗;能借助语篇结构,从节日名称、食物、活动和感受等方面介绍重阳节。要求语音语调正确,内容完整达意,表达流利,拼写和语法正确。

（四）单元学习评价设计

1. 确定评价目标

教师依据单元学习目标,制定了单元评价目标(表5),从学习兴趣、学习习惯以及学业成果三个维度评价学生本单元的学习情况。根据学生存在的问题,通过改进教学、个别辅导等多种方式,给予学生有效建议与精准指导。

表5　单元评价目标

评价维度	评价内容
学习兴趣	保持参与课堂学习活动的兴趣,愿意模仿并表达学习内容。
学习习惯	（1）能积极参与课堂学习活动,注意倾听,认真思考。 （2）能参与小组合作探究活动,围绕单元主题意义进行信息交流。
学业成果	能借助调查问卷,从探望老人的频率、慰问品、活动内容及活动感受等方面交流自己敬老爱老的活动经历。要求语音语调正确,内容完整达意,表达流利,拼写和语法基本正确。

2. 设计评价工具

依据单元评价目标,教师设计了相应的评价工具(表6)。学习兴趣主要评价学生参与课堂学习活动的表现;学习习惯主要评价学生课堂观察、倾听、仿说及书写等的表现;学业成果主要评价学生介绍交流自己敬老爱老的活动经历。评价主体为学生自己、同伴和教师。

表6　单元评价工具

评价维度	观察点	等第标准（形式：星数）			评价主体	评价方式
		Good job! ☆	Well done! ☆☆	Excellent ☆☆☆		
学习兴趣	参与课堂学习活动的表现。	能在同伴或老师的提醒下,参与课堂活动。	能主动参与课堂活动。	对英语学习感兴趣、积极且乐于参与课堂活动。	学生自评	课堂表现
学习习惯	（1）观察与倾听情况。 （2）口头表达交流情况。	（1）经过提醒能进行观察并尝试仿说本单元学习内容。 （2）能在老师或同伴帮助下,简单回应对方。	（1）能主动观察语篇内容,能根据课堂指令对学习内容进行理解及交流。 （2）能认真倾听同伴与老师的交流,大胆与同伴交流。	（1）乐于观察语篇内容,主动与老师及同伴进行讨论交流。 （2）能自信响亮地表达自己的观点,乐于与同伴进行合作交流。	自评互评	课堂观察

续　表

评价维度	观　察　点	等第标准（形式：星数）			评价主体	评价方式
		Good job! ☆	Well done! ☆☆	Excellent ☆☆☆		
学业成果	（1）根据调查问卷进行问答交流。 （2）从探望老人的频率、慰问品、活动内容及活动感受等方面交流自己敬老爱老的活动经历。	（1）能基本完成调查表中的频率及活动内容信息收集。 （2）能在老师或同伴的帮助下，简单介绍所调查内容，语音语调基本正确。	（1）能正确完成调查问卷中关于探望频率、活动内容及感受的信息的收集。 （2）能正确运用核心词汇、句型介绍调查问卷的内容。语音语调正确，内容基本达意，表达较为流利。	（1）能熟练完成调查问卷的信息项，并能探究重阳节活动内容。 （2）能熟练运用核心词汇、句型介绍调查问卷的内容。语音语调优美，内容达意，表达流利。	学生自评 同伴互评 教师评价	倾听介绍 观察表现

3.明确评价内容

根据单元学习目标和评价目标，教师从学习兴趣、学习习惯和学业成果三个维度设计了单元评价内容（表7）。评价内容有选一选、演一演、完成调查报告等，从学生的年龄特征和学情实际出发，帮助学生了解尊老敬老的传统美德，正确运用核心词汇和句型描述自己敬老爱老的活动经历。本评价项目及内容关注学生对于主题意义的理解、学习习惯的养成以及口头表达能力。

表7　单元评价内容

项　目	内　　容
评价维度	☑学习兴趣　　☑学习习惯　　☑学业成果
评价内容	1. Look, read and act 

续 表

项 目	内 容		
评价内容	I know the activities with grandparents.	Self-assessment	☆☆☆
	I can introduce Kitty's and Danny's activities.	Peer-assessment	☆☆☆
	I can act correctly and fluently.	Teacher's assessment	☆☆☆

2. Think and write

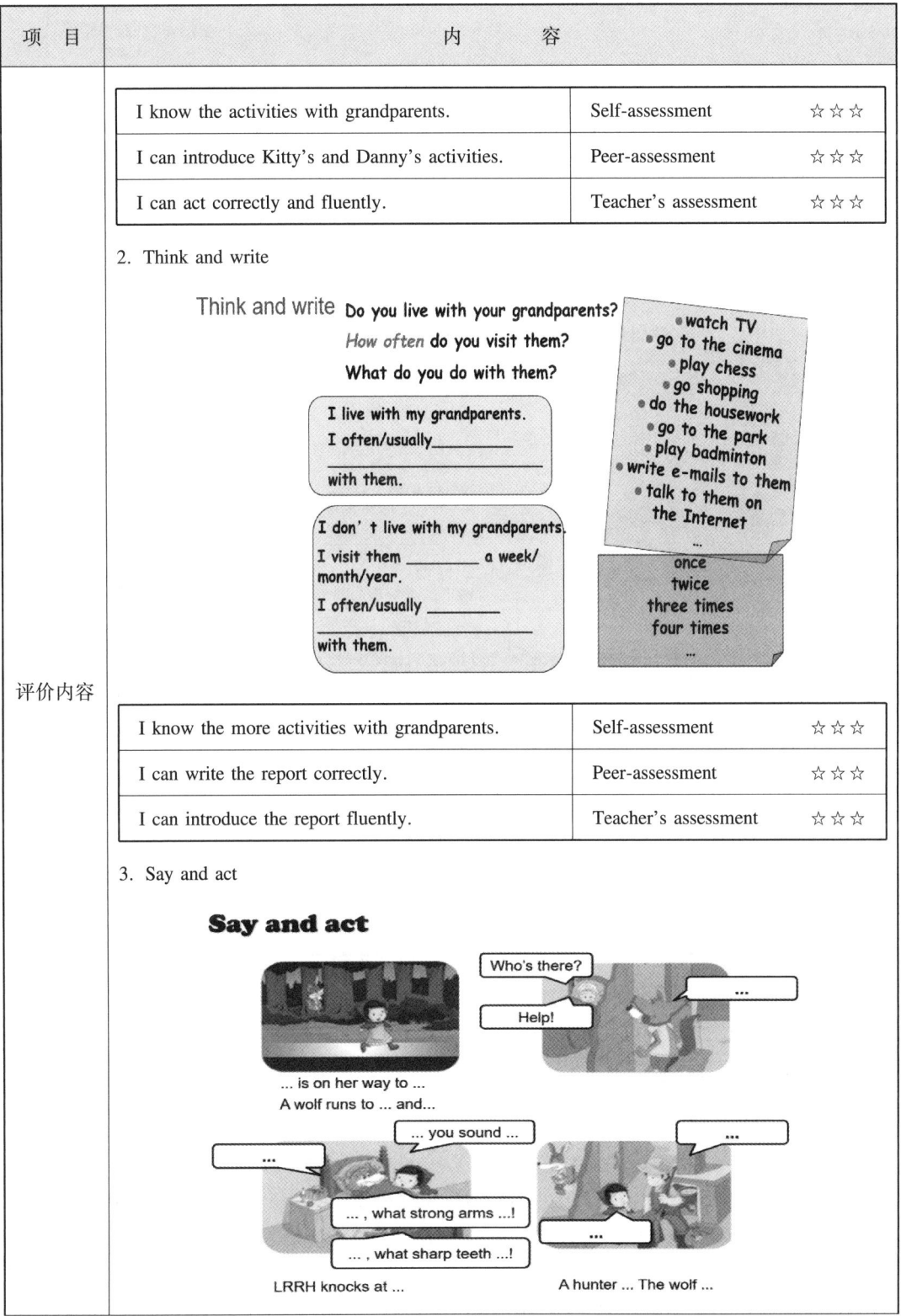

	I know the more activities with grandparents.	Self-assessment	☆☆☆
	I can write the report correctly.	Peer-assessment	☆☆☆
	I can introduce the report fluently.	Teacher's assessment	☆☆☆

3. Say and act

续　表

项　目	内　　容		
评价内容	I can listen carefully.	Self-assessment	☆☆☆
	I can understand the story clearly.	Peer-assessment	☆☆☆
	I can act out the story nicely.	Teacher's assessment	☆☆☆

4. Think, discuss and share

Think and say　The Double Ninth Festival

The Double Ninth Festival is a traditional Chinese festival.
- When — in October
- What to do — go on an outing / climb mountains / go to see flower shows
- What to eat — eat Double Ninth cakes

It is also a festival for old people.
- What to do — go to see their parents and grandparents / visit old people in old people's homes

They get together and have a good time.

	I can find the information clearly.	Self-assessment	☆☆☆
	I can write down correctly.	Peer-assessment	☆☆☆
	I can introduce the festival logically.	Teacher's assessment	☆☆☆
结果呈现	□等第　　□评语　　☑星数		

三、单课教学设计

（一）第一课时教学设计

1. 第一课时学习语篇

Activities to do with grandparents

Kitty and Danny are going to school. They are talking about their grandparents.

　　Kitty：Do you live with your grandparents?

　　Danny：Yes. I live with my grandparents.

　　Kitty：What do you do with them?

Danny: I often go shopping with them. I sometimes play chess with my grandpa. How about you, Kitty?

Kitty: I don't live with my grandparents. I visit them once a week. I do the housework with them twice a month.

My grandpa is very nice. He always knows fun things to do.

Danny: What do you do with your grandpa?

Kitty: Sometimes we play badminton in the park.

We travel together about four times a year. We always have a good time.

2. 过程设计

本课时的主题为感受敬老氛围,学生探究的问题是:每隔多久拜访家中老人?平时与老人相处会做些什么?第一课时的学习活动设计如下:在学习理解部分,学生通过听说训练了解 Danny 见老人的频率和活动内容,并通过看图对话的方式操练核心句型,通过扮演人物进行语篇结构的训练;在实践体验部分,设计了听录音提取信息、多模态语篇内容阅读训练等方式,让学生体验 Kitty 与家中老人的见面频率和活动内容,根据内容框架扮演 Kitty 进行介绍;在迁移转换部分,让学生自主整理语篇结构,并按照结构内容扮演两个主人公进行信息交流,通过必要的活动经历引导学生加深理解并初步应用。第一课时具体教学过程设计计如表 8 所示。

表 8　第一课时学习过程设计

学习环节	活动目标	学习内容	学习方式	活动类型	学习资源
Pre-task	通过看图问答等形式,朗读含有音素 /ɑː//ʌ/的单词。	The sounds of /ɑː/ and /ʌ/.	1-1 Listen and follow 1-2 Look and read	学习理解	图片 视频 音频
While-task	通过音频赏析、问答交流等方式感知与注意主题情境。	2. Kitty and Danny are talking about their grandparents.	2-1 Listen and answer 2-2 Look and read	学习理解	音频 图片 生活经验
	通过图片观察、听读模仿、问答交流等方式梳理与老人的活动内容。	3. Danny always go shopping with his grandparents.	3-1 Look and learn 3-2 Look and say 3-3 Listen and read	学习理解	图片 音频 板书
	通过文本试听、角色扮演、小组讨论等形式获取与老人活动的相关信息,建立信息关联,形成语篇结构。	4. Danny sometimes play chess with his grandpa.	4-1 Look and learn 4-2 Listen and read 4-3 Read in roles 4-4 Think and complete 4-5 Look and say	学习理解 实践体验	图片 音频 板书 学习经历

续 表

学习环节	活动目标	学习内容	学习方式	活动类型	学习资源
While-task	通过文本试听、角色扮演体验 Kitty 和老人进行的活动。	5. Kitty visits her grandparents once a week and does the housework with them.	5-1 Listen and answer 5-2 Look and learn 5-3 Listen and read	学习理解 实践体验	图片 音频 板书
	借助语篇框架,内化知识,分析推测 Kitty 和老人进行的有趣的活动。	6. Kitty plays badminton and travels together with her grandparents.	6-1 Listen and read 6-2 Listen and enjoy 6-3 Read and underline	实践体验 构建运用	音频 图片 板书 生活经验
Post-task	借助语篇框架,有条理地介绍 Danny 和 Kitty 与老人进行的活动。	7. Activities to do with grandparents.	7-1 Look and read 7-2 Talk and share	迁移转换	图片 板书 生活经验
课后作业	1. Read and spell P18 Look and learn 2. Listen and read P21 Learn the sounds,P21 Listen and enjoy 3. Look and write				

3. 板书设计(图3)

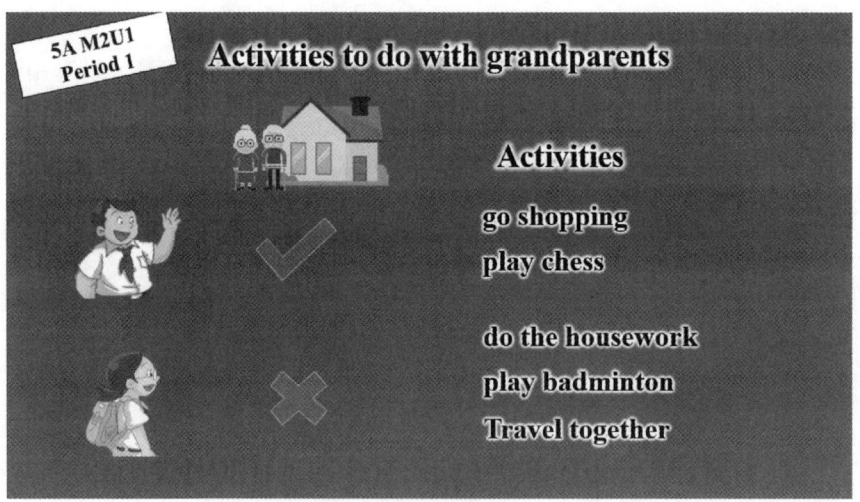

图3 第一课时板书

4. 课中练习

(1) 学习任务一。

学生观察朗读含有所给音素的单词(图4),初步感知/ɑː/的发音,能通过看图问答等形式,朗读含有音素/ɑː//ʌ/的单词,并通过 grandma 和 grandpa 两个含有音素/ɑː/的单词引入,引出本单元的话题"Grandparents"。

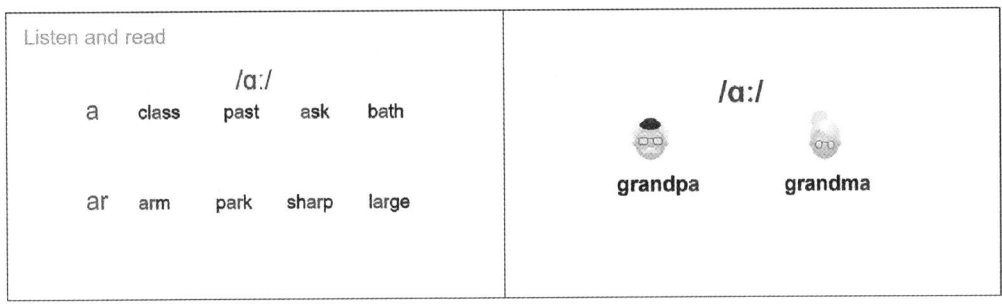

图 4　第一课时学习任务一

(2) 学习任务二。

学生根据配图对话中提炼的语篇框架,尝试扮演 Kitty 和 Danny 进行对话练习(图5)。本活动内容包括介绍 Danny 见家中老人的频率和与老人的活动内容。这个任务是为了检查学生是否理解并掌握学习内容,帮助学生正确表达活动信息。

图 5　第一课时学习任务二

(3) 学习任务三。

学生通过对配图对话第二部分中 Kitty 与家中老人见面信息的提炼,有逻辑地将信息进行重组归纳(图6)。这个活动设计旨在检查学生能否通过阅读语篇,准确提取信息,凭借已掌握的学习策略完成对 Kitty 表述内容的介绍。

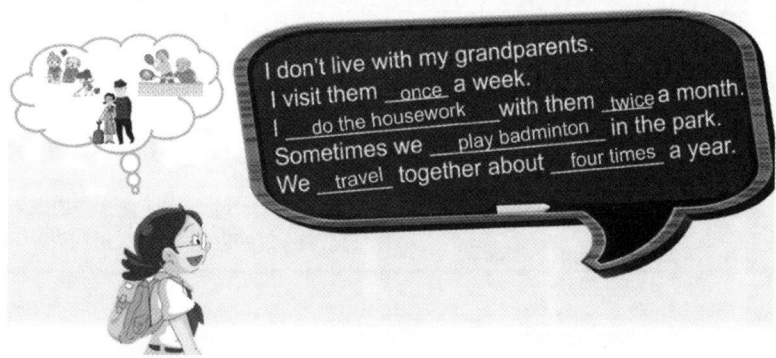

图6　第一课时学习任务三

（二）第二课时教学设计

1. 第二课时学习语篇

A visit to grandparents

Miss Fang is asking the children about their grandparents.

Miss Fang：Do you live with your grandparents? How often do you visit them?
What do you do with them?

Alice：No. I don't live with my grandparents. I visit them once a week.
I always visit them at weekends. I often play chess with my grandpa.

Kitty：No. I visit my grandparents once a week. I visit them at weekends.
I usually go to the park with them.

Peter：No. My grandparents live in Beijing. I visit them twice a year.
I often write e-mails to them. Sometimes I talk to them on the Internet.

2. 过程设计

第二课时探究主题为：了解传统习俗，弘扬中华美德。学生尝试完成对班中同学关于关爱老人情况的调查报告。本课时运用图片、音频、视频、韵文、游戏等多样资源，给予学生多维度的听说感受及必要的学习经历，使他们能够运用主题词汇及句型来进行正确交流，并对所探究的问题产生浓厚的兴趣。第二课时过程设计如表9所示。

表9　第二课时学习过程设计

学习环节	活动目标	学习内容	学习方式	活动类型	学习资源
Pre-task	通过看图说话、角色扮演等方式，简单交流自己和老人的活动内容。	1. Activities to do with grandparents.	1-1 Look and say	复习引入	图片

续　表

学习环节	活 动 目 标	学 习 内 容	学 习 方 式	活动类型	学习资源
While-task	通过文本试听、听读模仿等方式识别国际音标/ɑː/和/ʌ/，正确朗读含有这些音素的单词。	2. Words with the sounds of /ɑː/ and /ʌ/.	2－1 Look and learn 2－2 Listen and read	学习理解	图片 音频
	通过文本试听、问答交流、角色扮演等方式了解交流 Alice 拜访老人的经历。	3. Alice talks about the visit to her grandparents.	3－1 Listen and answer 3－2 Listen and read 3－3 Listen and complete 3－4 Look and read 3－5 Look and say	学习理解 实践体验	图片 音频 调查表 板书 学习经历
	通过文本试听、问答交流、观察分析等方式获知 Kitty 拜访老人的经历，梳理语篇框架。	4. Kitty talks about the visit to her Grandparents with classmates.	4－1 Read and complete 4－2 Ask and answer 4－3 Think and write 4－4 Look and say	实践体验 构建运用	视频 音频 图片 板书 生活经验
	借助调查表及语篇框架，扮演 Peter，介绍拜访老人的相关信息。	5. Peter tell his visit to grandparents to classmates.	5－1 Listen and complete 5－2 Look and learn 5－3 Look and complete 5－4 Read in roles 5－5 Look and say	实践体验 构建运用	图片 音频 调查表 板书
Post-task	借助语篇框架，有条理地介绍语篇中主人公拜访老人的经历。	6. A visit to grandparents.	6－1 Watch and follow	构建运用 迁移转换	图片 音频 板书 学习经历
	借助语篇框架，有条理地介绍自己拜访老人的经历。	7. My visit to grandparents.	7－1 Think and write 7－2 Talk and share	迁移转换	图片 板书 学习经历
课后作业	1. Listen, read and recite P17 Look and say 2. Recite P21 Learn the sounds 3. Read, think and complete				

3. 板书设计(图7)

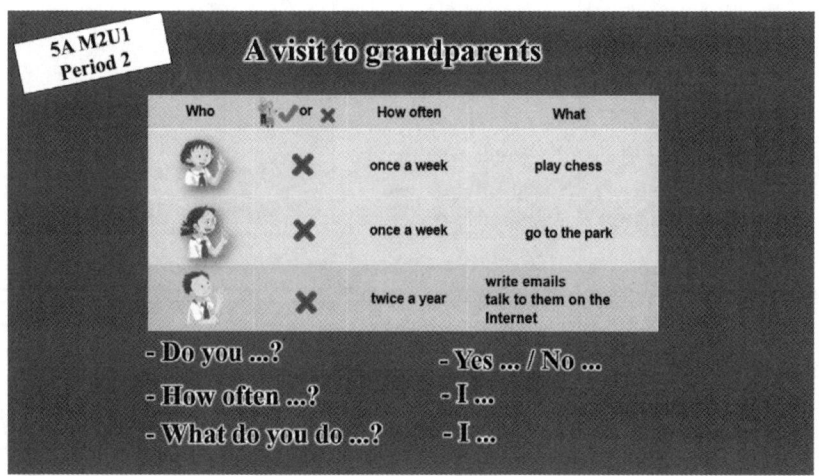

图7 第二课时板书

4. 课中练习

(1) 学习任务一。

学生借助调查问卷内容(图8),了解 Alice 拜访老人的频率和活动内容,并能根据调查信息梳理结果,扮演 Miss Fang 和 Alice 进行对话交流。学生能够初步理解语篇结构,了解能够给予老人哪些关爱。

图8 第二课时学习任务一

(2) 学习任务二。

学生通过语境中人物的转换,借助调查问卷进行拜访老人频率的内容交流(图9),尝试运用句型"How often ...?"来进行简单问答,并在问答过程中感受语篇人物对于家中老人的关爱和尊重。

图9 第二课时学习任务二

（3）学习任务三。

学生借助语篇框架及调查问卷中的相关信息（图10）扮演Danny和Miss Fang，介绍并交流Danny拜访老人的频率及活动经历，能够正确运用所学内容进行表达，语音语调正确，表达流利。这个活动帮助学生形成观察力、理解力和分析力。

图10 第二课时学习任务三

（三）第三课时教学设计

1. 第三课时学习语篇

Little Red Riding Hood

Little Red Riding Hood（LRRH）is on her way to Grandma's house. A wolf sees her. He runs to Grandma's house and knocks at the door rat-tat.

　　Grandma：Who's there？

　　　Wolf：Your grandchild, Little Red Riding Hood.

　　Grandma：（opens the door）Help！

263

Little Red Riding Hood knocks at the door—rat-tat.

Wolf：Who's there?

LRRH：Your grandchild, Little Red Riding Hood. Grandma, you sound very strange.

Wolf：Oh, I have a cold, my dear.

LRRH：Grandma, what strong arms you have!

Wolf：Oh, I want to hug you, my dear.

LRRH：Grandma, what sharp teeth you have!

Wolf：I want to eat you!

LRRH：Help!

A hunter comes quickly. The wolf runs away.

Hunter：Are you all right, Little Red Riding Hood?

LRRH：I'm OK. Thank you.

2. 过程设计

在第三课时中学生尝试探究：如何通过故事传递传统文化？本课时运用了故事内容排序，阅读找关键句，听录音猜测故事情节以及角色扮演等学习活动设计，在学习过程中秉承学思结合、学用结合理念，使学生能够运用主题词汇及句型来进行表演，从而体会故事寓意，增进尊老意识。第三课时过程设计如表10所示。

表10　第三课时学习过程设计

学习环节	活动目标	学习内容	学习方式	活动类型	学习资源
Pre-task	通过看图说话、角色扮演等方式，交流自己探望老人的经历。	1. My visit to grandparents.	1-1 Say and introduce	复习导入	图片
While-task	通过文本试听、听读模仿等方式掌握音素/ɑː/和/ʌ/的读音规则，并正确朗读相关单词和短句。	2. More words and sentences with the sounds of /ɑː/ and /ʌ/.	2-1 Listen and follow 2-2 Look and read	实践体验 构建运用	图片 视频
	通过图片观察、问答交流等方式获知故事背景。	3. Cover reading.	3-1 Look and order 3-2 Read and match	实践体验	图片 板书
	通过视频赏析、文本试听、问答交流及角色扮演等方式，了解故事发生的起因，梳理语篇信息。	4. LRRH is on her way to Grandma's house.	4-1 Watch and enjoy 4-2 Look and say 4-3 Listen and read 4-4 Read and act	学习理解	图片 音频 视频

续 表

学习环节	活动目标	学习内容	学习方式	活动类型	学习资源
While-task		5. The wolf catches Grandma.	5-1 Listen and read 5-2 Ask and answer 5-3 Role play	学习理解 实践体验	图片 视频 音频 板书
	通过视频观赏、思考交流及角色演读等方式获取语篇发展信息,梳理语篇脉络。	6. The wolf pretends to be Grandma.	6-1 Watch and think 6-2 Look and read 6-3 Think and say 6-4 Read and underline 6-5 Listen and read	学习理解 实践体验	图片 视频 音频 板书 学习经历
	借助语篇框架,扮演文中人物对话,分析推测故事的发展。	7. The wolf catches LRRH.	7-1 Read and complete 7-2 Ask and answer 7-3 Think and write 7-4 Look and say	实践体验 构建运用	图片 音频 板书
	通过图片观察、观察分析以及人物演读等方式判断故事的结果。	8. The hunter helps LRRH.	8-1 Look and think 8-2 Listen and read 8-3 Say and act	学习理解 实践体验	图片 音频 板书
Post-task	借助故事流程图及语篇框架,有条理地表演故事。	9. Little Red Riding Hood.	9-1 Watch and read 9-2 Discuss in groups 9-3 Say and act	构建运用 迁移转换	图片 视频 板书
课后作业	1. Listen, read and recite P19 Say and act 2. Read and choose 3. Look and complete the tasks				

3. 板书设计(图 11)

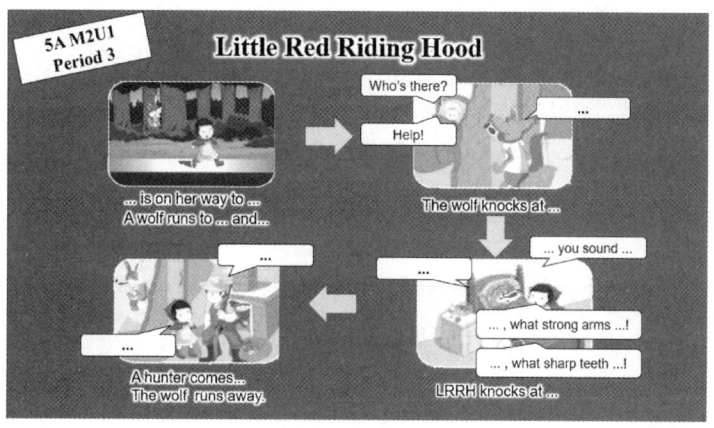

图 11 第二课时板书

4. 课中练习

(1) 学习任务一。

凭借学生对故事的旧知让学生进行故事情节的排序(图12),帮助学生唤起记忆中的故事内容,并为更好地探究故事细节及学习传统文化打下基础。学生能够初步理解语篇结构,了解人物关系。

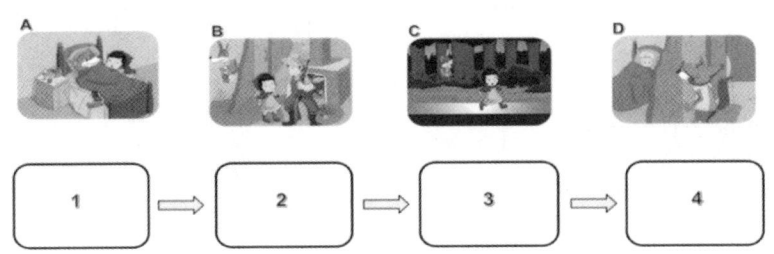

图12　第三课时学习任务一

(2) 学习任务二。

学生通过重点朗读小红帽的对话(图13),通过语调语气及动作的模仿表达,把小红帽对外婆的牵挂和关爱表现出来。学生进一步理解小红帽对老人的感情,并能借助框架进行流利的表演与交流。

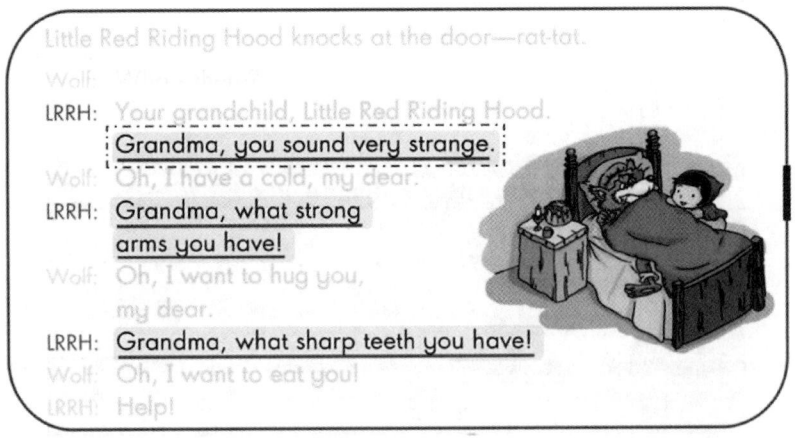

图13　第三课时学习任务二

(3) 学习任务三。

学生借助语篇框架相关信息内容(图14),扮演小红帽的故事,介绍小红帽探望外婆,与大灰狼斗智斗勇,最后在猎人的帮助下与外婆重新团聚的故事。这个活动帮助学生在故事中体会祖孙情,同时形成理解力、分析力和综合力。

图14 第三课时学习任务三

(四)第四课时教学设计

1. 第四课时学习语篇

The Double Ninth Festival

The Double Ninth Festival is a traditional Chinese festival. It usually comes in October.

On this day, people usually go on an outing or climb mountains. Sometimes they go to see flower shows.

People eat Double Ninth cakes. The cakes are sweet and nice.

It is also a festival for old people. On this day, people go to see their parents and grandparents.

Many students visit old people in old people's homes.

They get together and have a good time.

2. 过程设计

第四课时主题为:探究节日活动,传承传统文化。学生尝试探究:如何传承中华敬老爱老的传统美德? 本课时在学习理解部分设计了故事导入、图片观察、问答交流、信息提取等活动,引导学生由旧知引入新知,在学思并进的同时能够基本理解重阳节的意义和文化意涵。在实践运用部分设计了阅读仿说、小组交流、观察问答等活动形式,进一步增进学生对于主题意义的探究。在迁移转换部分,要求学生能够根据整理的语篇框架内容,从重阳节的时间、背景,以及活动内容、关爱老人等方面加以介绍,用创结合,升华本课时的主题意义。第四课时过程设计如表11所示。

表11 第三课时学习过程设计

学习环节	活动目标	学习内容	学习方式	活动类型	学习资源
Pre-task	通过文本朗读、图片观察、问答交流,感知主题情境。	1. LRRH goes to visit Grandma at the Double Ninth Festival.	1-1 Look and think 1-2 Ask and answer 1-3 Listen and read	复习导入	图片 学习经历
While-task	通过试听判断、观察分析等方式能辨析含有音素/ɑː//ʌ/的单词,并根据音标写出相应单词。	2. Exercises of the sounds.	2-1 Listen and circle 2-2 Read and classify	实践体验 构建运用	图片 音频
	通过视频欣赏、文本试听、问答交流、小组讨论等形式,分析并识别有关重阳节的信息,梳理语篇结构。	3. The Double Ninth Festival comes in October.	3-1 Listen and answer 3-2 Look and read 3-3 Think and say	学习理解	图片 音频 视频 板书
		4. The traditional activities and the food of the Double Ninth Festival.	4-1 Watch and think 4-2 Look and answer 4-3 Ask and answer 4-4 Look and read 4-5 Think and say	学习理解 实践体验	图片 视频 音频 板书 生活经验
	通过图片观察、文本分析、小组交流等方式,分析并归纳重阳节探望老人的相关活动信息,巩固语言知识。	5. People visit old people on this special day.	5-1 Look and read 5-2 Read and underline 5-3 Ask and answer 5-4 Think and discuss 5-5 Think and say	实践体验 构建应用	图片 板书 学习经历
	通过小组讨论、问答交流及语篇诵读等方式,梳理节日信息,准确而有条理地介绍节日传统。	6. The Double Ninth Festival.	6-1 Think and say 6-2 Watch and read	实践体验 构建运用	图片 音频 板书 学习经历
Post-task	借助语篇框架,有逻辑地交流自己的重阳节活动。	7. My activities at the Double Ninth Festival.	7-1 Discuss in groups 7-2 Talk and share	构建运用 迁移转换	图片 板书 生活经验
课后作业	1. Read and choose 2. Read and finish the tasks				

3. 板书设计(图15)

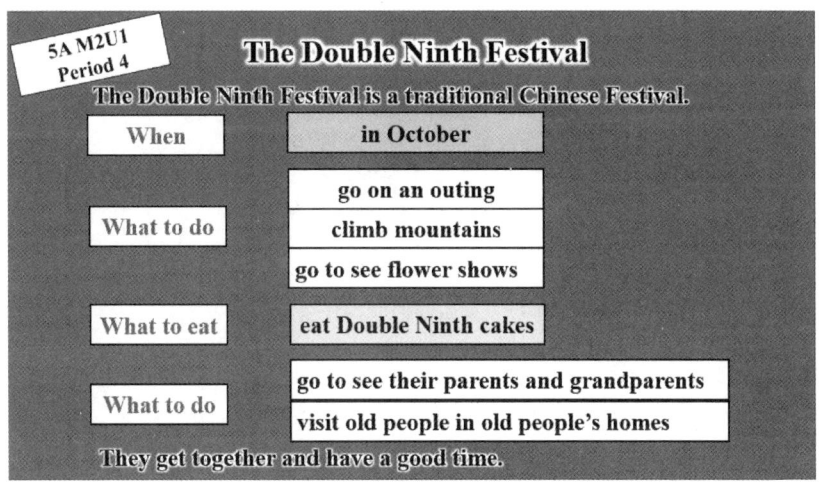

图 15　第二课时板书

4. 课中练习

(1) 学习任务一。

学生通过前面三课时对音素的学习(图16),已经能够熟练且正确地朗读含有所给音素的词。因此这个归纳音素的练习,旨在进一步要求学生熟练朗读含有相关音素的词,并能够通过观察、分析及辨别等学习策略增长观察力和分析力。

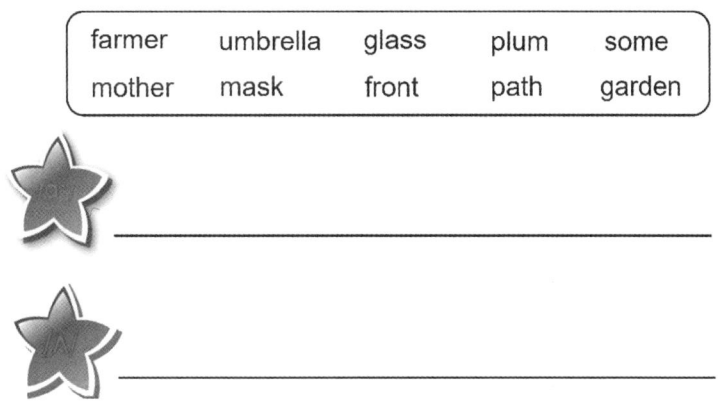

图 16　第四课时学习任务一

(2) 学习任务二。

在学习理解部分,教师设计了看图问答的活动环节(图17),凭借学生已有的生活经验和学习经历,通过观察、分析图片,使学生能够运用目标句型进行正确的问答交流,加深对重阳节文化意涵的认知。

Look and answer

What special food do people eat at this festival?
People eat Double Ninth cakes at this festival.

Double Ninth cakes

图 17　第四课时学习任务二

（3）学习任务三。

在实践应用部分，教师通过创设学生熟悉的场景（图18），让学生沉浸式探究在重阳节探望老人时可以进行的活动，从而让学生理解并感受"Many students visit old people's homes"的主题意义，帮助学生建立文化自信，自主传承传统美德。

What do people do for old people on this day?

It is also a festival for old people. On this day, people go to see their parents and grandparents. <u>Many students visit old people in old people's homes</u>.
They get together and have a good time.

 ...

图 18　第四课时学习任务三

四、作业设计

（一）单元作业目标（表12）

表 12　单元作业目标

项　目	内　　容	
学习内容	1.2 国际音标，1.3 朗读，2.1 核心词汇，3.5 动词，4.2.2.1 一般疑问句，4.2.2.2 特殊疑问句，5.1 记叙文	
	教材单元： M2 U1 Grandparents	教材栏目： Look and learn、Look and say、Say and act、Look and read、Listen and enjoy

续 表

项 目		内　　容
确定单元作业目标	单元学习目标	知识与技能： (1) 能正确朗读并辨析含有音素/ɑː/和/ʌ/的单词，并根据音标写出相应单词。 (2) 能用升降调朗读一般疑问句和特殊疑问句。 (3) 能熟练运用核心词汇 write an e-mail、go shopping、play chess 等交流与老人进行的活动。 (4) 能熟练运用核心句型"How often . . . ?"交流敬老爱老的相关活动。 (5) 能理解并朗读关于 grandparents 的语篇，获取信息，梳理语篇结构，介绍自己与老人的日常活动。 主题与文化： 运用所学语言交流自己敬老爱老的活动经历，感受中国传统习俗，弘扬中华美德，传承优秀文化，增强文化自信。 思维与策略： 通过图片观察、文本试听、视频赏析、角色扮演、问答交流、信息梳理以及小组合作等形式，完成学习任务，形成并提升观察力、理解力、分析力和综合力。
	单元作业目标	(1) 能正确朗读并辨析含有音素/ɑː/和/ʌ/的单词。 (2) 能使用正确的音调朗读陈述句。 (3) 能在语境中运用核心词汇及句型介绍与老人的活动内容。 (4) 能理解并朗读语篇，分析并识别不同的活动信息，有条理地交流自己敬老爱老的活动经历。

（二）单元作业内容

1. 第一课时作业内容

（1）第一课时作业内容设计属性表（表13）。

表 13　第一课时作业内容设计属性表

作业项	项　目	内　　　　容			
作业1	对应作业目标	单元作业目标1、2			
	作业类型	形式	☑听	☑说	□读	□写
		水平	☑记忆性	☑理解性	□应用性	
	作业时间（分钟）	5分钟			
	完成方式	☑独立完成　□合作完成			
	提交时间	☑当天　□＿＿天后			

续 表

作业项	项 目	内　　　　容			
作业 2	对应作业目标	单元作业目标 3			
	作业类型	形式	☐听	☑说	☑读	☐写
		水平	☐记忆性	☑理解性	☑应用性	
	作业时间(分钟)	5 分钟			
	完成方式	☑独立完成　☐合作完成			
	提交时间	☑当天　☐___天后			

作业项	项 目	内　　　　容			
作业 3	对应作业目标	单元作业目标 3			
	作业类型	形式	☐听	☐说	☑读	☑写
		水平	☐记忆性	☑理解性	☑应用性	
	作业时间(分钟)	5 分钟			
	完成方式	☑独立完成　☐合作完成			
	提交时间	☑当天　☐___天后			

（2）第一课时具体作业。

I. Read and spell（听读并背词组）★

II. Listen and read（听一听，读一读）★

III. Look and write（根据所给的图片完成句子，一格一词）★★

(1)	(2)	(3)	(4)	(5)

1. I often _____ _____ with my grandpa.
2. Peter doesn't live with his grandparents. He _____ _____ to them.
3. Sally always _____ _____ with her mother.
4. Sometimes Kitty and Ben _____ to their grandparents on the _____.
5. Jack _____ _____ _____ with his grandparents twice a week.

I can read the phrases correctly.	Self-assessment	☆☆☆
I can read the sound and the rhyme nicely.	Peer-assessment	☆☆☆
I can understand and spell the words well.	Teacher's assessment	☆☆☆

2. 第二课时作业内容

（1）第二课时作业内容设计属性表（表14）。

表14　第二课时作业内容设计属性表

作业项	项　目	内　　容			
作业1	对应作业目标	单元作业目标1、2			
	作业类型	形式	☑听	□说	☑读	□写
		水平	☑记忆性	☑理解性	□应用性	
	作业时间（分钟）	5分钟			
	完成方式	☑独立完成　　□合作完成			
	提交时间	☑当天　　　　□____天后			

续 表

作业项	项 目	内 容			
作业2	对应作业目标	单元作业目标3			
	作业类型	形式	□听　□说　☑读　☑写		
		水平	□记忆性　☑理解性　☑应用性		
	作业时间(分钟)	5分钟			
	完成方式	☑独立完成　□合作完成			
	提交时间	☑当天　□____天后			

作业项	项 目	内 容			
作业3	对应作业目标	单元作业目标4			
	作业类型	形式	□听　☑说　☑读　☑写		
		水平	□记忆性　☑理解性　☑应用性		
	作业时间(分钟)	3分钟			
	完成方式	☑独立完成　□合作完成			
	提交时间	☑当天　□____天后			

(2) 第二课时具体作业。

I. Listen, read and recite(听读并背课文) ★

Grandparents
Look and say
How often ...?

Miss Fang is asking the children about their grandparents.
Miss Fang: Do you live with your grandparents? How often do you visit them? What do you do with them?
Alice: I don't live with my grandparents. I visit them once a week. I always visit them at weekends. I often play chess with my grandpa.
Kitty: I visit my grandparents at weekends too. We usually go to the park.
Peter: My grandparents live in Beijing. I visit them twice a year. I often write e-mails to them. Sometimes I talk to them on the Internet.

II. Recite（背诵音标和例词）★★

Learn the sounds /ɑ:/

| a | class | past | ask | bath |
| ar | arm | park | sharp | large |

Learn the sounds /ʌ/

| u | us | club | duck | puzzle |
| o | other | son | love | colour |

III. Read, think and complete（根据对话选择合适的句子，并把编号填在横线上，有一个多余选项）★★★

A. So I visit them three times a week.
B. I often play chess with my grandpa.
C. What do you do with them?
D. No, I don't live with them.
E. I also go shopping with them once a week.
F. I oftern watch TV with them.

Ann: Do you live with your grandparents?
Ben: ① _____
Ann: Do you visit them once a week?
Ben: Yes, I do.
Ann: What do you do with them?
Ben: ② _____ He always wins. ③ _____ We always go to the supermarket near our home. What about you? Do you live with your grandparents?
Ann: No. My grandparents live with us in the same neighborhood. ④ _____
Ben: ⑤ _____
Ann: I oftern do the housework and rad newspaper with them.
Ben: That sounds great!

I can act out the dialogue nicely.	Self-assessment	☆☆☆
I can read the phonemic words correctly.	Peer-assessment	☆☆☆
I can understand and read the passage well.	Teacher's assessment	☆☆☆

3. 第三课时作业内容

(1) 第三课时作业内容设计属性表(表15)。

表 15　第三课时作业内容设计属性表

作业项	项　目	内　　容			
作业1	对应作业目标	单元作业目标2			
	作业类型	形式	☑听　□说	☑读　□写	
		水平	☑记忆性	☑理解性	□应用性
	作业时间(分钟)	5分钟			
	完成方式	☑独立完成　□合作完成			
	提交时间	☑当天　□___天后			

作业项	项　目	内　　容			
作业2	对应作业目标	单元作业目标1			
	作业类型	形式	□听　□说	☑读　☑写	
		水平	□记忆性	☑理解性	☑应用性
	作业时间(分钟)	3分钟			
	完成方式	☑独立完成　□合作完成			
	提交时间	☑当天　□___天后			

作业项	项　目	内　　容			
作业3	对应作业目标	单元作业目标3、4			
	作业类型	形式	□听　☑说	☑读　☑写	
		水平	□记忆性	☑理解性	☑应用性
	作业时间(分钟)	8分钟			
	完成方式	☑独立完成　□合作完成			
	提交时间	☑当天　□___天后			

(2) 第三课时具体作业。

I. Listen, read and recite (听读并背课文) ★

II. Read and choose (选出含有所给音标的单词，把编号填入括号内) ★★

( ) 1. /ɑː/   A. past   B. many   C. bag   D. ball
( ) 2. /ʌ/   A. cook   B. umbrella C. other   D. sport
( ) 3. /e/   A. father   B. any   C. pilot   D. doctor
( ) 4. /iː/   A. sharp   B. read   C. club   D. sweater

IV. Look and complete the tasks (根据调查表，完成下列任务) ★★★

Who	🏠👵👴	How (to visit)	How often	What (do)
Alice	√	🚶	every day	📺
Danny	✗	🚆	OCTOBER / FEBRUARY	👨‍👩‍👧‍👦
Peter	✗	🚌	JUNE	🧩

Task 1：Read and judge (根据调查表内容判断正误，用 T/F 表示)

(　　) 1. Alice and Danny live near their grandparents.

(　　) 2. Alice goes to her grandparents' home on foot.

(　　) 3. Danny visits his grandparents once a year.

(　　) 4. Peter goes to visit his grandparents by bus.

Task 2：Read and complete（根据调查表内容填空，每空限填一词）

1. Alice lives near her grandparents, so she always _____ _____ with her grandpa and grandma.

2. Danny _____ live near with his grandparents. He visits his grandparents _____ a year by _____. They go travelling together.

3. Peter goes to visit his grandparents at _____. Peter's grandfather knows fun things to do. They usually _____ _____ _____ at home.

I can act out the story well.	Self-assessment	☆☆☆
I can judge the phonemic words correctly.	Peer-assessment	☆☆☆
I can observe the table and talk with partners.	Teacher's assessment	☆☆☆

4. 第四课时作业内容

（1）第四课时作业内容设计属性表（表16）。

表16　第四课时作业内容设计属性表

作业项	项　目	内　　容			
作业1	对应作业目标	单元作业目标3、4			
	作业类型	形式	□听　　□说	☑读	☑写
		水平	□记忆性	☑理解性	☑应用性
	作业时间（分钟）	5分钟			
	完成方式	☑独立完成　　□合作完成			
	提交时间	☑当天　　□____天后			

作业项	项　目	内　　容			
作业2	对应作业目标	单元作业目标3、4			
	作业类型	形式	□听　　☑说	☑读	☑写
		水平	□记忆性	☑理解性	☑应用性
	作业时间（分钟）	10分钟			
	完成方式	☑独立完成　　□合作完成			
	提交时间	☑当天　　□____天后			

（2）第四课时具体作业。

I. Read and choose（读音标,找出含有该发音的单词）★★

( ) 1. /ʌ/　　A. colour　　B. cross　　C. post　　D. October

( ) 2. /æ/　　A. any　　　B. bath　　 C. last　　D. black

( ) 3. /k/　　A. nice　　　B. once　　 C. picnic　　D. twice

( ) 4. /ɑː/　　A. dad　　　B. ask　　　C. taxi　　D. water

II. Read and finish the tasks（阅读短文,完成练习）★

Grandma Sue lives in an old people's home near Garden School. She is sixty-five years old. She has two hobbies. She likes painting very much. She has painting classes every Tuesday and Thursday. She can paint very well. She likes cooking too. She is good at cooking. She often cooks delicious food. Some students from Garden School often go to the old people's home to visit her at weekends. Sometimes they sing and dance for her. Sometimes they give presents to her. Sometimes they help her do the housework. At the Double Ninth Festival, the students take Grandma Sue to the countryside（郊外）. They climb a mountain and eat Double Ninth cakes. Grandma Sue has a good time.

Task 1：Read and tick（根据短文内容,请勾出学生为 Grandma Sue 做过的事）★★

(　) 　　(　) 　　(　) 　　(　) 　　(　) 　　(　)

Task 2：Think and write（想一想,写一写你想为 Grandma Sue 做什么事）★★★

You are a student at Garden School. You want to ＿＿＿＿＿＿＿＿＿＿＿＿ for Grandma Sue.

I can classify the phonemic words correctly.	Self-assessment	☆☆☆
I can order the plots accurately.	Peer-assessment	☆☆☆
I can share my ideas actively.	Teacher's assessment	☆☆☆

参考文献

[1] 义务教育英语课程标准修订组.义务教育英语课程标准(2022年版)[M].北京：北京师范大学出版社,2022.

[2] 朱浦,祈承辉.小学英语单元整体教学实践与研究丛书[M].上海：上海教育出版社,2020.

[3] 梅德明,王蔷.义务教育英语课程标准(2022年版)解读[M].北京：北京师范大学出版社,2022.

[4] 王蔷.新版课程标准解析与教学指导·小学英语(2022年版)[M].北京：北京师范大学出版社,2022.

[5] 程晓堂.基于主题意义探究的英语教学理念与实践[J].中小学外语教学(中学篇),2018(10).

[6] 施嘉平."主题式教学"的实践研究：任务型学习模式在小学英语教学中的运用[J].课程·教材·教法,2002(2).

[7] 朱浦.与英语新课程同行丛书[M].上海：上海教育出版社,2008.

[8] 崔允漷,王涛,雷浩.义务教育课程方案解读(2022年版)[M].北京：北京师范大学出版社,2022.

[9] 沈雯晴.小学英语单元整体教学设计背景下语境创设的实践与研究[D].上海：上海师范大学,2018.

[10] 袁顶国,朱德全.论主题式教学设计的内涵、外延与特征[J].课程·教材·教法,2006(12).

后 记

本书以核心素养为导向,基于新课标提出的一些要点,系统阐述了基于主题意义探究的小学英语单元教学的设计理念、原则、策略与路径,探讨了教学实施的关键要点,提供了诸多一线教师的教学案例。

本书第一章至第四章由殷克清老师撰写,第五章由黄澄赪老师撰写。殷克清老师还负责本书的内容规划、全部案例指导及后期统稿工作。在此,感谢为本书提供实践案例的各位老师,你们的经验分享为本书增添了宝贵的实践价值。

希望本书能为小学英语教师的单元教学实践提供借鉴,也希望得到各位同人的宝贵意见,谢谢!

殷克清

2025 年 4 月